国家社会科学基金教育学一般课题"社会性知识网络的动力模型与质量评估研究"（BCA170085）成果

大规模在线学习动力与质量：
社会性知识网络视角

MASSIVELY ONLINE LEARNING
DYNAMICS AND QUALITY:
SOCIAL KNOWLEDGE NETWORK PERSPECTIVE

王 帆◎著

科学出版社
北 京

内 容 简 介

大规模在线学习凭借大规模、高效益、跨时空等特点成为目前学习者在线学习的普遍选择，是加速实现学习型社会和终身教育体系的重要支撑。尽管大规模在线学习已在很大程度上满足了学习者的需求，但其在高质量转型升级过程中所面临的动力与质量问题依旧不容忽视。本书从社会性知识网络视角出发，以大规模在线学习持续健康运行发展为主线，依托八期大规模定制式网络培训课程"泰州师说"，揭示了学习体验的内在动力与知识流动的外在动力、集体智慧的外显质量与个体认知的内隐质量的形成与演变规律，提出了混序管理、临场感建构以及多元评估三种学习支持策略，以为大规模在线学习的持续运行、转型升级提供支撑，最终实现大规模在线学习的高质量发展。

本书适合高校教师阅读，以探索社会性知识网络在传统教学的线上演变；适合在线学习的大学生阅读，以构建促进其学习的有效社会化知识网络；适合大规模在线课程的开发者、运行者阅读，以吸纳在线课程体验设计的诸多要素与运行机制；也可供致力于研究社会化知识网络的专家学者参阅。

图书在版编目（CIP）数据

大规模在线学习动力与质量：社会性知识网络视角/王帆著. —北京：科学出版社，2022.10
ISBN 978-7-03-073403-7

Ⅰ.①大⋯　Ⅱ.①王⋯　Ⅲ.①终生学习-网络教育-教育研究　Ⅳ.①G72

中国版本图书馆CIP数据核字（2022）第188523号

责任编辑：崔文燕　黄雪雯／责任校对：杨　然
责任印制：李　彤／封面设计：润一文化

科 学 出 版 社 出版
北京东黄城根北街16号
邮政编码：100717
http://www.sciencep.com
北京建宏印刷有限公司印刷
科学出版社发行　各地新华书店经销

*

2022年10月第　一　版　开本：720×1000　1/16
2023年 6 月第二次印刷　印张：19
字数：360 000

定价：99.00 元
（如有印装质量问题，我社负责调换）

◆ 前　言

2019 年底汹涌而来的新冠肺炎疫情，意外地开启了史无前例的大规模在线学习态势。大规模在线学习是顺应时代演变而自然呈现的学习方式，延伸了人类交流信息、知识、思想和情感的时间与空间，是推动教育信息化发展的实践路径。随着互联网渗透到大众生活的方方面面，成千上万群体间的在线学习与研讨已成为常态化学习形式。2021 年 7 月，教育部等六部门发布《关于推进教育新型基础设施建设构建高质量教育支撑体系的指导意见》。这是官方首次提出"教育新基建"（教育新型基础设施建设的简称），预示着教育行业将迎来新一波建设机遇。新网络、新平台、新资源、新校园、新应用、新安全，六位一体构建高质量教育支撑体系，大规模在线学习走向高质量发展将筑牢网络、平台、资源、应用等"数字底座"工程①，为教育数字化转型发展注入新动能。社会性知识网络是指学习者能随时建构丰富、多元的知识网络，并能支持同伴合作共享，从而建立密切的社会网络关系，它为发展和重塑大规模在线学习提供了新的研究视角和支持条件。大规模在线学习的发展与演进伴随着一些"沉疴痼疾"，如固定不变的学习资源，沉闷单调的学习氛围，管理者与学习者容易产生难以捕捉学习重点、枯燥

---

① 重磅 | 教育部科学技术与信息化司司长雷朝滋：适度超前部署教育新基建. https://www.sohu.com/a/494652576_100016406.（2021-10-12）[2021-12-27].

乏力、心余力绌的无奈感。从社会性知识网络视角研究大规模在线学习有助于解决学习的动力与质量问题，持续保障学习者的内在与外在动力，提升学习者群体与个体的学习质量，有助于解决长久以来大规模在线学习的可持续发展问题。本书从大规模在线学习长期发展中存在的问题出发，结合"泰州师说"在线学习项目，循迹找规，反思升华，为提升大规模在线学习的动力和质量提供理论和实践经验。"泰州师说"是一种大规模定制式网络学习课程，由江苏省泰州市教育局委托江苏师范大学开发，经市教育局、师资处、电化教育馆（简称电教馆）和各地部门学校等多方协同配合，精心打造的主题资源课程，并实行市、县（区）、学校三级联动管理模式。

本书的研究集中在以下四个层面。①概念层面：什么是社会性知识网络？什么是大规模在线学习？从社会性知识网络视角研究大规模在线学习与其他视角有什么不同？②动力层面：动力是促进学习者发展的直接推手，那么影响学习者参与大规模在线学习的内在与外在动力是什么？③质量层面：学习者群体与个体在大规模在线学习过程中相互作用、共同发展，其学习质量也体现在个体和群体两个方面，本书对如何测量与提升外显的群体智慧、如何体现与保障内隐的个体认知进行了深入探讨。④发展层面：策略是促进发展的有效支撑。高质量发展基调下大规模在线学习如何转型升级？以何种姿态走向新时代的高质量与可持续发展？本书为这些问题提出优化策略。

本书以大规模在线学习的动力与质量为明线，总结了大规模在线学习的学习规律，探寻了大规模在线学习动力与质量的本质与新解；以大规模在线教师培训项目"泰州师说"为暗线，从设计、支持、管理、评估等角度开展了实践探索，运用质性分析、量化分析等方法深入挖掘，揭示了大规模在线学习的动力和质量的形成与演变规律。

　　本书由 7 章内容组成，逻辑结构图如图 0-1 所示。

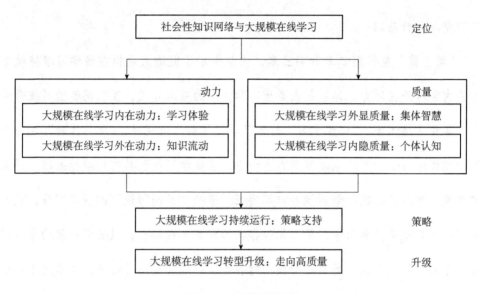

图 0-1　本书逻辑结构

　　"定位篇"为第一章，包括理论定位与实践定位。在理论定位中，首先澄清了概念。社会性知识网络聚合了知识网络和社会网络的特征，其核心是学习者之间以及知识之间的相互联结，并依靠该联结实现社会交往，继而达到知识建构、解决问题的目标。其次定义了大规模在线学习，包括何为大规模，大规模在线学习的发展脉络与现状，非正式和有组织的大规模在线学习存在哪些区别。在实践定位中，首先揭示了大规模在线学习动力与质量层面的现实困境，其中，动力层面的困境主要表现在学习者内部学习体验感知以及外部知识流动速度上，质量层面的困境主要表现在群体协作中的智慧生成与个体认知效果上。其次提出了一系列优化策略，"泰州师说"在经历了探索期、成长期和成熟期后，已具有稳定的学习者群体、先进的学习平台、科学的课程形式、成熟的运行模式，我们[①]从设计、评价、组织、运行等多方面开展了多轮实验，进而提出了一系列优化策略。定位篇为后续的动力篇、质量篇、策略篇及升级篇奠定了研究与分析基础。

"动力篇"包括第二章和第三章，该篇揭示了促进大规模在线学习者持续学习的内在与外在动力。体验是人类生存和发展的基本方式，互联网智能科技带给人们各种生活体验，"在线学习"打开了学习体验的新视界，"学习体验"成为大规模在线学习者开展在线学习的内在动力。在线学习体验具有情境性基础、开放式环境、参与性实践、创新性合作等特征。根据"泰州师说"的多年实践，我们发现在大规模在线学习中，学习体验存在螺旋式形成路径，以长期积累的学习经验为基础，体现在以"对话"为核心的合作、生成、反思等环节，不断对下一段学习产生预设与期望，从而不断开启新一轮的体验，为大规模在线学习者提供源源不断的内在动力。知识流动是大规模在线学习者的外在动力，它能填补群体知识建构中的知识缺口，提升知识的共享和交互水平，从外部激发学习者的学习动力。根据知识流动的四要素（知识内容、知识传者、知识受者、流动媒介），我们将知识流动过程分成知识传递阶段与知识吸收阶段，并用知识流动速度与广度来衡量知识流动水平。本篇通过分析第四期"泰州师说"中的知识流动速度与广度，对提升外在动力的因素进行总结，并提出了优化建议。

"质量篇"包括第四章和第五章，该篇将群体智慧与个体认知作为衡量长周期大规模在线学习质量的两个维度，探寻了大规模在线学习可持续发展的质量问

---

① 如无特殊说明，"我们"均指课题组成员。

题。不同专业背景、不同知识储备、不同专长与技能以及人生阅历的学习者聚集在一起，容易形成蚁群式协作，激发特定群体精神，最终产生集体智慧。集体智慧是大规模在线学习的外显质量，具有社会性、动态性、创造性的特征。本篇定义了集体智慧的生成框架与分析框架，依托"泰州师说"第五期实践，剖析了大规模在线学习集体智慧的生成路径。大规模在线学习的内隐质量体现在个体认知上，学习者的认知是一种知识转化的能力，超越了学习者对学习内容的获取、简单记忆与理解。本篇从探寻个体认知的本质出发，总结出大规模在线学习存在学习过程的长期性、互动过程的复杂性、学习资源的生成性及学习共同体的动态性等特点。本章将个体内在特征、在线学习行为、社会环境作为个体认知发展的驱动因素，个体行为参与和个体认知参与作为个体认知发展的关键环节，对进行了多年的"泰州师说"进行实践分析，从认知类别分布、认知发展路径、认知关联程度三方面描绘出个体认知发展的轨迹，进而总结出认知演化规律。

"策略篇"为第六章。学习策略是促进大规模在线学习效果提升的直接方式。本篇从组织管理、内部动力、外显质量三个方面提出在线学习策略。首先，提出组织层面的策略——混序管理策略，从成员分配的组建阶段、环境构建的激荡阶段、制度确立的规范阶段、支架搭配的执行阶段、内容吸引的修整阶段分阶段实施该策略，并从共享领导行为、支持条件行为、社群规则行为、共同愿景行为、合作学习行为以及个人实践行为几方面分析实施效果。其次，提出感知层面的策略——临场感构建策略，该策略包含内部组成、构成原则以及在线临场构建框架，围绕结构化、问题支架、精英引领三个方面实施，并从个体学习、社会学习和认知学习等方面检验实施效果。最后，提出多元评估策略——以柯氏评估模型为例，该模型包括反应层、学习层、行为层、成效层四个层面的评估内容。以上策略均在"泰州师说"多年的运行中不断得到验证与完善。

"升级篇"为第七章。推动高质量发展，是当前和今后一个时期确定发展思路、制定经济政策、实施宏观调控的根本要求①。本篇提出了大规模在线学习走向高质量发展的转型方式——工作坊，阐释了如何将"泰州师说"转型升级为"泰州教育云"，打造面向人人、适合人人的更生态、更常态的高质量大规模在线学习方式，建设更开放、灵活的学习空间体系。本章首先阐述了什么是高质量大规模在线学习。高质量发展要聚焦个体需求，凝结内部动力；开展分化协调工作，发挥外部动力作用；实行人人互助，促进显性质量提升；革新激励手段，促进内隐质量提升。其次，对高质量大规模在线学习如何转型进行了释义，要打破原有集中培养的弊端，实现面向人人、灵活学习的新样态；改变原有的固态组织手段，实施同伴帮扶，动态组织成员结构；转变原有重视实效的理念，走体验养成、持续发展之路。最后，将"泰州教育生活云"教师常态化研修项目作为高质量大规模在线学习实践升级的实验场域，总结了大规模在线学习走向高质量发展的理论和实践意义。

本书是笔者对大规模在线学习的理论和实践不断深入研究、挖掘、探索和总结的成果，章节逻辑关系清晰且每章自成体系，拥有各自独特的视角与内容。本书不仅对社会性知识网络与大规模在线学习进行了详细阐述，而且利用实验场域为迁移和借鉴大规模在线学习经验提供了方法。

---

① 魏琪嘉. 人民日报新论：高质量发展，当下有为未来可期. http://opinion.people.com.cn/n1/2018/0712/c1003-30141681.html. (2018-07-12) [2021-12-28].

◀ 目　录

第一章　社会性知识网络与大规模在线学习

不慕古，不留今，与时变，与俗化。

——《管子·正世》

2019 年底，新冠肺炎疫情暴发，大规模在线学习凭借其自身优势崛起，并逐渐成为一种常态化学习形式。进入知识经济时代，知识已成为促进社会发展的关键性因素。各种在线学习平台层出不穷，学习资源更加丰富，且获取变得更加容易。学习者应用社会性软件进行大规模协作与群体性创作，使分布式的知识共享与创生变得更为普遍。在相同兴趣的指引下，来自不同地域的学习者按照自己的学习方式和学习特征创造属于自己的在线学习环境与知识网络。社会性知识网络下的在线学习通常发生在学习者与知识的联结过程中，具有社会化分享、协作和贡献的特征。人们通过网络实现社会交互、共享知识和信息并创新应用，而社会性知识网络体现了智能时代新型学习方式的价值与意义。目前的大规模在线学习面临动力不足与质量不佳的问题，体现在在线学习体验不足、知识流动速度低、集体智慧难以生成等方面。社会性知识网络作为一种新的社会化学习研究视角，是社会网络与知识网络的聚合体。社会性知识网络视域下，学习者的关系属性在大规模在线学习中得以更加充分的体现，人与人、人与知识的关系得到重新考量，这为大规模在线学习动力与质量问题的解决提供了新的思路与方向。

本章首先对社会性知识网络和大规模在线学习的缘起与发展进行阐述，一方面，以社会性知识网络的本质特征为切入点，从新视域探究大规模在线学习的优势所在；另一方面，厘清大规模在线学习的发展脉络，分析大规模在线学习的不同类型。其次对社会性知识网络视角下的大规模在线学习的动力和质量进行分析，进一步讨论其形成与演变规律。最后呈现大规模定制式网络培训课程"泰州师说"的实践探索与发展脉络，根据其多年的实践经验，循迹找规，反思升华，为大规模在线学习的持续运行、转型升级提供支撑，以求大规模在线学习走向更优化、更高效、更灵活、更主动的高质量发展。

第一节　认识社会性知识网络

随着"互联网+"时代的到来以及网络技术的不断发展，以网络社交媒体为代表的社会性软件迅速渗透到社会的方方面面。由群体聚集而产生的社交和学习相互交织、相互促进，人们的学习逐渐走向网络模式，利用社交媒体和网络工具为中介的社会性学习活动，正在成为当前社会成员重要的学习方式。社会性知识网络整合了知识网络与社会网络各自的优势，是当下虚拟学习世界的一种普遍存在。探索社会性知识网络能够为我们提供新的视角去认识大规模在线学习，以求促进大规模在线学习更优质的发展。

一、社会性知识网络的本质

社会性知识网络是新时代建设学习型社会的产物，其起源要追溯到知识网络与社会网络的形成。社会网络的概念缘起于英国，英国的社会学家把由群体或个体构成的小组在社会活动中形成的复杂关系称为社会网络。社会网络是一种关系，包括人与人之间正式和非正式的社会关系，以及人与社会环境交互间接形成的社会关系。[1]社会网络也是社会资本的一种表现形式，是由人与人之间互动所形成的相对稳定的关联体系。[2]社会网络的理念更多地被应用于教育领域，往往与教学、学习以及知识或信息的获取相结合。人们通过交往构建社会网络，并以此来实现知识的共享和创生。随着时代的发展，社会网络得以扩展，催生了非正式学习和移动学习等，学习者获取资源的手段变得多样，知识的创造环境也由固定的"物理环境"拓展为互联互通的"虚拟网络"。学习者在这样的学习环境中可以不断提取知识并整合之前获取到的碎片化知识，形成系统的知识体系。

知识网络的研究始于 20 世纪 90 年代的瑞典工业界[3]，被定义为学术专家、

---

① Mitchell J. Social networks in urban situations. Manchester：Manchester University Press，1969：199-378.

② 郭云南，张晋华，黄夏岚. 社会网络的概念、测度及其影响：一个文献综述. 浙江社会科学，2015（2）：122-132.

③ Beckmann M J. Economic models of knowledge networks//Networks in Action. Springer，Berlin，Heidelberg，1995：159-174.

信息与知识形成的聚集体，主要被用于分析特定的问题①。经过十年的发展，有学者对知识网络进行了全面论述，他们认为知识网络是一个动态的框架，主要由行为主体、主体间关系与资源共同组成。②知识网络揭示的是知识与知识的联系，社会网络揭示的是人与人之间的联系，而人与知识之间的联系尚未被明确建立。为了全方位地建立它们之间的关系，研究者综合分析各个研究视角后，提出了整合的视角，社会性知识网络应运而生，所以说它的形成基于知识网络和社会网络。

社会性知识网络不仅实现了知识与知识之间的互联，还实现了人与人以及人与知识间的互联互通。可到底什么才是社会性知识网络呢？顾名思义，社会性知识网络就是基于知识网络而发展起来的社会网络，是知识网络和社会网络的聚合体③，是在人与知识的深度互动过程中构建起来的。在社会性知识网络中，知识是以社会性聚合的形式存在，通过社会性分享、社会性学习和社会性创造进行扩散和创造的。社会性知识网络的核心是通过连接"人"与"内容"，来获取更多的社会资本和知识资源，其中，"人"与"内容"既是知识网络的节点，又是联通其他网络节点的管道和媒介。随着"人"与"内容"的不断交互，逐渐形成了具有相同学习兴趣和爱好、交往频繁的认知网络，即社会性知识网络。④

社会性知识网络需要人与人之间通过社会交互不断地协作和交流并建立知识的连接来形成。有学者提出，群体通过在交流与互动、创作、内容共享等方面的协作，可实现知识的社会性聚合，进而实现知识网络与社会网络的整合。⑤社会性知识网络融合了知识与知识、知识与人以及人与人之间的三种连接关系，为知识的调用、整合与创生，以及物化资源与人的资源的统一提供了保证。知识是动态的、流动的、聚合的，大规模在线学习为学习者提供了广阔的社会空间，通过社会化的学习、分享、创造，真正实现了知识的流动和创生。

二、大规模在线学习研究的新视角

近年来，学习的社会属性日益彰显，促使研究者从认知科学个体的视角转到

① Zhao R. The exploration of evolution of knowledge network//2009 International Conference on Management and Service Science. IEEE，2009：1-5.

② Seufert A，Von Krogh G，Bach A. Towards knowledge networking. Journal of Knowledge Management，1999（3）：180-190.

③ 段金菊，余胜泉. 基于社会性知识网络的学习模型构建. 现代远程教育研究，2016（4）：91-102.

④ 余胜泉，段金菊，崔京菁. 基于学习元的双螺旋深度学习模型. 现代远程教育研究，2017（6）：37-47，56.

⑤ 赵雪芹. 知识聚合与服务研究现状及未来研究建议. 情报理论与实践，2015（2）：132-135.

群体的立场考察学习的变化。①知识信息在虚拟网络中的不断集成与处理是一个相对动态的过程。社会性知识网络作为当前虚拟学习世界的一种普遍性存在，是在结构和功能上相互连接的复杂网络。有学者指出"基于社会性知识网络的社会性学习将成为未来的主要趋势"②。承载了社会化学习的特点、整合了知识网络与社会网络各自优势的社会性知识网络，为大规模在线学习中的话题聚合与关系聚合的整合性学习提供了条件，为连接和创造新的学习形态提供了支持。社会性知识网络为我们提供了一个全新的，甚至是颠覆性的视角去探索大规模在线学习中出现的诸多问题，具体表现在如下几个方面。

首先，社会性知识网络为大规模在线学习优化社会连接提供了支持。知识存在于连接关系之中，学习的过程即建立网络的过程。实际上，大规模在线学习就是一种开放式的学习，学习者以网络为中介，与网络上的知识或其他学习者进行交互，在增强体验感的同时，发挥自身的能动性和创造性，从而建构出适合自身需求的网络学习环境。从社会性知识网络的视角来看大规模在线学习，可以让我们更为注意学习者在线学习过程中知识节点之间的连接关系。在在线学习中，学习内容并非传统的学习内容那般结构化，而是分布式地存在于各个在线网络节点中，具有动态化、碎片化等特点。因此，学习者如何在网络中找到自身需要的内容，关系到整个在线学习的质量。与以往的学习相比，在社会性知识网络的环境下，学习者能更快速地过滤掉冗杂知识，识别出与自身学习需要、目标等相匹配的知识节点，并与之建立联系，实现人与知识之间的连接。同样，社会性知识网络下的在线学习也存在着学习者人际网络的建立。学习者之间的交流、互动使得每个个体都参与到了社会网络中，在这种以网络为媒介的超人际传播环境的影响下，学习者间的网络联结成为在线学习知识生成的重要方式。学习者个体间的传播与分享，或通过在线平台发表观点、展开讨论等学习活动，促使学习者之间产生更为频繁、密切的双向互动，节点中的知识不断地汇聚与扩散，从而实现人际网络的意义转化，进而有效促进网络中的知识流动和集体智慧的形成。

其次，社会性知识网络保障了大规模在线学习的知识交互的质量。大规模在线学习带来的教育变革更为强调学习过程中的参与性与交互性，深层次的学习需要在充分的社会性交互中完成③，社会化学习的重要性日益突出。随着在线学习

① 王帆. 微时代社会化学习本质探寻. 中国电化教育，2014（8）：19-25.

② Smith B, Eng M. MOOCs: A learning journey//International Conference on Hybrid Learning and Continuing Education. Springer，Berlin，Heidelberg，2013：244-255.

③ 段金菊，汪晓凤. 在线开放课程背景下高低绩效学习者的社会化交互行为及参与模式研究. 电化教育研究，2016，37（11）：43-50.

的持续进行，学习者的知识网络与社会网络都得到了无限的扩展与延伸，知识逐渐由被动接受转变为主动创造，在这一过程中，知识是具有动态性和生长性的①，这也为产生高品质的知识分享与创新提供了优质的载体。载体（学习者）之间的交互与知识的造生，促使社会网络扩展为更优质的社会网络，学习者通过不断参与到高质量的社会网络中，提高了社会交互能力与知识贡献水平，逐步构建出自己的知识网络与社会网络，丰富了在线学习体验。这也反过来促进了学习者进行更为积极的深层次交互以及知识创生，以提高大规模在线学习的动力与质量。

再次，社会性知识网络促进了大规模在线学习中的集体协作的发生。集体协作是社会性知识网络的本质特征。由于学习者个体知识结构、技能和经验的局限性，不同的学习者对同一问题的思考，以及所产生观点的角度、广度和深度也有所不同。学习者通过在线学习活动构成学习共同体，以大规模协作的方式参与到学习过程中，由此个体智慧转化形成集体智慧。这种由协作产生的集体智慧更有助于解决复杂的实际问题，克服学习者个人思考问题的局限性，取得更好的学习效果。在社会性知识网络视角下，知识是共建共享的②，大规模在线学习中的学习者通过协作彼此间产生联系，将知识凝聚成集体智慧。同时，社会性知识网络下的认知是基于人与知识的智能联通，随着其社会性知识网络范围的不断扩张，深度的人际关系和高水平的知识贡献得以体现，反映了深层学习的特征。在分布式认知和深层学习的加持下，知识单元在协作互动中得到丰富发展，形成知识网络，不断地从个人层面跨越到集体层面，创造性地生成了更多有价值的集体智慧。③随着学习的不断进行，大规模在线学习环境中的知识得到持续累积，这为丰富和发展集体智慧提供了更多的可能。

最后，社会性知识网络促进了大规模在线学习的可持续发展。社会性知识网络旨在关注人与知识的联系、人与人的联系，并对此进行了整合。将显性知识与隐性知识的载体——人，通过链接的方式标示出来，改变了知识的无序状态，使得知识能够在人与人之间顺畅流动。学习不仅是一个学习知识的过程，也是一个互动交往、个体社会化的过程，互动交流、社会性交互是学习的重要组成部分。④相较于以往大规模在线学习中的弱交互与低效能，在社会性知识网络中，

① 王志军，陈丽. 联通主义学习中教学交互研究的价值与关键问题. 现代远程教育研究，2015（5）：47-54.
② 段金菊，汪晓凤. 在线开放课程背景下高低绩效学习者的社会化交互行为及参与模式研究. 电化教育研究，2016（11）：43-50.
③ 张剑平，胡玥，夏文菁. 集体智慧视野下的非正式学习及其环境模型构建. 远程教育杂志，2016（6）：3-10.
④ 张广兵. 基于师生共建的移动环境下社会性学习研究. 中国教育信息化，2019（5）：20-23.

学习者能够体验到更为真实的学习情境，随着学习者学习和交互的深入，学习共同体网络中的节点状态和联系也会得到持续的更新。[①]这种学习环境不仅能增进人与人之间的联系，促进人与人之间的交流，还能促进人与知识之间的联系，甚至帮助学习者生成更深层次的学习内容。[②]当网络上的联结发展至一个更为自由、开放的社会网络时，学习者间的交流、合作与协商将更为融洽，从而加速下一个社会网络的生成与发展。

第二节　大规模在线学习的发展现状

随着以互联网、人工智能为代表的信息技术的蓬勃发展，大众参与使得内容生产、知识创新变得更具可行性，人类社会也由原始的人的网络转变成知识的网络，形成了大规模群体利用在线环境进行学习的社会化学习场景。这种大规模在线学习环境使知识的生成与进化呈现出群智协同、生产与传播同程等特征。[③]在互联网学习环境中，学习者个体与其他学习者互通互联，形成了复杂的社会网络，每个个体都是网络节点的重要组成部分，在不断"消费"知识的同时，也在"生产"知识。2019 年底暴发新冠肺炎疫情以来，全国范围内开展的超大规模在线教育，使得大规模在线学习从个别化参与走向全员全程化参与。[④]中国互联网络信息中心发布的《第 49 次中国互联网络发展状况统计报告》显示，截至 2021年 12 月，我国在线办公用户规模已达到 4.69 亿[⑤]。大规模在线学习逐渐走向正规化、精品化和常态化，让学习者的学习更加方便、高效和灵活。

一、大规模在线学习的发展脉络

近年来，在线学习的发展可谓蒸蒸日上，在全国范围内的大规模应用达到了前所未有的高度，越发呈现出有规模、有组织的不可逆现象。有学者认为，大规模在线学习是一种在大规模协作支持下的持续性在线学习活动，强调在网络环境下，围绕某个共同的学习主题，通过大范围的群体协作共同完成任务，在此基础

---

① 余胜泉. 学习资源建设发展大趋势（下）. 中国教育信息化，2014（3）：3-6, 32.

② 王志军，陈丽. 联通主义学习理论及其最新进展. 开放教育研究，2014（5）：11-28.

③ 陈丽，逯行，郑勤华. "互联网+教育"的知识观：知识回归与知识进化. 中国远程教育，2019（7）：10-18, 92.

④ 黄荣怀，虎莹，刘梦彧，等. 在线学习的七个事实——基于超大规模在线教育的启示. 现代远程教育研究，2021（3）：3-11.

⑤ 第 49 次中国互联网络发展状况统计报告. http://www.cnnic.cn/hlwfzyj/hlwxzbg/hlwtjbg/202202/P020220407403488048001.pdf.（2022-04-08）[2022-05-02].

上分享信息、资源，构建集体智慧，形成基于集体共识的社会认知网络。①

在教育领域，"大规模"的概念最初来源于"大规模在线开放课程"（massive online open course，MOOC），为人数众多的意思。对于"大规模"在线学习的开展而言，其参与者具有个体异质性，不同的专业背景、不同的知识储备、不同的专长与技能以及不同的人生阅历等能够让知识在更广范围内实现共享。同样，参与者的行为也具有独立性，参与者的不同行为习惯、参与类型、贡献程度等，都为更好地实现大规模在线学习提供了多样性的可能②，也促进了知识的社会化与网络化的发展。这一点在维基百科（Wikipedia）的运作方式上体现得极其明显。成立于 2001 年的维基百科借助 Web2.0 在全球范围内进行大规模协作编辑，短短 6 年时间，成为权威的开放性网络百科全书，拥有独立访客 4290 万，跻身全球最受欢迎网站前列。③

大规模在线学习的发展得益于大规模在线教育的发展，而早期中国的大规模在线教育受制于外部发展环境，如当时宽带速率低、网络普及率低以及当时的用户并未养成在线学习的习惯，更谈不上形成一定规模的在线学习群体。2000—2010 年，随着宽带速率等基础硬件的发展，在线教育行业开始崭露头角，陆续开发并推出以视频课件形式为主的在线教育模式，即管理者将课程录制成视频并将其上传至网络，学生通过 Web 界面观看视频。这个阶段是网校发展的时代，作为新生事物，网校备受人们关注，但此时在线教育的概念并未成熟，受众面也较小。

2011—2016 年，互联网与电子移动设备得到进一步发展与普及，许多互联网公司开始投身于在线教育行业，使得越来越多的新兴科技融入在线教育，在线教育呈现井喷式发展。各类大规模在线学习平台相继搭建，这些平台以参与、对话、协作为知识传播手段，学习者通过论坛开始产生互动，社会网络逐渐形成。不可否认，以知识为联系的社会网络的出现是大规模在线学习发展的一次巨大飞跃。伴随着 2016 年直播元年的到来，大规模在线学习似乎找到了更为有效的发展模式，面向大规模学习群体直播的模式逐渐深入到 K-12、职业培训等众多教育领域中。

在"互联网+教育"的影响下，一系列教育新模式应运而生，其中 MOOC、SPOC④等依托在线学习环境改变着传统的学习范式。大规模在线学习成为常态化

---

① 刘禹，陈玲. 基于网络的大规模协作学习研究. 远程教育杂志，2013，31（2）：44-48.
② 罗珉，王雎. 跨组织大规模协作：特征、要素与运行机制. 中国工业经济，2007（8）：5-14.
③ 维基百科首度进入美国十大网站行列. https://tech.sina.com.cn/i/2007-02-18/09451387530.shtml. [2022-01-04].
④ 小规模限制性在线课程（small private online course，SPOC）

的学习方式，学习者通过在网络中学习、参与社区讨论、完成自我价值的实现，对教育理念、教育模式、学习行为、认知方式以及学习模式等都有了全新的认识。受新冠肺炎疫情的影响，各行各业开始了一场超大规模的在线学习之旅，加速了在线学习在全国范围内的普及与发展。

2021 年 7 月，伴随着"双减"政策的落地，学科类培训的在线教育发展受到一定程度的影响。从出发点来讲，"互联网+教育"是符合当今发展趋势的，但随着资本的大量融入，一些在线教育培训机构将互联网流量视为变现的一种形式，在线学习者成为被割的"韭菜"。事实上，在这种只从利益出发的大规模在线学习中，学习者很难从中获得自身成长所需要的知识。不过，即使"双减"政策对在线学习产生了冲击，学习者对市场的需求也并未减少。"双减"政策不断强调要做强、做优、做免费的线上学习服务，大规模在线学习的持续发展就是对这一要求的积极响应。尤其对 K-12 阶段而言，"双减"政策下的大规模在线学习应成为公立教育的补充，而非替代，让学习的主阵地重回校园，推动教育的公平化建设。而对于其他阶段的学习者而言，大规模在线学习将催生更为多元化的服务，如在线教师培训、职业培训、成人教育等。同时，"双减"政策对在线教育的重新"洗礼"，使得教育资本化运作逐渐弱化，在线教育的定位被重新定义，在线教育整体上逐步回归教育本质。时至今日，人们也从未放弃对在线学习的思考，只是从关注学习平台、技术支持、学习形式转向对学习效果的重视，越发地关注大规模在线学习的质量问题。①

回顾大规模在线学习的发展历程，它作为当今世界的一种主流学习方式，同样也是社会化学习的具体表现。进入智能化时代以来，人工智能、大数据等新兴技术对大规模在线学习的发展产生持续的影响，大规模在线学习的内涵也得到深化与扩展，体现在越来越注重培养学习者的自主学习能力和思考能力。在网络构建的学习情境中，来自不同地域的学习者通过群体性知识共享、讨论与合作，进行有意义的知识建构，多元化的个体知识通过汇聚和融合，能够满足学习者的个性化学习需求。在此环境下，学习的终点不再是掌握静态的知识内容，而是通过群体交互对知识内容产生更深层次的理解。知识在动态交互中不断深化，促进了学习者个体意义的建构，而集体智慧的产生正是基于群体聚集，通过协作和交流创造更具民主化价值内容的过程。这就让每个参与进来的学习者都能在学习过程中找到有价值的知识管道，不断建立和扩展自己的知识网络，实现从知识的被动接收者到主动连通者的转变。在未来的发展中，大规模在线学习应更为重视学习

① 张思，刘清堂，雷诗捷，等. 网络学习空间中学习者学习投入的研究——网络学习行为的大数据分析. 中国电化教育，2017（4）：24-30，40.

者的体验以及群体知识网络的构建，以学习者的需求、感受为中心，来增强学习者对在线学习的黏度，激发学习者的学习动力。

二、大规模在线学习的不同类型

在大规模在线学习过程中，学习者之间的协作交互行为能够将各自的背景、知识、领域进行跨界融合，以此来实现知识的社会化发展。当前，网络化环境快速发展，社会化软件层出不穷，大规模在线学习呈现出学习者多元化、知识共享化、活动协作化等特点，具有共同兴趣和认知的学习者更易联结在一起组成网络，输出高质量的人工制品。在此过程中，大规模在线学习或因规模的不同、领域的不同、管理的不同、协作的不同等分化出不同的类型，那么这些不同类型的大规模在线学习有何差异呢？笔者在国外学者艾姆勒（Eimler）等的研究的基础上[①]，创新性地将其归结为非正式和有组织的大规模在线学习。

（一）非正式的大规模在线学习

在大规模在线学习中，社会网络的概念尤为突出，实际上，社会网络是一种关系，包括人与人之间正式和非正式的社会关系以及人与社会环境交互间接形成的社会关系。[②]非正式的大规模在线学习正是在这种社会关系下逐渐形成与发展的。

首先，非正式的大规模在线学习更为开放，为个体的成长提供了更便利的学习条件。每位参与进来的学习者都是自己的主人，可依据自身的需要，随时在知识的学习者与生成者之间转换身份。在这种学习环境下，人人是老师，人人是学生。例如，需要某类知识的学习者可在知乎等知识交流平台上提出问题，寻求帮助，而拥有此类知识的学习者可以进行回复，帮助他们解决问题。

其次，非正式的大规模在线学习更为自由，为个体的个性化发展提供了沃土。非正式的大规模在线学习的发生与形成是基于学习者兴趣的，没有明确的学习目标和学习要求，也没有相对固定的学习计划，学习者有选择放弃困难内容的权利，一改过去所谓的"会不会都要去学"的观念。在此环境下，学习者有更多的时间用于自己想学、愿学或解决难啃的内容上，真正了解自身所需，即该学什么，需要学什么，保证自己正在学习自己所需要的学习内容。知识在本质上是自

---

① Eimler S C, Neubaum G, Mannsfeld M, et al. Altogether Now! Mass and Small Group Collaboration in （Open）Online Courses: A Case Study//Mass Collaboration and Education. Cham: Springer, 2016: 285-304.

② Mitchell J. Social Networks in Urban Situations: Analyses of Personal Relationships in Central African Towns. Manchester: Manchester University Press, 1969: 199-378.

发产生的，是相对独立的，其未来的价值与发展取决于学习者对话题的继续关注度以及学习者自身的兴趣，而不受他人或外部环境的制约。

再次，非正式的大规模在线学习生成性较强，能更好地促进知识的共享与共生。非正式的大规模在线学习完全是由在线学习者基于自身的兴趣和需求自发参与而自然形成的，在其发展过程中，会不断地有新的学习者参与到知识的交流与讨论之中。在非正式的大规模在线学习中，每个人都可以分享自身的经验，解答他人的疑惑或提出自己的疑问，获取想要的知识。在这一过程中，既有满足问题解决的应用型知识，也有促进自身成长的系统性知识，知识随着大众化学习模式中的活动进行链接和交互，如此，知识的生成、获取与学习的交互作为非正式的大规模在线学习中的具体活动，可以不断进行，任何一位学习者都可以参与进来并享有获得与共享知识的权利，任何一台智能设备都可以实现个人智慧的转化和迁移。

最后，非正式的大规模在线学习提供的异步或匿名等网络环境，有助于学习者更为轻松地呈现自己的想法与认知，让学习者之间的协同更有效率。值得注意的是，这种环境也会导致学习者缺乏责任意识或者分散需要承担的责任与义务，产生不愿意为促进群体学习做贡献的现象。

（二）有组织的大规模在线学习

新冠肺炎疫情的暴发促使教育领域更加关注这种基于互联网的有组织的大规模在线学习。后疫情时代，围绕多样化创新人才培养需要，加速推进规范的、正式的、有组织的大规模在线学习显得尤为重要。

首先，相较于非正式的大规模在线学习，有组织的大规模在线学习具有计划性和专业性，体现在拥有专职的组织者和管理者，可能是某个机构、学校或教师等，对学习有明确的目标、要求和评估方法，所交流的内容与活动都是经过仔细设计和规划的。有组织的大规模在线学习具有较强的目的性，体现在学习过程中，学习者参与知识交流的重要前提是先完成学习任务。一群学习者参与同一门线上课程的学习，通过对课程内容的学习，构建出社会性知识网络，最终得到"官方"的评价与认可，取得成绩。这就是有组织的大规模在线学习。

其次，有组织的大规模在线学习有助于形成以学生为中心的学习设计。大部分人存在一个普遍的认知误区，即在线学习的主导权在布置任务的教师或是在线平台的管理者手中，他们以一种既给予学习者自由又对其严格管控的手段，来促使学习者学习。实际上，这种规范的、正式的、有组织的大规模在线学习可以将正式学习与非正式学习联系起来，由以往学校单方面为学习者提供被动的个性化学习转向由学习者主动参与到个性化服务中，即以学习者为中心。综合不同学习者的兴趣，制定一套规范化的学习方案，其余的无论是学习方式还是学习进程都交给学习者自己做主。学习者在丰富的资源中自主选择与其学习水平相适宜的资源进行整合，这种自主决策在在线学习中发挥着重要作用。

再次，有组织的大规模在线学习有助于学习者丰富自我学习体验。如果学习者在学习中自发地丰富个人的学习体验并且将其运用于实际，那么在线学习更具可持续性，这种可扩展、持续化的学习环境更有可能挖掘学习者的个人潜力。一方面，学习者有独立对大规模在线学习进行评价的标准，如学习平台中课程播放的稳定性与流畅性、组织的规范性、奖惩机制的合理性、互动的体验感等。另一方面，基于自我提升需求，学习者会在社会化学习中形成个性化的学习体验。学习者在开始在线学习前，会思考这样一个问题："为什么要选择这个课程，它是否能够为我带来解决某种问题的能力？"可见，能力的养成是学习者主要关注的。比如，某初三年级的班主任在日常的教学和班级管理中，常遇到的问题是如何将班级管理得更好，如何有效地对学生进行考前心理辅导等，那么该班主任在在线学习前，一定会根据个人所面临的问题进行相关知识的搜索，更多地关注教学管理以及教育心理学方面的知识与课程。我们通常认为选择与自由之间存在某种线性关系，在这种依据自身能力而展开的思考过程中，学习者对学习内容的选择更具针对性，学习者既能实现个性化学习，也能在一定程度上避免无意义的选择与学习。

最后，有组织的大规模在线学习有助于为学习者提供个性化的学习资源，激发其自我提升的动力。在大规模在线学习中，资源的作用尤为强大，对资源的获取与选择直接关系到学习者对所学知识的兴趣，并影响到学习者在线学习的效果。从学习者个人角度而言，在线学习从来都不是简单地等待别人的给予，而是学习者依据自身需要，主动地去寻找。学习者对平台或课程的初选，更多看重的是其口碑、内部课程的运作以及资源的质量，简单来讲，就是大规模在线学习的"售后服务"质量，在线学习者就像消费者，面对琳琅满目的商品时，消费者一定会选择口碑最好、质量过硬、价格实惠的商品。

有组织的大规模在线学习旨在形成学习共同体，提高学习者在线学习效率和满意度，帮助学习者获得持续的学习动力。面对不同的在线学习平台和课程，学习者一定会选择或是参与到学习环境良好、学习中可以最大限度发挥个人能力与潜力、人际交流更畅通以及提供反思学习体验的平台或课程。此外，有组织的大规模在线学习能够为学习者的在线学习提供强有力的平台和技术支持，以及相对个性化的学习服务，如结合大数据精准描绘学习者画像，让学习者随时了解自身学习的缺口和不足；借助人工智能交互功能创设学习情境，增强学习者在线学习体验等。本书所针对的有组织的大规模在线学习，分析在这种有组织、有计划、有管理的环境下如何激发学习者的学习动力，提升他们的学习质量。

三、大规模在线学习面临的挑战

随着信息技术与教育教学的不断融合，教育的信息化水平不断提升，在线教育也进入高效智能的发展阶段，大规模在线学习成为一种有效的学习模式。在社会性知识网络的形成和推动下，大规模在线学习的价值凸显，其地位达到了前所未有的高度。尤其是在当下的后疫情时代，在线学习的深入发展与大规模应用已成必然趋势，但是不会再如之前那般粗放式扩张，而是会同其他已步入成熟期的领域一样，进入"深耕细作"的时代，追求"效率至上，质量为王"。动力是促进学习的内在力量，质量是体现学习结果的表征，因此本书分别从动力和质量两个层面来分析大规模在线学习面临的挑战。

（一）动力层面：心余力拙

任何事情的发生与发展都是一定动力作用的结果，找准动力层面的不足是推动大规模在线学习高质量发展的关键。因此，帮助学习者适应当今的信息化、数字化、社会化学习，成为大规模在线学习发展的根本动力。究其原因，增强学习者的在线学习体验，提升学习者的知识建构水平，加强其与知识之间的联系，保障其在线学习权益，才是大规模在线学习发展的动力本源，并避免其余环节对本质动力的遮蔽，厘清动力作用的形式与路径。[①]

疫情之下，学校按照"停课不停学"的要求，充分利用各类线上资源和在线学习平台积极开展教学活动。学习者在此过程中对在线学习有了初步认识，积累了一定的在线学习经验。但研究者的调查发现，学习者在大规模在线学习中仍然存在学习气氛沉闷[②]、知识难以生成等问题。

1. 交互潜力难以激发，内在学习体验不足

在线学习是一个基于体验的连续性过程，学生在不同的情境、任务、方法下获得不同的情感体验。大规模在线学习模式对于学习者来说，需要一个适应与磨合的过程，因为在线学习并不是互联网技术与学习活动的简单相加。在大规模在

---

① 彭飞霞. 在线学习参与的作用机理与激发模型. 成人教育, 2020（1）：18-23.
② 乔伟峰, 刘威童, 李曼丽. 学生眼里的在线教学：行为、效果与挑战——基于新冠疫情期间清华大学学生在线学习行为调查. 清华大学教育研究, 2021（1）：57-66.

线学习中，学习者与教育者、学习者与学习者之间存在地理空间上、实践上和情感上的分离，即存在物理与心理的准分离状态。[①]这种分离状态容易使学习者在虚拟的在线学习空间中因即时互动性不强而产生焦虑感、孤独感和无助感。良好的学习氛围能够带动自律性较低、有学习孤独感的学习者加入学习中，并激发学习者的内在学习动机和学习兴趣。在中国大学 MOOC、腾讯课堂等在线学习平台，有上千人参与课程学习，然而讨论区中的发言者屈指可数。背对背的方式，加之没有对话与合作要求，在线学习平台犹如一潭死水，缺少外部和内部因素的激发，从而增强了学习者学习的孤独感，甚至产生学习焦虑情绪。在沉闷的在线学习氛围中，学习者也会缺乏交互欲望，降低社交的内在驱动力，循环往复，在线学习的氛围也越加沉闷，学习体验难以形成。

2. 群体知识难以生成，外在知识缺乏保障

以往，我们难以理解知识信息在虚拟网络环境中的处理与集成，忽略了知识流动对于提升在线学习者学习效果与质量的作用。社会性知识网络的出现给了研究者全新的角度去认识大规模虚拟空间中的知识与信息的交流情况。就目前来讲，个人拥有的知识已远远不能满足复杂环境的需要，如何有效地促进群体间知识的共享与生成，是所有在线学习研究者面临的难题。知识必须通过交流才能有效实现其价值。有组织的大规模在线学习对学习者有明确的学习目标和要求，必要时会对学习者的学习加以干预，以促进学习者之间的深度交流，加深学习者对学习内容的深度理解与感悟。虽然大规模在线学习营造了一种全新的生态环境，但相比于传统课堂的面对面学习，管理者很难对学习者的情况进行即时的监管，学习者学习时更容易分心，甚至出现部分在线学习者"不学习、无学习、假学习"的现象。[②]可见，在大规模在线学习中，知识的流动并不容易，有组织的大规模在线学习中的知识流动快，但持续时间短，致使群体间的知识难以有效生成与拓展。

（二）质量层面：不尽如人意

大规模在线学习是创新教育教学体系、构建开放型学习共同体的重要模式。当前，大规模在线学习的环境发生了较大的变化，立足信息化、社会化和智能化时代，应用高质量来满足后疫情时代学习者多元化的学习诉求，可持续优化大规模在线学习过程，逐渐走上理性健康发展之路。在大规模在线学习的转型中，内

---

① 李文，吴祥恩，王以宁，等. MOOCs 学习空间中在线临场感的社会网络分析. 远程教育杂志，2018（2）：96-104.

② 崔允漷. "在线易"，"在学"难，动机是关键. 教育科学，2020（3）：2-4.

容丰富有质量、形式多元有交互、服务周到有保障，既是在线学习形成集体智慧的关键，又是大规模在线学习走向高质量发展的推动力量，对其中产生的问题，应给予更多的重视。

1. 整体上智慧生成质量不高

在社会性知识网络的影响下，大规模在线学习更加强调协作学习。以学堂在线、中国大学 MOOC 等平台为例，它们对学习者在线学习的要求只局限于对视频的观看进度和作业的完成程度，而忽视了学习者之间的思维碰撞和智慧生成情况。缺乏协作精神的在线学习活动，导致多数学习者呈现出"旁观"的学习状态，仅以个体身份进行独立自主学习，较少参与到群体之间的知识交互和建构之中，久而久之，习惯于独立进行在线学习的学习者将更加难以适应集体之间的协作。对于大规模在线学习的发展而言，如何提高学习者参与的积极性、增强群体之间的交互、实现集体智慧的创生，是面临的新考验。

2. 个体认知的深化效果欠佳

个体认知是学习者在个人经验的基础上与同伴进行交互或协作，从而对自身知识不断重新加工、不断建构的过程。但就目前而言，大部分学习者只是通过网络直播、课程网站、视频会议、观看录播等形式进行大规模在线学习。在内容的选择上，仍偏爱 PPT 课件、讲义文稿、授课视频等。在线学习论坛中的交互情况也不理想，具体表现学习者在论坛中提出的问题不能及时得到专家、教师或其他学习者的回复，即使有学习者参与互动，也常浮于表面，沟通层次过于浅显，常出现"我同意""我觉得很好""支持""赞"等对知识建构无明显作用的社交性语言。[1]如果学习不得其法，沟通不得其效，在线学习成员之间有互动而无建构，那么在此过程中，在线学习者的知识建构水平就会越发降低。在线学习的质量取决于教与学之间的交互[2]，但在当前的大规模在线学习中，学习者通过单一的学习形式，简单地分享各自的观点，并无对观点背后所隐藏的知识价值进行深入挖掘，导致其认知水平及知识建构质量整体处于低水平阶段。

四、社会性知识网络视域下的大规模在线学习

随着在线学习的发展，群体协作成为一种有效的学习模式[3]，以协作为内涵

---

① 李海峰，王炜. 社会系统理论视域下的在线学习共同体构建. 中国电化教育，2018（6）：77-85.

② Trentin G. The quality-interactivity relationship in distance education. Educational Technology，2000，40（1）：17-27.

③ 吴江. 基于 Web2.0 的在线协作学习系统的设计与初步实现. 中国人民大学，2008.

的大规模在线学习可以改善学习者的在线学习体验，提高其在线学习的积极性。虽然目前的大规模在线学习在动力与质量层面存在问题，但这种模式对学习者及其学习效果所产生的影响是不容忽视的，这也是现代教育改革的重要方向与突破。

当然，推动大规模在线学习的发展需要融入新鲜的"血液"。具体而言，就是从社会性知识网络的视角出发，对如何保持与提升学习者在大规模在线学习中的动力与质量进行重新审视。面对当前复杂的网络环境，社会性知识网络不仅为学习者提供了系统的知识观和学习观，而且为探究学习者的大规模在线学习提供了新的思路，逻辑表现在持续为大规模在线学习的发展输送动力，保障学习者的质量输出。具体表现在增强学习者的在线学习体验，提高学习者的内部学习动力；提升群体知识流动速度与广度，牵引外在学习动力；推动知识共同体的构建以及集体智慧的生成，逐步实现知识到智慧的转型；强化个体学习认知，加强学习者在线学习知识的整体建构等来解决问题，为大规模在线学习的持续发展提供软实力支撑；以策略为支撑，提升内外部动力和质量，为从新视角下探索大规模在线学习的发展提供可能。如图1-1所示，社会性知识网络并不是单纯地作用于大规模在线学习的某个部分上，而是一个动态的过程，从社会性知识网络这一全新角度去认识虚拟空间中的知识信息交流，即提供了一个全新的方向去审视在线学习中所产生的各种问题，并寻求解决问题的方式方法。

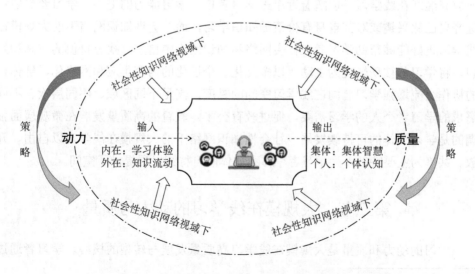

图1-1　社会性知识网络视域下的大规模在线学习研究结构

大规模在线学习的动力实质上是一种输入条件，对于学习者的发展而言，是一种较为隐性的激励机制，可定义为推动大规模在线学习发展的力量来源，具体表现为增强学习体验，激发内外在动力，加速知识流动。在外部策略的激励下，学习者更为积极地参与到在线学习中，更为高质量地完成学习任务，这说明动力的输入发挥了正向作用。在这一过程中，学习者也受到内在的自我激励，强化了自身在大规模在线学习中产生的成就感和自信感，进一步激发了学习动力，以及参与在线学习的积极性。此外，在大规模在线学习中，平台对动力的把握与利用也能够对学习者在线学习的行为及效果产生推动作用，如增加学习者积极学习行为的数量，保持学习者持续的内在动力。①

在当前大规模在线学习中，学习者在线学习的质量不应仅靠硬件或其他先进技术的保证，更重要的是提高软实力，如大力支持大规模在线学习中的协作与交互，为学习者创造深层次认知提供条件等。本书的目标是从社会性知识网络的视角出发，通过挖掘与分析大规模在线学习中的质量问题，提供相应的策略来提高学习者在线学习的积极性，以及与其他学习者在网络学习中的合作与交流程度，促进学习者自发参与学习并进行积极的交流互动，从而创造性地生成集体智慧，深化个体认知。

此外，社会性知识网络下的大规模在线学习更易实现高质量发展。教育的高质量发展在宏观层面强调实现公平而有质量的教育。在传统的大规模在线学习中，学习者的自主学习能力和内在学习动力不足，容易因在学习中遇到各类障碍而放弃继续在线学习。但随着近年来学习者自主学习能力的提高，学习者更愿意选择自己感兴趣或对其自身有价值的知识学习，而社会性知识网络下的大规模在线学习正好能够帮助学习者在社会网络和知识网络中自主寻找有价值的信息和知识，将学习从被动转化为主动，以多元化、个性化的内容供应和网络化、群体化的协作交流增强学习者同在线学习空间的黏度，满足不同区域、不同层次、不同需求的学习者个人的学习需要，促进教育公平。教育的高质量发展在微观层面强调的是学习个体的可持续发展。社会性知识网络下的大规模在线学习以自由、开放、共享为主要特征，为学习者个体和群体的可持续发展提供了空间。

第三节　大规模在线学习的动力与质量

学习的动力和质量是大规模在线学习高质量发展与转型的核心。学习者通过

---

① 田阳，冯锐，韩庆年. 在线学习社交行为对学习效果影响的实证研究. 电化教育研究，2017，38（3）：48-54.

在大规模在线学习过程中的社会性交互，能够增强凝聚力和归属感，提高满意度和学习成效，从而产生持续的学习动力。此外，学习者通过知识的碰撞与生成、探索与发现以及思维的拓展与创新，来保障在线学习的质量。本节通过对大规模在线学习中学习者的内在动力、外在动力、外显质量和内隐质量进行深入讨论，来探究大规模在线学习的优化提升。

一、大规模在线学习的动力

学习者在进行在线学习时，会发生两件事：一是生成学习体验；二是进行知识流动。两者相互影响、相辅相成。学习体验主要指在线学习体验，指学习者对在线课程环境、在线学习活动、学习交互等多方面的感知和反应。在线学习体验感良好，学习者的自我效能感提高，从而促使学习者进行更深层次的学习，助推知识流动，这是从内部激发学习者的动力。知识流动不是简单的知识传递，它需要知识接收者在接收到知识的同时，对知识进行吸收和内化，再与知识传授者进行沟通交流，建构属于自己的知识，这是从外部激发学习者的动力。

（一）内在动力：学习体验

学习体验有两层含义：一是指体验的结果；二是指体验的过程。目前的研究更多地从结果的角度出发，往往忽视体验的过程性。要想体验具有过程的属性，需要从动态与过程的角度来理解体验。对于体验，重要的不是"结果"，而是"尝试""参与"等行动与实践的过程。在此过程中，体验是主体作用于事物和事物反作用于主体的互动过程，而且在这个互动过程中，体验不是主体对环境的被动"印象"，而是主动"尝试""参与"后的获得感。体验是实践与认识相统一的、符合人类认知规律的过程，是连续实现不断改组与改造、不断提升的过程，是在具体情境中理性思维的过程。

内部动机是指学习者因对学习感兴趣而自发地进行学习，并且能够从学习中获得满足和激励。例如，有的人学习画画是因为自己喜欢，而不是因为外界的压力。外部动机是指学习者因要获取奖励、名誉、职务等额外的结果而产生的学习动机。内部学习动机作为促进学习者深入学习的驱动力，是在线学习发生与维持的重要前提。良好的在线学习体验有助于增强学习者的自我效能感，激发学习者的学习动机，提高学习者的学习成效。龚嵘基于期望价值理论对远程学习者的英语学习和工作经历进行叙事研究，发现学习者的学习成功预期与动机取向取决于学习者个体在英语学习体验、师生关系、职业发展经历等多项历史环境因素下所逐步形成的学习能力观与学习过程观。[1]体验是学习者在学习过程中的感受以及对学习结果的态度，由于个人特质、学习准备、学习风格等的不同，学习者对在线学习体验的感知与态度也会不同，而学习者可以从良好的体验中获得归属感与满足感，因此可以将学习体验作为学习者在线学习的内在动力。

综合来讲，良好的在线学习体验不仅能提高学习者学习的积极性，还能让学习者逐渐成长为在线学习中的对话者、分享者、合作者及贡献者。此外，体验带给学习者的反馈更能增强学习者学习的自主性，使他们自觉地投入时间与精力去发现问题、讨论问题、研究问题和解决问题，并在与其他学习者的交流、协作中不断加深对所学内容的记忆与运用，达到对知识的意义建构。为了更好地呈现学习体验在大规模在线学习中的体现，本书第二章构建了在线学习体验螺旋式周期模型，以向读者解释合作、对话、知识与反思在大规模在线学习体验形成中如何相互作用、相互影响的，更具体的内容将在第二章详细呈现。

（二）外在动力：知识流动

计算机技术、新媒体技术以及社会性软件的发展，为更广泛的合作、虚拟参与等提供了新的可能，为更高效的学习提供了平台与媒介，同时催生出一种新的高质量知识的生产方式——知识付费，这也是大规模在线学习的发展追求高品质知识的表现。当然，社会性知识网络本就在知识不断流动与社会资本不断积累的交织中形成，其中存在复杂且独特的动力学因素。知识是促进个体发展与进步的核心要素，学习者的心理与行为之中蕴含着个体运用自身所掌握的知识对智力、情感、意志以及综合性行为能力的整合。知识作为学习者固有的外部属性，是客观存在的，是主体之间动态交互的内容。若知识只传播不流动，学习则无法产生；若缺乏社会性建构和社会性参与，知识则无法流动。个体拥有知识的差异性使他们之间有了相互交换的动机，频繁的社会互动形成了密切的交互关系，这是学习者之间知识流动的主要路径。在知识流动的过程中，知识主体可以学到外部的知识，从而得到发展，进而促使创新的产生。学习不再是个人完成知识内化的活动，而是知识节点的建立与知识共享的过程，尤其在大规模在线学习环境中，知识接收者将获取到的知识与同伴进行交流和讨论，最后衍生出新的知识网络。大规模在线学习中的知识流动是在网络环境下，主体之间进行知识交流、传播和转移的过程，能够促进知识的创新、衍生，以及学习者间的深度交流，对学习者的合作、对话起着重要的作用。

_____

[1] 龚嵘. 远程学习者英语学习动机强度制约因素的叙事探究. 中国远程教育，2010（11）：35-39，53，79.

　　知识流动的主体是学习者，知识在主体间的流动水平体现主体间的紧密程度与行为特征变化。在知识流动的过程中，知识的数量与质量会发生变化，并驱动着学习者学习的方向与水平。产生了知识流动，说明知识主体间有交互和相互学习的意愿。其中，学习者学习的动机和意愿决定知识转移是否发生；学习者是否开启学习预示着知识是否发生流动；学习者的学习进度表示知识是否具备一定的流动水平。知识流动水平是从客观、动态的视角看待学习者交互的深度，知识流动水平越高，知识交互质量越高，新知识也就越容易产生，越能促进群体智慧的生成。在知识流动的过程中，发挥决定性作用的是主体的意愿和能力。简单来讲，知识流动就是动力产生的源泉，从主体学习者的角度，可以通过促进协作学习与深层次学习的发生，并反作用于学习者的在线学习体验与学习效果上，来提高学习者的学习动力；从客体知识的角度，可以通过促进学习者参与大规模在线学习的动力，建立知识流动渠道，促进群体智慧的生成。

二、大规模在线学习的质量

　　大规模在线学习质量主要表现在学习投入度、知识建构效果、学习行为质量与在线交互质量等方面。对大规模在线学习质量的探究不仅对学习结果有重要的价值，而且对在线学习本身具有显著的回流作用。①通过在大规模在线学习网络环境中的深度交互，学习者的个体智慧得到充分交织，产生了解决实际问题的创新性方案，最终生成集体智慧。这种基于大规模协作产生的集体智慧，能够帮助学习者更好地参与到大规模在线学习中，提高在线学习效果与质量。此外，作为在线学习的主体，学习者在学习过程中的认知投入、行为投入和情感投入既反映了他们的知识能力提升情况，也反映了他们对学习内容、在线学习环境等方面的认同情况。对在线学习者的认知投入进行分析，可以深度刻画他们协同建构知识的过程，有助于对在线学习活动进行及时评价与反馈。②因此，对大规模在线学习中集体智慧与个体认知的把握，能够为在线学习质量评价提供一个全新的视角，并能促进大规模在线学习的高质量转型。

　　（一）外显质量：集体智慧

　　大规模在线学习不受时空限制、获取信息快速方便、学习资源可重复使用、

---

　　①　Alderson J C，Wall D. Does washback exist？ Applied Linguistics，1993，14（2）：115-129.
　　②　张思，何晶铭，上超望，等. 面向在线学习协同知识建构的认知投入分析模型及应用. 远程教育杂志，2020（4）：95-104.

学习群体交互性和协作性强等优势弥补了标准化人才培养方式的缺陷。Web2.0 时代的到来催生了大规模在线学习，个体用户大规模协作参与内容生产，极大地推动了互联网发展资源内容和大众智慧的生成。在人人互联、资源共享的时代，大规模在线学习中的集体智慧作为一种崭新的智能形式，为大规模在线学习质量的认定增加了更大的灵活性。

一旦个体能够精确地学习他人，那么个体所在的社会群体就会发展出集体智慧。集体智慧的发展，部分取决于个体所属群体的规模以及个体间的社会关系。在大规模在线学习中，学习者利用在线网络环境，以共同学习愿景为学习起点，在各种学习情境中开展学习活动，进行经验交流与意义协商。在知识的传播与分享中，每个个体都能从其他学习者的知识网络中获取与自己学习目标相匹配的知识，在相互连接的基础上，学习者以个体或群体的形式提出新的观点和想法，以此促进知识的生成与发展。集体智慧的发展，既需要学习者个体对知识、经验、策略的共享，也需要学习者之间积极地交流互动，不断促进观点间的碰撞，以达到相互融合、相互创新的目的。此外，集体智慧的发展一定程度上也体现了个体智慧的发展水平以及群体知识创新的能力，不同于知识传递、知识管理与知识共享，集体智慧不单是知识层面的收集与汇总，还包含更多样化的形式和内容，是多方面因素相互协调、共同作用的结果。可见，大规模在线学习协作生成的集体智慧，可以创新性地解决复杂的实际问题。

在开放而平等的互联网环境中，大规模在线学习过程中容易产生蚁群式协作。蚁群式协作实质是一种在群体进行自组织过程中的隐式沟通，能够保证群体发展的高效和稳态。共同愿景是产生蚁群式协作的基础，也是产生蚁群式协作的关键。在大规模在线学习过程中，一方面，可以汇集不同时间、不同地点、不同领域以及不同层次的学习者参与知识的共建与共享，建立一种在集体层次上的学习方式；另一方面，具有松散却有序的组织结构，能够集聚群体的力量和智慧。同时，学习者以大规模协作方式进行在线学习、完成合作与竞争等任务时，会激发特定的群体精神，如消极或积极的从众心理、群体认同与个体存在感、实名制交流的责任精神等。因此，大规模在线学习中产生的集体智慧能代表集体协作的过程以及结果，也反映个体学习者的贡献。

（二）内隐质量：个体认知

认知是指人们获得知识或应用知识的过程，或信息加工的过程。大规模在线学习中的个体认知就是学习者个体在与网络学习环境进行交互的过程中，开展生成知识、应用知识和加工知识的思维活动，目的在于满足学习者的自我学习需求。学习者通过运用信息技术手段，主动参与在线学习交流；通过发表评论、帖子、作品等学习行为，参与到在线学习活动中，以此来完善自我的个体认知。因此，个体认知包含多方面因素，如感觉、知觉、记忆、思维、语言和创造等。在互联网时代，缺少的不是信息，而是知识。要取得高质量的在线学习效果，需要更多地关注公共认知层面中学习者个体认知的差异和质量。真理不是在个人的头脑中产生的，而是在对话交流中产生的。在在线学习活动中，学习者个体认知有具体的呈现方式，包括个体与知识、行为、集体之间的碰撞交流。从表现形式上来看，学习者的学习动机、学习反思以及学习记忆等心理活动都与学习者自身的认知相关。认知广泛分布于在线学习活动中的各个环节：一方面，学习者个体保持自己在线学习中的独立身份并"各司其职"[①]；另一方面，个体之间的交流反馈都是以共同学习为目标取向的优势互补，这使得个体认知经过群体的加工处理后"价值"倍增，逐渐形成集体智慧。

从社会性知识网络视角出发，可以通过对学习者在异步在线学习环境中所形成的观点、做出的行为和贡献等，来判断学习者个体认知是否转换成知识，并对其进行质的评价。根据这些从讨论交流中所形成的观点，可以分析学习者的思维能力达到了哪个水平，即对学习者复杂思维的评价。这些思维能力的评价方式能反映学习者的在线学习质量，究其本质，学习者的学习质量能通过其社会交互状况体现出来。学习者的个体认知能直观反映其在线学习质量，因此对学习者个体认知的评估，也就是对学习者在线学习质量的评价。学习者在参与网络学习过程中的一系列行为和想法组成了个体认知的"大数据"，这些被"数据化"的内容正好能反应学习者在此段时间内的认知品质。

第四节　大规模在线学习的探索实践

大规模在线学习不同于传统的课堂教学，主要体现在"大规模"和"在线"两方面。"大规模"是指与传统课堂教学中的学习者人数相比，选择同一门课程的在线学习者可达到成千上万名；"在线"则是指学习者并非在同一地点面对面地学习，而是通过在线平台进行学习与协作交流。[②]无论是"大规模"还是"在线"，都恰好与社会性知识网络的发展不谋而合。"大规模"意味着人员众多，它为人与人、人与知识的广泛协作互动提供了条件，这恰好对应社会性知识网络是

---

①　翁凡亚，何雪利. 分布式认知及其对学习环境设计的影响. 现代教育技术，2007（10）：14-17.
②　陈甜甜，何秀青，葛文双，等. 大规模在线协作学习分组方法及应用研究. 计算机工程与应用，2021（1）：92-98.

人与知识的深度互动过程中构建起来的过程。"在线"表明不再是传统的面对面教学形式，这为社会性知识网络发展联通人与知识提供了更多的渠道和媒介，有助于促进人与知识的不断深入交互。因此，对应前文所说的，社会性知识网络作为研究大规模在线学习的新视角，能为重新理解和发展大规模在线学习提供新思路。在审视大规模在线学习的发展过程时，发现动力与质量层面的问题仍有待解决，可见，若要实现大规模在线学习的持续健康发展，不能孤立地考虑现存问题所在，而应从问题出发，对大规模在线学习的基础理论与实践发展进行系统思考。为补足短板，促进大规模在线学习的发展更趋稳健，本书以社会性知识网络视角下的大规模定制式网络学习课程"泰州师说"为例，结合"泰州师说"多年来开展的在线学习课程实践，以期对社会性知识网络视角下的大规模在线学习的持续健康发展有更深入的了解与探索。

一、"泰州师说"大规模在线学习的基本情况

"泰州师说"是一种大规模定制式网络学习课程，由江苏省泰州市教育局委托江苏师范大学开发，经市教育局、师资处、电化教育馆（简称电教馆）和各地部门学校等多方协同配合，精心打造的主题资源课程，并实行市、县（区）、学校三级联动管理模式。2014 年至今，"泰州师说"始终是当地教师进行正式的、有组织的大规模在线学习的重要平台。本节将从在线学习者规模、在线学习媒介、在线学习组织形式以及在线学习流程四个方面来介绍"泰州师说"。

（一）在线学习者规模

"泰州师说"的在线学习人员主要由泰州市 4.3 万余名教师及行政人员组成，涵盖幼儿园、小学、初中、高中和中职五个学段。[①]教师学习者在性别上基本平衡，男女比约为 3∶4，[②]女性教师参与者相对较多；学历上符合国家对中小教师的学历要求，绝大多数成员具备本科学历，其次是大专，少数具有硕士研究生学历，博士研究生学历人数最少；年龄上新老教师参与者比例基本相等，大多为泰州市教育的中坚力量。经过往期的学习，教师学习者已具备基本的在线平台操作技能，能够保证日常的学习活动。从整体上看，"泰州师说"在人员数量、性别组成、教师结构、学习基础条件等方面，均符合大规模在线学习的特征。

---

① 王帆，王珣，祁晨诗，等. 不同组织形态下"在线学习"品质比较实证研究. 电化教育研究，2018（12）：37-43.

② 王诗蓓，王帆. 基于价值创造理论的教师网络实践共同体价值创造研究. 中国远程教育，2017（3）：59-66，76.

（二）在线学习媒介

"泰州师说"主要依托江苏教师教育管理系统组织学习者进行在线视频学习，在线讨论则依托江苏教师教育网（网页版、微信版）及百度贴吧开展。其中，江苏教师教育管理系统以实名制方式参与，百度贴吧以匿名方式参与。与泰州市电教馆建立合作关系以来，在线学习媒介环境不断得到完善，发展至今，已相对具备了微信移动端口、视频交互评价、文字特色编辑、支持讨论投票以及精华帖置顶与推送等功能，满足了学习者从在线学习到在线交互的各种功能需求。

（三）在线学习组织形式

"泰州师说"在前期采用的是自组织形式开展在线学习，依靠系统内部的"自我净化"推动学习由混沌走向有序，希望达到各类学习资源的最大化利用，提高学习效率。随着"泰州师说"的不断推进，我们逐渐发现，虽然自组织在一定程度上提高了学习者在线学习的成效，但单一的自组织环境存在一些问题，如个体行为缺乏约束力，学习者的主动性和积极性得不到很好的释放与展现；在线学习群体的交互较为零散，难以发挥中心人物的作用，学习者知识掌握和迁移应用能力的提升较为有限。所以，在2017年第四期的"泰州师说"中，我们设计了全组织、半组织、无组织三种组织形态的比较实验[1]，结果发现，由课程组织者负责组织管理，同时将部分组织管理权还给学习者的半组织方式，畅通了组织内部的运行机制。学习者在系统内进行自我转化与发展、提高学习资源利用率的同时，也提高了创新与创造能力。为了更好地平衡高组织强度与低组织强度之间的关系，发挥中心化、标准化的学习与考核系统优势，结合去中心化的线上论坛讨论模式，而后的每期"泰州师说"均采用他组织与自组织相结合的组织管理策略。具体来讲，就是由在线课程运行设计者与学习者共同掌握组织管理权，最大限度地调动学习者的积极性与主动性，以他组织为基础，学习者自我组织、自我管理，从而实现自我提升与集体发展。

（四）在线学习流程

为更好地贯彻中央文件精神，"泰州师说"平台充分利用信息技术，推进教师教育信息化教学服务平台建设与应用，打造以自主、合作、探究为主要特征的

---

[1] 王帆，王珣，祁晨诗，等. 不同组织形态下"在线学习"品质比较实证研究. 电化教育研究，2018（12）：37-43.

优质课程，推动泰州市高素质专业化创新型教师队伍建设。"泰州师说"在线学习运行流程如图 1-2 所示。

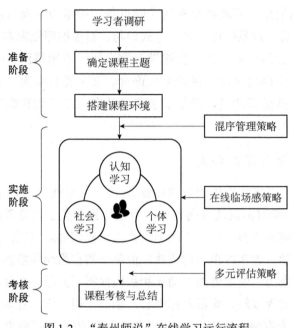

图 1-2 "泰州师说"在线学习运行流程

1. 准备阶段

课程准备阶段主要包含学习者调研、确定课程主题和搭建课程环境三个部分。学习者调研主要是做学情分析，了解参与课程的学习者的需求和以往的在线学习体验情况，这可以为后期的资源开发和环节设计提供可参考的实际意见。确定课程主题关系到学习者学习的兴趣与动机，自第六期"泰州师说"起，便采用众筹的方式确定课程主题，广泛征集参与学习者对课程主题的意见或需求，让他们在课程运行的一开始就产生参与感。搭建课程环境需要遵从感知易用性和感知有用性的原则，为在线学习者构造舒适的学习交流环境与氛围。另外，为了使课程更好地契合学习者的兴趣和需求自第六期"泰州师说"起，便采用众筹的方式确定课程主题，广泛征集参与教师对课程主题的意见或需求，让他们在课程运行的一开始就产生参与感。

2. 实施阶段

每期"泰州师说"开始前，我们都会根据往期学习者的反馈及其学习成效，设计新的策略，以促进个体学习、社会学习与认知学习之间的转换，进而提升学习者的在线学习成效。其中，个体学习的基本内容是自主学习课程视频和浏览课程论坛，并与课程内容之间产生初步的交互。社会学习是在线学习同伴之间的交互过程，通过分享信息、评价内容、发起讨论等方式建立起稳定的联系，并逐渐形成学习共同体。在这一过程中，教育者充当着指导者与促进者的角色，通过运用特定的方式引导学习者交流的方向。认知学习关注的是学习者的知识吸收与创造能力，具体体现在对学习内容的反思程度或批判性思维的水平上。比如，开展第四期"泰州师说"时，我们提出利用混序管理策略在大规模在线学习的运行与管理中实现"混"与"序"的机制创新，利用混序管理策略重塑在线学习社群组织结构，增强学习者之间的交互感。再比如，开展第六期"泰州师说"时，我们提出了建构在线临场感策略，以结构化、问题支架、精英引领等措施强化学习者在线学习体验的形成。

3. 考核阶段

考核阶段主要有两大考核项：学时考核与试卷考核。学时考核是为了保证学习者能够对课程视频资源做到浏览观看，这也是一种督促学习资源发挥实效的评价机制。学时考核的数据会在课程系统上自动记录，便于学习者自查自促，合格标准为 600 分钟。试卷考核采取从题库中随机抽题的形式进行，在课程开始前，我们会请高校专家根据课程内容与目标要求，以及课程内容的重难点，设计单项选择题 250 道、多项选择题 100 道、判断题 150 道，系统随机抽取单项选择题 15 道，多项选择题 5 道和判断题 10 道组成最终考核试卷（满分 100 分）。双层考核机制，不仅从学习过程上保证了量的要求，也从学习评价上促进了质的提升。

二、"泰州师说"大规模在线学习发展过程

发展至今，"泰州师说"的运行机制已相当成熟，平台运行从匿名式"贴吧"转向实名制"江苏教师教育管理系统"，课程论坛参与规模也从最初的几百人增长到现在的几万人，课程考核合格率连年攀升。"泰州师说"的发展不仅实现了量的提升，也得到了质的飞跃，课程主要内容也基于实践在变化，如从第二期开始迈向品牌化道路，第三期开始关注价值创造，第四期开始注重精细化设计，第五期开始着手智慧型教师成长，第六期开始探索新时代教师队伍建设，第七期开始走向教师高质量发展，第八期开始探索高质量教师专业发展成效。2015—2021 年，共计开展 7 期，包含 59 个主题（表 1-1），广受好评，这些成绩既彰显了笔者团队对解决大规模在线学习动力和质量问题的决心与行动成效，也

在一定程度上为大规模在线学习走向高质量发展之路指明了方向。

表 1-1　2015—2021 年"泰州师说"主题课程

主题	2015 年 第二期	2016 年 第三期	2017 年 第四期	2018 年 第五期	2019 年 第六期	2020 年 第七期	2021 年 第八期
1	课例研究	教学创新	名著导读	名课解读	设计教学	板块教学	教学策略
2	新媒体应用	阅读经典	走班管理	泰州教师 的记忆	学习方法	国家课程 校本化	学科育人
3	大阅读推进	核心素养	教学研究	名著导读	PISA①测试	课堂诊断	大单元 主题教学
4	好课赏析	家校合作	留守儿童 的故事	教师心理健康	STEM 课程②	理论之光	论文写作
5	课堂评价	泰微课	命题设计	安全教育	理论之光	名著导读	主题班会
6	课题研究	同课异构	问题设计	国家课程 校本化	名课解读	校本教研	名著导读
7	校本课程开发	为人师表	学情分析	综合实践活动	名著导读	学习方式	名课解读
8	一位"状元" 的成长故事	乡村教师 的故事	学习活动设计	学生心目中的好 老师	教师的一日 一月一年	学习活动设计	理论之光
9	心理健康教育	智慧备课			学习习惯		

（一）"泰州师说"的探索发展期

2013—2016 年，"泰州师说"处于探索发展期，在平台运行、课程设计、服务管理以及概念引领上刚渐入平稳。为更大幅度地提高大规模在线学习课程的实施效果，在这一阶段，我们采用独具特色的评估手段来促进"泰州师说"的发展。

2015 年开展第二期"泰州师说"时，我们以国际上利用最为广泛的柯氏评估模型作为理论基础，同时结合在线学习的特点，从反应层、学习层、行为层、成效层对"泰州师说"全员在线学习的效果进行评估。具体来讲，反应层主要调查学习者对在线学习的反应程度，从学习内容、在线师资、学习形式三个方面进行衡量。学习层主要考察参训学习者通过在线学习后的学习所得，即从江苏教育教育网的平台数据、在学习共同体中的交流数据、考试结果数据三个维度进行分析。行为层、成效层主要从访谈资料中追踪学习者在参与在线学习后的具体行为变化以及在线学习所产生的成效。通过全方位、多角度地对"泰州师说"各个部分进行考察，达到了以"评估"厘"现状"，优化泰州师资水平格局，以"评

---

① 国际学生评估项目（programme for international student assessment，PISA）。

② 科学（science）、技术（technology）、工程（engineering）和数学（mathematics）四门课程。

估"促"发展",制定泰州教师未来发展路径,以"评估"创"特色",打造"泰州师说"品牌的目的。

2016年开展第三期"泰州师说"时,我们则以实践共同体创始人文格尔(Wenger)提出的共同体发展五阶段理论以及价值创造理论为基础,从初始阶段、联盟阶段、执行阶段、转化阶段和延续阶段对"泰州师说"大规模在线学习过程中教师的成长进行评估,从共同体的发展历程中发现大规模在线学习所创造的价值。

经过四年的发展,从柯氏评估模型的多个层面对"泰州师说"进行系统评估,确保其科学性和客观性,到以共同体发展五阶段理论和价值创造理论为基础,探寻教师学习者在网络环境下构建学习共同体的发展规律和价值创造,"泰州师说"在落实特色区域课程和品质课程建设上,初现品牌化。至此,"泰州师说"走向了大规模在线学习的实践发展之路。

(二)"泰州师说"第四期:精准化设计

2017年,"泰州师说"以打造"师说"品牌、优化课程结构、转换增长推动力以及推进在线学习实效为项目蓝图,为求切实契合教师需求、贴近教学实践、实现学习目标,特设"名著导读""问题设计""学习活动设计""命题设计""教学研究""走班管理""学情分析""留守儿童的故事"八大主题课程,从知识转移分析(knowledge transfer analys,KTA)框架、霍德模型出发,探索了在问题支架、互动平台、种子学校的作用下知识流动水平和最优学习社群组织形式。为此,第四期"泰州师说"创新设计了三大精细化措施来充分体现课程资源定制化、课程运作精细化、课程评估系统化和课程质量品牌化的特征。

1. 创设问题支架,激发教师的求知欲望

第四期"泰州师说"共设八大主题课程,管理员根据具体课程内容提出了"1+8×5"(一次在线学习、八门课程、每门课程五个主要问题)的课程交流问题支架,引导学习者对学习内容和课程知识进行探讨和思考,促进学习者按时实施学习计划。问题支架帮助教师学习者在发现问题、思考问题、解决问题的过程中满足求知欲望,完成知识体系建构。

2. 控制共同体规模,达到学习效果最大化

为实现学习效果最大化,管理员采取依据课程主题特性实现教师分流,通过有效控制知识互动规模来实现学习交流的节奏性和有序化,并逐步实现了个性化学习社区的创建。管理员借助课程论坛的数据统计,分析每个阶段知识流动的节点、知识传播的速度和知识吸收的速度，以期基于大数据的分析发现知识交流的规模、速率的阈值，并据此改善在线学习课程资源建设结构，使学习者课程学习交流实现有组织性、稳定性和高效性。

3. 设立种子学校，带动全员学习交流的节奏

第四期"泰州师说"特设 3 所种子学校，同时根据学习学校课程的组织形式实行差别化调控。在意见领袖理论的背景下，基于数据分析种子学校在知识交流过程中的特殊作用，从而带动全员学习交流的节奏，辨析其担当的角色是知识贡献者、促进者还是调节者。

以上三种精细化措施推动了"泰州师说"中知识的有效流动，实现了专业化、多角度、全面化分析学习者在精细化设计下的知识转移态势，为后文探索社会性知识网络视角下大规模在线学习知识流动水平提供了案例与数据支持。

（三）"泰州师说"第五期：智慧型教师成长

2018 年开展的第五期"泰州师说"以切实提升学习者分析问题和解决问题的能力、生成集体智慧为目的，开设"名课解读""泰州教师的记忆""名著导读""教师心理健康""安全教育""国家课程校本化""综合实践活动""学生心目中的好老师"八门主题课程，以求在课程学习中，调动教师学习者的最大内部驱动力，充分展现教师群体的个人智慧、组织智慧和社交智慧，推动智慧型教师的成长。因此，我们从知识深化、角色转换、行为转变和智慧升级四个方面为该期"泰州师说"绘制发展蓝图，并借助分步建立问题支架、组建卓培教师精英团以及成立优秀教师骨干群等策略来推动知识型教师向智慧型教师转变。

1. 分步建立问题支架

第五期"泰州师说"从视频学习的原理、概念和理论知识出发，帮助教师学习者在论坛中交换教学经验和教学策略，从而更好地在实践中落实理论指导，总结经验与方法。结合视频内容和学习大纲，由管理者提前为每门主题课程设置五个阶梯式问题，分时抛出，形成支架。阶梯式问题是根据布鲁姆认知目标层次分类设定的，层层递进。此外，问题支架的建立也为教师学习者建造了合理的交流支点，有助于他们从视频中学习的感性认识过渡到对真实问题的理性思考，让学习不再仅停留于对概念性知识的学习与理解，而走向一种社交化模式。

2. 组建卓培教师精英团

为达到生成集体智慧的目的，第五期"泰州师说"选取了 50 余位教师学习

者作为重点培养对象,以便发挥个体智慧,并借助组织智慧、社交智慧上升至集体智慧。卓培教师绝大多数是来自各地的高级教师,其教学经验丰富。对卓培教师成员的学习要求主要有三点:一是积极参与跟帖;二是自主创建主题帖;三是散发社交魅力,形成群体动力。这种群体性的引领有助于形成学习外部驱动力,使在线学习中的每个个体时刻感受到来自群体的压力(良性竞争),最终形成一种成为个体行为准则的群体规范。

3. 成立优秀教师骨干群

为进一步深化在线学习成效,该期"泰州师说"在选取卓培教师的基础上,还在各地一级教师、高级教师和正高级教师中抽取了150位,成立了优秀教师骨干群。在这一过程中,"泰州师说"不断探索处于不同群体、不同学科但相同学习方式下的个体间的差异,在参与积极性和社交策略上个体会表现出哪些不同,他们是否会表现出组织内角色分化。在大规模在线学习中,优秀的教师学习者将充分展现个人智慧、组织智慧和社交智慧,切实影响其他学习者积极地参与到在线协作、创生智慧中。

在第五期"泰州师说"的运行过程中,在个体智慧持续高涨、媒介智慧保持顺畅、组织与社交智慧交错推进的基础上,集体智慧应运而生。这表明在大规模在线学习中,学习者不仅能够借助线上学习与集体协作收获知识,还能够利用集体智慧实现个人的成长,这也为社会性知识网络中知识的社会性分享、学习者之间的协作、个体的贡献和创造提供了强劲的动力来源和质量保障。

(四)"泰州师说"第六期:新时代教师队伍建设创新路径探索

《中共中央　国务院关于全面深化新时代教师队伍建设改革的意见》中强调,兴国必先强师,要深刻认识教师队伍建设的重要意义和总体要求。为此,2019年第六期"泰州师说"结合新时代特点,立足"新方位、新征程、新使命",制定了"教师的一日一月一年""名著导读""名课解读""STEM课程""PISA测试""学习方法""学习习惯""设计教学""理论之光"等九个主题课程。通过优化顶层设计、促进交互联结、推进创新发展三个方面的设计,从整体上推动高素质、专业化、创新型教师队伍建设。

1. 优化顶层设计

"泰州师说"的每一期都是多方协同设计开发的,每一个活动环节都是经过多方验证考量的,每一项考核都是经过深思熟虑的,这在2019年"泰州师说"体现得尤为明显。我们根据不同学段、不同主题,将在线课程视频分为九个模块，在满足学习者多样化选择的同时，提高了在线学习的针对性与实效性。此外，课程论坛讨论题的设置采取了层次化设计方式，随着学习进度的推进逐步提高问题的开放性程度，并且课程平台链接了移动终端，教师学员能够随时随地观看视频和开展学习互动，实现了学习时间的弹性化。学时制与多样化主题也实现了学习时长考核的总量控制和分量自主。

2. 促进交互联结

依据往期学习者的反馈，我们发现在网络学习环境下，学习群体多元、学习资源丰富、学习方式自由和学习空间开放等因素导致在线学习状况复杂多变。如果学习者没有较高的元认知能力或自主学习能力，就很难在没有外部引导驱动措施下持续学习，所以在第六期"泰州师说"的运行中，我们建立了专家引导—卓培引领—带动示范—触动群体的四级结构，依托59位卓培教师的榜样示范作用，吸引其他学习者参与。在发散、聚合、联结、迁移的过程中逐步引发个体智慧，联结知识，最终凝聚成集体智慧。

3. 推动创新发展

如何更好地构建"泰州师说"的课程模式，持续"创新、协调、绿色、开放、共享"的发展道路，一直是"泰州师说"思考的问题。2019年，以高阶性、创新性、挑战度为标准的"金课"概念脱颖而出，为"泰州师说"的创新发展指明了方向和路径，即在高阶性上，"泰州师说"更注重学习者知识、能力、素质的有机结合；在创新性上，更体现课程内容的前沿性和时代性、教学形式的先进性和互动性、学习结果的探究性和发展性；在挑战性上，进一步提高课程内容的考核难度，让学习者需要付出努力才能达到要求。

（五）"泰州师说"第七期：走向教师高质量发展

2020年，全国教师发展大会召开，教育部部长陈宝生发表讲话，强调"教育系统要以高质量发展为主线，全面深化教师队伍建设改革，破除教师发展方面的深层次体制机制障碍，开启全面建设高素质专业化创新型教师队伍的新征程"[①]。第七期"泰州师说"从实际出发，立足一线，制定了"课堂诊断""板块教学""名著导读""校本教研""学习方式""学习活动设计""国家课程校本化""理论之光"八个主题课程，既延续了一线教师关注的经典主题"名著导读""理论之光"等，也紧跟时代发展，关注教学设计与课程管理，开设了"板块教学"

---

① 陈宝生：开启全面建设高素质专业化创新型教师队伍新征程. http://edu.people.com.cn/n1/2020/0907/c1006-31852634.html.（2020-09-07）[2021-12-28].

"课堂诊断""校本课程""国家课程校本化"等主题课程。同时，第七期"泰州师说"以规划引领、扎根需求、聚焦主体为目标，通过强化课程设计、深化知行合一、优化交互合作等措施，推动"泰州师说"走向高质量发展。

1. 强化课程设计

时至第七个年头，"泰州师说"坚持贯彻新发展理念，构建新发展格局，匠心打造了 58 个学习专题，涵盖五大学段，设计出了符合教师发展规律的课程。第七期"泰州师说"在课程内容上采取主题众筹化、案例真实化、视频模块化的设计方式，不断从一线教师手中获取真实案例，学习者则围绕实际教学问题探寻解决方案；课程视频对应不同学段学习者的需求，进行模块化设计，以保证大规模在线学习的多样性、层次性、适切性和务实性。课程形式包括主动学习和协作学习两种学习方式，由平台提供微信移动端口、视频评价交互、文字特色编辑、讨论与投票、精华帖置顶与推送等功能，为课程计划实施提供平台保障，从而促进个体知识和群体知识的有效转化。

2. 深化知行合一

"泰州师说"的课程内容立足真实的教学需求，学习者通过视频学习和协作讨论寻找问题解决方案，并将解决方案应用于实践，以促进学习者理论—实践转化的持续循环。具体来讲，就是在课程的初始阶段，学习者通过在真实的案例情境中学习，同时辅以专家答疑，逐渐掌握基本理论基础。随着课程的逐渐深入，管理员逐渐抛出不同认知层级的问题，学习者围绕问题给出个人的解决方案。在群体协作、多元评估等方式的支持下，学习者对自我形成的、真实的教学实践方案进行深入评估与反思。在这种学习知识、解决问题、反思重建的循环中，学习者的理论知识、实践能力、素养得到较大提升，最终实现知行合一与学以致用。

3. 优化交互合作

第七期"泰州师说"通过优化交互协作，最大限度地发挥群体的学习力量，达到学习成效的最大化。我们采用问题分流、任务分流与群体分流三种方式，以"无形的手"对整个平台的学习进行把控，促进了在线学习中的有序交互与深层交互：在问题分流上，根据布鲁姆认知目标层次进行分类，设计出五个阶梯式问题支架，分时抛出，教师根据学习者个人兴趣需要和学习需要进行提问和答疑；在任务分流上，根据分层培养目标，对不同层级的学习者实行分层任务驱动，如对卓越教师实施"学习、联结和引领任务"，让其作为榜样率先掌握主题知识，在论坛中主动引发讨论。在群体分流上，七期以来，"泰州师说"不仅培养了大批的卓培教师，同时涌现了自发示范的"草根式"优秀教师学习者，吸引了大批同伴参与，形成了"以点带面"的小群体效应，产生了不同规模的交互协作。

（六）"泰州师说"第八期：高质量教师专业发展成效

2021 年是"泰州师说"发展的第八个年头，多年来，"泰州师说"初心不变、目标明确，基本实现了在线学习框架的系统化、在线管理的规范化、在线学习数据的信息化，凝聚多方合力，形成层级联动，学习效果逐年提升，为解决大规模在线学习的动力与质量问题，实现高质量发展贡献了力量。

第八期"泰州师说"从大局出发，落地一线，精准贯彻国家重大战略部署，以培养专业型教师、凝聚反思型教师、造就互动型教师为发展特色，制定了"教学策略""学科育人""大单元主题教学""论文写作""主题班会""名著导读""名课解读""理论之光"八个主题。

1. 培育专业型教师，引领实践反思

第八期"泰州师说"坚持落地生根的原则，立足教师的课堂教学实践和班级管理实践，培育兼备教学与管理能力的专业型教师，激发教师学习的欲望、兴趣、方法和自主反思。多期以来，"泰州师说"坚持采用真实情境中获得新知识—真实问题中形成新方案—真实反思中转化新行为的设计理念，促进教师学习者的理论与实践的交互生成，最终围绕个人教学实践产生新行动、新经验与新思考。

2. 凝聚反思型教师，深化知识互动

第八期"泰州师说"聚焦教师学习者专业素养的提升，精确把握教师的专业发展需求，凝聚反思型教师，提升教师表达意愿与知识互动效果。我们选取了2017—2020 年在课程论坛持续积极互动的学习者作为特邀教师，为其设置了引领任务，以激活学习者的内驱力，发挥特邀教师的示范力，务求实现群体学习成效的最大化，提升教师学习者的知识互动、反思合作、问题互助和持续成长能力。

3. 造就互动型教师，增强认知发展

第八期"泰州师说"遵循长效发展的理念，有效联结知识共享群体的生命力，造就追求自主发展的互动型教师，增强学习者的认知参与与知识深化效果。多年来，"泰州师说"一直在采用专家学者指导、卓培精英引领、特邀学员示范等策略，激发普通教师学习者的学习动能，吸引更多的学习者参与到大规模在线学习的交流与研讨中。第八期"泰州师说"将继续联系自发示范的"草根式"优秀教师，充分发挥优秀群体的动力，形成不同规模的交互协作群体，促进知识和资源的共享与流通，实现个体与群体的双重知识建构，力促教师的专业知识发展与深化。

第二章　大规模在线学习的内在动力：
学习体验

不登高山，不知天之高也；不临深溪，不知地之厚也。

——《荀子·劝学》

唯有体验方能打开新视界，只有切身经历才能获得最大的感触，激发内心动力。春秋末期，我国伟大的教育家孔子就倡导以"体悟"为主要方式实施"仁爱"教育[①]，这种以体验为主的教育方式一直深刻影响着我国的教育教学发展。近代，我国伟大的教育家陶行知先生倡导"做中学"的教育理念，主张以学生的生活世界与社会世界为基础进行体验式教学。而在国外，体验式教学源于第二次世界大战时期英国军队中的"体验式生存训练"，之后，美国将其运用于学校教育教学中，演变为"体验式学习"。哈佛大学教授大卫·库伯（David Kolb）以哲学、心理学、生理学为理论基础，对体验式学习进行了深入研究，认为体验是学习和发展的源泉。

互联网的迅猛发展，加速了在线教育的革新与普及，大规模在线学习逐渐成为主流学习方式。与传统教学相比，在线学习发生了巨大变化，不仅体现在学习场所、学习内容呈现方式、教学评价方法等方面，还体现在师生互动的方式、群体合作的多样性、知识的吸收与传播水平等多方面。"在线"改变了教与学互通的方式，但由学习需求产生的内在动力并没有随之发生本质变化，良好的学习体验仍是促进学习者持续学习的内在动力。教育的目的是促进人的发展，帮助人认识客观世界。大规模在线学习为学习者提供了良好的学习体验，能够为其持续输入学习动力，在提升知识流动水平的过程中，保障高质量学习输出，促进学习者个体认知发展。本章作为大规模在线学习的内在动力篇，将选择"泰州师说"的

① 王一川. 审美体验论. 天津：百花文艺出版社，1999：83-85.

第四期至第七期进行案例分析，围绕在线学习体验的主要特征，揭示大规模在线学习的内在动力是主体的学习体验，并进一步探索学习体验的形成周期与路径。

第一节　学习体验激发的内在动力

"体验"的概念起源于哲学，之后逐渐成为心理学的研究热点。[①] "体验"最初的释义是亲身经历，实地领会，最终使得情感做出反应的一个过程。[②] 狄尔泰认为，体验首先是一种生命历程、过程、动作，其次才是内心形成物。体验是个体独特的、通过反复亲历才获得的、对生命的内在隐秘本质的把握。狄尔泰的"体验"特指"生命体验"，教育是一种生命活动，教学的目的是揭示和展现生命的意义，促进学生完整而具有个性的生命的成长。[③] 学习体验既是一种生命体验，又是建构知识意义、焕发生命活力、提升生命价值的手段和途径。[④]

当学习者选择一门在线课程学习时，不管出于什么动机，总会希望有所收获，正是基于连续学习过程中的主观体验，学习者才会选择是否要继续学习下去。在线学习体验在一定程度上反映着学习者的线上学习效果和满意度，也反映着学习者坚持学习的动力。不少在线学习者"半途而废"，实际上是在线学习环境缺乏学习者想要的社区氛围和学习的临场感。换言之，学习者没有在线上学习过程中得到良好体验，没有激发他们的内在动力。如何调动学习者在线学习的积极性，需要紧跟时代步伐顺势而为，打开"在线"带来的新视界，深度探索线下与线上学习体验的异同，紧握在线学习发展态势，为打造良好的在线学习体验做充分的准备。

一、"体验"与智能时代高质量发展

21世纪，智能元素融入各行各业，人类的生活方式发生了革新。智能时代已经到来，以体验为标志的新变化在经济、生活、教育等领域随处可见，甚至消费者的主观体验决定了一个产业、一个品牌能走多久、走多远。在没有互联网的时代，如果用户对产品和服务的体验不满意，可能会自认倒霉，而在智能时代的今天，互联网的开放性、透明性、共享性，消除了信息不对等，万物互联使得用户

---

① Engelbert M, Carruthers P. Descriptive Experience Sampling: What is it good for? Journal of Consciousness Studies, 2011, 18 (1): 130-169.

② 李英. 体验：一种教育学的话语——初探教育学的体验范畴. 教育理论与实践, 2001 (12): 1-5.

③ 辛继湘. 论教学的审美品格. 高等教育研究, 2006 (6): 93-97.

④ 陈亮, 朱德全. 学习体验的发生结构与教学策略. 高等教育研究, 2007 (11): 74-77, 109.

参与信息反馈的成本降低，消费者的主观体验在互联网上以评价直观出现，直接影响着产品和品牌的口碑，智能时代的新体验将带给顾客前所未有的安全感和产品信任感。

传统行业希望能够抓住智能时代带来的机遇，利用互联网不断转型升级，打造更便捷、更智能的产品，意图为用户带来最好的体验，以获得更大的商业价值。例如，日常生活中，人们在享受网购的便捷体验的同时，拥有重新选择的机会，如果对网购商品不满意，可以选择更换或者退掉。沉浸式体验智能家居给人们营造了舒适的居住环境，人们既可以沉浸在虚拟的游戏场景中，也可以使用智能设备舒缓身体上的疲惫，还可以通过虚拟穿戴技术开启穿越之旅，体验大自然的神奇。无论是听觉还是触觉，人类的各种感观都得到了更优的体验，同时也激发了人们对美好生活的不断追求。

在教育领域中，在线虚拟场景为学习打开了新视野，智慧校园、智慧教室、智慧课堂带给学生新的学习体验。在智慧课堂中，移动终端、可穿戴设备、虚拟现实、数据分析、数字传感器等智能设备或技术，被用于构建逼真程度和作用范围不同的虚拟学习环境，为学习体验带来了新的途径。智能技术具备放大或缩小现实结构，增强人类的感知能力，赋予学习者模拟现实世界和增强体验的能力。教室装备智能技术的充分与否将直接影响学习者的学习体验和学习效果。[①]在线学习者对学习的期望越来越高，这种期望不仅源于在线课程的设计，还源于学习便利性的提高与负担的降低。因此，大规模在线学习要顺应时代潮流，利用智能元素为学习者带来多元、便利的学习体验。

美国内力美教育基金会（Nellie Mae Education Foundation）资助建设的美国教育改革术语表（glossary of education reform）对学习体验做出界定，即学习体验是指学生在学习过程中对课程、教学活动、教学交互、学习环境等所产生的体验。[②]这一定义表明学习体验有可能来自学校或教室等正式学习环境，或来自咖啡厅、户外环境等非正式学习环境，还可能来自传统的课堂教学交互，抑或是在线学习交互。因此，学习体验是学习者在学习前、学习中和学习后所产生的感受和印象。随着信息技术在学习场景中的渗透，教师教学、同伴学习、物理环境、教学交互、虚拟环境、数字化学习资源、电子设备等信息技术要素影响着在线学习体验。在智慧学习环境中，学习体验是学习者对学习活动和学习支持服务等学

---

① Whiteside A L，Brooks D C，Walker J D. Making the case for space：Three years of empirical research on learning environments. Educause Quarterly，2010，（3）：1-17.

② Nellie Mae Education Foundation. Learning Experience. https://edglossary.org/learning-experience/. （2016-04-02）[2021-12-28].

习过程中涉及的诸多教学要素进行感知与反应的行为表现。

二、"体验"与在线学习体验

（一）"体验"支撑人类生存与发展

万物皆体验，从人类学的角度来看，体验是人类生存和发展的基本支撑。作为生命体验的学习自然具备生命体验的基本属性。学习体验依承于学习活动，是一种与学习活动密切关联的感受，是对学习活动的内在反思，是在反复的学习亲历中情感得以体验、人格得以提升、个性得以张扬、生命活力得以焕发、生命价值得以提升的过程。①

人类要生存在这个世界上，必须要进行体验，获得感知才能继续下一步实践。例如，学习做一道菜，单凭知道烧菜的知识是不行的，必须要亲身经历烧菜的实践，有了烧菜的体验，才能提高烧菜的本领，获得一种生存本领。再者，人类要在这个世界发展，也要通过实践来体验。正如爱迪生发明电灯是经过了上千次的实验才获得了成功，他对一次次体验失败的经验总结，最终才为人类带来了光明。学习是获取知识与应用知识的过程，是为了更好地生存和发展，学习体验必然也是人类生存和发展必不可少的。

从心理学的角度来看，体验是一种综合性较强的心理活动，需要经过"内在"与"外在"相结合的感知过程。"外在"的感知过程是指感官对物体的直接输入，"内在"的感知过程是感官对物体的输入通过中枢神经传至大脑，产生的心理感受。"外在"感知与"内在"感知的综合性和独特性，使得体验成为一种较为复杂的、综合性较强的心理活动。人是承载着认识和思维活动的生命有机体，并且能够在学习活动中不断地认识自我、感受自我。

首先，学习者在在线学习过程中会自我体察和觉悟，并在此基础上形成对自我的认同与把握，建立充分的自我认同感。其次，作为主体的人，在社会实践中会逐渐产生认识世界和改造世界的能动性，从而在在线学习活动中有效发挥主动性和主体性。普捷列夫提出，"自主性之所以重要，不是因为它在生活中有用，而是因为它符合创造性的自我发展，离开自主性，人就不可能获得发展"②。学习者的成长、发展、学习是自主进行的，内部因素起决定性作用，学习体验归根结底是学习者自身的体验。在在线学习过程中，只有落实好学习者学习的主体性，才能发挥好学习者的主体作用，产生良好的在线学习体验。

---

① 袁维新. 生命化教学模式的理论建构. 高等教育研究, 2007 (4): 58-63.
② 转引自谷建春. 教育主体论议. 求索, 2001 (3): 66-68.

（二）"体验"打开在线学习新视界

首先，"在线"打破了时空壁垒，联通了不同时空的教师与学生。其次，"在线"联通了互联网资源，破除了教师对知识的权威垄断。知识是共享的，优质的教育资源通过在线共享得到了更大程度的充实和丰富。最后，"在线"的开放性使得传统教育中由地域和师资力量导致的教育鸿沟正在逐渐缩小甚至填平，有力地促进了教育公平。

技术作为探索与改造自然的催化剂，具有放大或缩小结构、增强信息本身与个体知觉、调节人类建构客观实在的功能，能够提高学习者的认知能力。虚拟现实技术针对人类多重感官信息，联合环境对人的自主感和归属感进行模拟，从而使人产生亲临现场的体验，如个体感觉到虚拟现实中是"我"在操纵赛车行驶，归属感指"那个正在经历体验的人是我"的感觉。①技术在提高学习者认知能力的同时，也存在限制学习者认知发展的问题。一方面，由于现实世界信息的杂糅性和技术发展的有限性，技术作为人造物或模拟对象，不可能对真实世界的完整信息进行重现；另一方面，技术往往增强某一方面的功能，而忽视其他方面的信息展现，这种手段在人类的科技应用中占据绝大部分。不管是教师还是研究者，都必须倾听学习者的声音，只有对他们的学习体验感同身受，才能真正了解教学或研究对象。从教育研究的角度出发，技术在某些方面能够发挥很好的辅助作用，但是绝不能喧宾夺主，已经由教学实践证明行不通或效果甚微的技术决不能再在教育研究中大行其道。人造物潜在信息的缺乏，影响认知活动的展开，这种影响在空间领域更为明显。对虚拟和真实环境中学习空间布局的基础研究发现，当虚拟环境不能提供物理环境中固有的感知线索（包括来自主体运动的前庭和本体的感受线索）时，主体的学习就会受到影响。②

总的来说，随着信息技术的发展、虚拟现实教学平台的不断涌现，各种便于开展教学活动的学习情境可以被创设，由此学习者能从更加接近实际的视角感受知识的力量和专业的特色，感受其想要的社区氛围与学习的临场感，从而增强学习体验，深入对专业知识的认知，提高学习效果。与传统教学相比，在线学习打开了学习体验的新视界，如虚拟现实（virtual reality，VR）教育具有高沉浸性、高互动性、高趣味性、高自主性和高创新性等特点，通过智能化的教育教学手段，丰富学生的视觉、听觉、触觉等感官体验，给予学习者一种身临其境的感觉，让学习者不在教室胜在教室，充分增强学习者的学习体验。

---

① 张静，陈巍，李恒威. 我的身体是"我"的吗？——从橡胶手错觉看自主感和拥有感. 自然辩证法通讯，2017，39（2）：51-57.

② 沈夏林，邓倩，刘勉. 智慧课堂学习体验：技术赋能身体图式的唤起. 电化教育研究，2019（9）：75-82.

（三）"体验"供给在线学习内在需求

在线学习的价值不仅在于可以更快地获取信息、联通学习者，更是一种催化剂，有利于构建学习群体，刺激和推动学习者合作。在学习过程中，学习者都试图影响或控制事件的走向，以满足自己的个人需求，进而促进自身知识的形成与发展。学习者在呈现自我需求、价值观和行为模式（以便进行感知和反应）的同时，也在重塑在线学习的氛围及环境，以及在帮助学习者协同参与群体中学习经验的交流和反思。在线合作和建设性的学习体验，是在人与虚拟环境、人与人之间的交互中产生的。

学习者产生在线学习体验不佳的感受，究其原因是教育者没有把握学习者的内在学习需求，不知道学习者想要的学习支持是什么。为解决这一问题，学者探索了影响学习体验的多维要素。其中江毓君等指出，在线学习体验的影响因素从强至弱依次为师生互动、同伴互动和协作、课程任务、教师教学技能、资源特性和课程活动设计，这也是关注在线学习内在需求时的重点方向。[1]陈梅芬、顾玉蓉指出，在线课程的视觉特征、可用性和支持服务是学习者在线学习的需求。[2]线上学习的学生处在不同空间，网络的虚拟特性使学生在线学习时难免产生疏离感，这便进一步加大了学习者之间建立稳定协作关系的难度。[3]在线学习者期望通过同伴互动和协作的方式解决困惑，同时消除在线学习的孤独感，因此，学习者之间的有效沟通对增强在线学习体验十分重要。有学者认为，在线学习者提供引发广泛参与的讨论主题和任务，是满足学习需求、增强在线学习体验的途径。[4]综上我们可以得出，学习需求是指学习者对在线学习过程中所涉及的各要素的要求与期待，不仅包括学习内容，还包括与学习相关的目的、环境、伙伴、障碍、评价等要素。

（四）"体验"是达成学习目标的关键

从词源的性质来看，学习体验既是一种过程，也是学习的结果。从过程的视角看，学习体验是指学习者在参与线上课程学习的过程中的认识和情感经历；而从结果的视角看，学习体验是指学习者经历在线课程学习后，对其产生的情感反应和学习效果评价。从包含的内容来看，它不仅是一种情绪情感，如愉悦感、满

---

① 江毓君，白雪梅，伍文臣，等. 在线学习体验影响因素结构关系探析. 现代远距离教育，2019（1）：27-36.

② 陈梅芬，顾玉蓉. 双因素理论视角下在线课程用户体验影响因素研究. 中国成人教育，2021（5）：21-23.

③ 吴兵. 网络学习活动设计的心理活动模型探究. 中国电化教育，2012（10）：37-41.

④ Nandi D，Hamilton M，Harland J. Evaluating the quality of interaction in asynchronous discussion forums in fully online courses. Distance Education，2012，33（1）：5-30.

意等，也是一个认知过程，囊括学生的认知过程和情感体验两个方面。人是一个"主动的被动者"，所经历的一切受他人行动的影响。[①]在线学习的主体是学习者，过程是学习者自身的体验，在线学习体验则是指学习者对在线学习过程的感知、反应及对在线学习结果的态度，并且学习者的在线学习体验会因学习动机、自我效能感、学习风格、情感态度、学习能力及在线学习经验等的不同而不同。

从体验式学习理论看，作为限制性环境的课堂本身缺乏直接经验的来源，教育者需借助模型、图像以及文字语言等工具构建与模拟情境，以间接经验替代直接经验，但学习体验是学习者的一贯追求，学校教育每一阶段的课堂从不存在学习体验的缺位。在线学习强调培养学习者积极主动的学习态度，使获得基础知识和基本技能的过程同时成为学会学习和形成正确价值观的过程，这是达成教学目标的良好途径。传统注入式教学过于注重知识的输入和传授，忽视学生智力、非智力与能力等因素的可持续发展，不利于达成教学目标。然而，在线环境为教与学创造了更多新的可能，创设情境、充分体验和促进学习者全面发展是在线学习强调的重点，能让学习者在充分体验的情境下得到全面的发展，最终达成学习目标。因此，养成良好的在线学习体验是达成教学目标的关键，更能促进学习者的终身发展。

三、"体验"与在线学习体验的主要影响要素

作为在线学习最直接的参与者和体验者，学生的学习体验受到来自各方面因素的影响。虽然当前对在线学习体验的概念还缺乏严谨的界定，但已有很多研究者立足于不同视角对在线学习体验进行了针对性解读。例如，胡永斌、黄荣怀将智慧学习环境中学习体验的构成要素归纳为信息技术、学习空间和教学法等三个维度带来的体验。[②]其中，信息技术维度包括设备获取、资源获取和内容呈现，学习空间维度包括物理环境和座位布局，教学法维度包括人人交互、人机交互、教学活动、学习支持。还有研究者研究了在线课程学习体验，认为它是学习者对在线课程学习过程及结果的感知与体验，以及对在线课程环境、在线学习活动、学习交互等多方面的感知和反应。[③]

学生的在线学习体验对在线学习成效具有重要推动作用，因此明确影响在线学习体验的各种因素和结构关系，是有效改善学生的学习体验与提高学习效果的关键。关于在线学习体验的影响因素，具有代表性的主要观点如表 2-1 所示。

---

① 张梅. 杜威的经验概念. 复旦大学，2008.
② 胡永斌，黄荣怀. 智慧学习环境的学习体验：定义、要素与量表开发. 电化教育研究，2016（12）：67-73.
③ 刘斌，张文兰，江毓君. 在线课程学习体验：内涵、发展及影响因素. 中国电化教育，2016（10）：90-96.

表 2-1　在线学习体验影响因素的代表性观点

影响因素	研究者	年份
学习者对计算机产生的焦虑、课程教师的态度和行为、课程灵活性、课程质量、感知有用、感知易用、多样化的评估方式等[①]	Sun 等	2008
课程设计、学习材料、课程环境、师生交互、同伴互动、个体的学习进程、课程学习结果等[②]	Paechter 等	2010
心理因素（期望、态度、需要、情绪、价值取向、动机、技能、年龄及以往的体验经历）、产品因素[③]	李奉华等	2010
课程设计、学习者特质[④]	Cao 等	2014
学习目的、学习者类型、交互交流、课程内容、高校类型、学习风格[⑤]	何春等	2014
协作学习[⑥]	Sakulwichitsintu 等	2015
课程环境、课程设计、教师或助学者、学习者特征、社会性交互[⑦]	刘斌	2016
高校办学水平、生源质量、学生家庭经济状况、信息技术素养差异[⑧]	Cai 等	2017
学习者、指导者、课程及环境[⑨]	蒋志辉等	2017
视觉特征、可用性、支持服务[⑩]	陈梅芬	2017
学习者层面、教师层面、技术层面、课程学习层面[⑪]	江毓君等	2019
感官、情感、增值体验、技术功能、课程内容[⑫]	宿晓华	2019
教育质量、水平技术环境、平台的差距、性别、学校层次、学科、学校性质、社会性交互、技术平台与环境[⑬]	汪卫平等	2020
网络媒介、信息素养、教师因素、自主学习能力、交互能力[⑭]	吴银燕	2020

①　Sun P C，Tsai R J，Finger G，et al. What drives a successful e-Learning？ An empirical investigation of the criticalfactors influencing learner satisfaction. Computers & Education，2008（4）：1183-1202.

②　Paechter M，Maier B，Macher D. Students'　expectations of，and experiences in e-learning：Their relation to learning achievements and course satisfaction. Computers & Education，2010，54（1）：222-229.

③　李奉华，杨雪，黄海林. 基于 RIA 技术的网络学习者体验分析与模型设计. 现代教育技术，2010（2）：81-84.

④　Cao M. Understanding learners'　experience in MOOCs：A review of literature.https://repositories.lib.utexas.edu/bitstream/handle/2152/26325/CAO-MASTERSREPORT-2014.pdf?sequence=1,2014:1-45. [2022-01-04].

⑤　何春，王志军，吕啸. 我国大学生 MOOCs 学习体验调查研究. 中国远程教育，2014（11）：42-49，96.

⑥　Sakulwichitsintu S，Colbeck D，Ellis L，et al. Online Peer Learning：What Influences the Students' Learning Experience// IEEE International Conference on Advanced Learning Technologies. IEEE，2015：205-207.

⑦　刘斌. 在线课程学习体验：内涵、发展及影响因素. 中国电化教育，2016（10）：90-96.

⑧　Cai Z，Fan X，Du J. Gender and attitudes toward technology use：A meta-analysis. Computers & Education，2017，105：1-13.

⑨　蒋志辉，赵呈领，李红霞，等. 在线开放课程学习者满意度研究：发展、影响因素与提升路向. 现代远距离教育，2017（3）：34-43.

⑩　陈梅芬. 大规模在线课程用户体验与学习动机的关系研究. 华中师范大学，2017.

⑪　江毓君，白雪梅，伍文臣，等. 在线学习体验影响因素结构关系探析. 现代远距离教育，2019（1）：27-36.

⑫　宿晓华. 基于用户体验的网络课程设计研究. 智库时代，2019（5）：278，280.

⑬　汪卫平，李文. 中国大学生在线学习体验的区域差异及影响因素——基于国内 334 所高校调查数据的分析. 开放教育研究，2020（6）：89-99.

⑭　吴银燕. 疫情背景下中学生与大学生在线学习体验影响因素比较研究. 教育信息技术，2020（12）：14-17.

通过对国内外学者提出的在线学习体验的影响因素进行分析，我们可以发现，大多数研究者是基于具体的在线教育教学实践提出的，具有一定的实证性。部分研究者认为在线学习体验的影响因素和在线平台有关。还有部分研究者从其他视角进行了考察，如李莹莹等对上海15所高校基于疫情时期进行的调查发现，网络教学质量、学生任务价值感知、网络自我效能感、网络使用能力、学习动机、网络交互及学生感知到的社会支持皆对学习体验的满意度有显著预测作用。①汪卫平、李文借鉴在线学习体验的理论框架，对疫情期间全国334所高校的学生进行了在线学习情况调查，明晰了不同区域高校学生在线学习体验及其影响因素差异。②

尽管学者提出的影响因素不尽相同，但依然为如何培养学习者的在线学习体验以及有效开展在线教育实践提供了良好的指导。我们从学习者内在需求出发，将在线学习体验的因素分为在线学习环境、在线学习内容、在线学习活动、在线社会交互和师生在线角色等五个方面。

（一）在线学习环境

学习环境是产生学习体验的基础条件，良好的学习环境可以为学习者带来积极的学习体验。在线学习环境包含在线平台、学习资源、技术支持等因素，它们深刻影响着学生的学习体验。在线平台方面，课程导航、界面、布局、稳定性、平台的易用性与便利性等，都会对学习体验产生极大影响。学习资源包含资源的丰富程度和资源质量的高低，如媒体的呈现质量如何，视频是否清晰和流畅，资源形式是否多样。技术服务方面，良好的学习支持系统和技术工具能够营造产生不同学习体验感的学习环境，如讨论区、社交工具的使用等。

杜威在《哲学复兴的必需》（*The Need for A Recovery of Philosophy*）中提出，经验首先不是知识，而是一个生物与它的自然以及社会的环境交互作用的事情。学习环境是学习者学习的影响因素，也是促进学习者主动建构知识意义和能力生成的外部条件，还是学习体验产生的必要条件。武法提认为，学习环境是一个动态概念，与学习进程紧紧联系在一起，是学习活动赖以持续的情况和条件。同时，他指出学习环境的要素不仅包括支撑学习过程的物质条件（学习资源），还

---

① 李莹莹，张宏梅，张海洲. 疫情期间大学生网络学习满意度模型建构与实证检验——基于上海市15所高校的调查. 开放教育研究，2020（4）：102-111.

② 汪卫平，李文. 中国大学生在线学习体验的区域差异及影响因素——基于国内334所高校调查数据的分析. 开放教育研究，2020（4）：89-99.

包括教学模式、教学策略、学习氛围、人际关系等非物质条件。①乔纳森认为，学习环境是学习者一起学习或相互支持的空间，学习者开展学习活动，并运用信息资源和知识建构工具来解决问题。他还认为学习环境是以技术为支持条件的，在学习过程中，技术是学习者探索、建构和反思学习的工具，并指出认知工具和学习策略的重要性，分析了社会背景的支持因素问题。②综上，我们发现学习环境与学习场所、空间、支持、技术工具、信息资源、共同体、建构性学习、情况与条件、社会环境有密切关系，包括物理学习环境、资源学习环境、技术学习环境和情感学习环境等，并且能整合多种技术和设备，支持学习者的学习活动，从而使其获得真实的学习体验。

基于技术促进学习（technology enhanced learning）的发生条件，黄荣怀等提出学习环境的构成包括学习资源、学习工具、学习社群、教学社群、学习方式、教学方式等六个要素。③若想使学习者在学习过程中获得学习体验，在学习环境方面要做到以下几点：第一，学习环境要能为学习者提供个性化的学习资源，对于在线教学来说，完全靠学生自己查找学习资源是缺乏可行性的。互联网上的信息资源浩如烟海，学生的学习时间和精力以及信息检索能力有限，加之资源质量参差不齐，这些都对学生的学习产生较大干扰。因此，教师应整理、优化相关学习资源，并进行数字化处理，以增加其易用性和共享性。围绕学生需求合理组织学习资源，保证资源同信息的及时供给，并把自己设计的有针对性的学习资源放到网络上供学生在活动过程中共享。第二，学习工具与学习平台要有良好的界面设计，以激发学习者的学习兴趣，各功能模块要有科学合理的导航模块，便于学习者在学习过程中根据学习进度进行任意的跳跃，同时应支持学生进行在线讨论和线上协作学习。第三，搭建优质的、泛在的学习社群与教学社群，吸引更多的学习者与教师参与并融入社群中，进行信息交换与知识共享。第四，学习者和教师通过学习方式和教学方式与其他四个要素相互关联、相互作用，旨在促进学习者的有效学习。所以在线学习的管理者要围绕特定主题，创设能支持学习者个性化学习、深层次学习、学习体验生成的学习环境。

（二）在线学习内容

在线学习过程中，学习内容能引发学生的心理变化。精心制作的学习内容不

---

① 武法提. 基于 WEB 的学习环境设计. 电化教育研究，2000（4）：33-38，52.

② Jonassen D H，Rohrer-Murphy L. Activity theory as a framework for designing constructivist learning environments. Educational Technology Research and Development，1999，47（1）：61-79.

③ 黄荣怀，胡永斌，杨俊锋，等. 智慧教室的概念及特征. 开放教育研究，2012，18（2）：22-27.

仅能使学习者内心产生领悟、生成意义，重组心理结构，而且能使学习者心灵获得启迪和升华，提升生命的意义与价值。然而，无论是通过对学习内容的学习实现心理结构的重组还是实现意义的提升，都必须以学习者已有的知识经验与生命感受为基础，并最终内化为具有个体独特性的知识意义与生命意义，即从学生已有的知识经验与生命感受出发，让学生去同化或顺应新知识，领悟知识的内在意蕴，体验知识的生命意义，从而使新知识在已有经验中找到自身的定位，实现知识意义的再生和生命价值的升华。

在线学习内容的支持性主要体现在：①能够引发学生的学习兴趣与探究欲望；②能够满足学生的学习需要；③能够使学生将生活与在线学习过程中的显性知识与隐性知识有机整合起来；④能够将知识本身与知识的应用结合起来，使学生不仅知道这个知识是什么，而且能领悟其中的意义与价值；⑤能够促进学生思维的发展、心智的成熟、情感的丰富、品性的完善。因此在线学习内容的设计要遵循以下几点：①教师要熟知学科内容，不仅要学习教材，还要学习学科课程标准，要精心准备教学内容，了解课程的教学目的；②学习者不同的生活经历、家庭背景、学习经历等，导致他们的个性会各有不同。教师要了解并依据学生的个性，设计不同的内容、目标、要求；③课程内容的设计要有技术性和趣味性，能吸引学习者注意，激发学习者的学习积极性。

（三）在线学习活动

在传统教育中，教师是主体，是课堂的中心，而学习者是知识的被动接收者，他们的学习往往局限于课堂、书本。课堂教学形式是"三统一"的，即统一的上课时间、统一的上课进度、统一的课程考试。但现实情况是，无论是哪个层次的学生，在学习兴趣、能力、思维方式和目标志向等方面均存在不同程度的差异，且这些差异会随着时间与地点的变化而变化。罗杰斯认为，教育的目的在于培养"全面发展的人"。因此，从这一目标出发，罗杰斯提出了"以学生为中心"的教育理论，学习活动的中心不再是"教师的教"，而是"学生的学"。

在线学习突破了制约教育发展的时空、地域限制，学习活动延伸到了网络所能覆盖的任何一个场所。学习者可以根据自己制订的计划不受时间与空间的限制自主选择课程，即使当所选课程的讲授时间发生重叠，学习者也可以在不同时间分开观看课程视频。以学生为中心的课堂活动的基本价值取向定位在以学习者的发展为本，而不以学习者掌握知识为本。这两种价值取向的内涵及其意义存在巨大差异。其中，最重要的差异表现在，"以掌握知识为导向"的教学将掌握知识当做教学的主要目标甚至全部目标，并不关注学习者的过程体验感，而"以学习者发展为导向”的教学则将学习者身心素质的提高与完善当作教学的根本目标，而将知识学习当作促进学生素质发展的工具或手段，并在教学过程中关注学习者学习体验的形成，当然掌握知识也是教学目标的一个方面。

以学生发展为本促使教学由“以教师讲授为中心”转向“以学生学习为中心”，即在学习者的在线学习过程中，要设计以学习者为中心的学习活动，为此，在线学习的管理者要做到以下几点。

重视学习者的身心发展。人的身心发展表现出若干个连续的阶段，处在不同年龄阶段的学习者会表现出不同的特征。相对某一个年龄阶段而言，这些特征具有一定的稳定性，表现为在一定社会教育条件下，特定年龄阶段的学习者处于特定的发展水平，表现出基本相似的身心特点，而且发展阶段的进程顺序和发展速度是相对稳定的。从学习的角度而言，学习者的身心发展规律及特征是开展教育工作的重要依据，学习活动的设计必须考虑这一因素。

关注学习者的起点水平。学习者在学习的过程中会在其已经掌握的知识基础上建构新知识，故进行学习活动设计前必须要了解学习者原有的知识结构与技能基础等，即分析学习者的预备能力。

充分贴合学习者的学习风格。学习风格由学习者特有的认知、情感和生理行为构成，它是反映学习者如何感知信息、如何与学习环境相互作用并对之做出反映的相对稳定的学习方式。新课标提倡因材施教，贴合学习者的学习风格就是因材施教的准备工作。

满足学习者的学习需求。学习需求是指学习者的状况与所期望达到的状况之间的差距，是学习者对学习的渴望。学习者的需求得以满足、学习动机得以驱动，进而促进学习者的学习。

（四）在线社会交互

学习交互主要有三种形式：与学习内容的交互、与教学环境的交互、与参与角色间的交互。[1]交互活动有利于增加个体与他人的合作，减少学生线上学习时的孤独感。有研究表明，学习者与教师的互动是预测学生满意度的一个很好的因素。[2]有学者指出，在先学习过程中，互动更频繁的学生表现出更高水平的满意度。[3]也

---

[1] 王楠，乔爱玲. 在线学习活动本质及理论基础探究. 中国远程教育，2009（1）：36-40，78.

[2] Kuo Y C, Walker A E, Belland B R, et al. A predictive study of student satisfaction in online education programs. International Review of Research in Open and Distributed Learning，2013，14（1）：16-39.

[3] LaPointe D K, Gunawardena C N. Developing, testing and refining of a model to understand the relationship between peer interaction and learning outcomes in computer-mediated conferencing. Distance Education，2004，25（1）：83-106.

有研究发现，"教师有意识、有目的地促进同伴对话、师生对话，对学习者学习体验的形成产生了积极影响"①。然而，线上学习中的交互活动仍存在一定程度的局限性。

社会性交互是影响学习者在线学习体验的重要因素。社会性交互程度可以用来分析学习者的投入度、理解度、知识建构程度和自我效能感等。柴阳丽等认为，质量较高的社会性交互能提高学习者的自我效能感，而自我效能感高的学习者，对自我学习的监督能力强，并会在学习过程中设置较高的目标，目标达成后又会进一步提高学习者的自我效能感，进一步增强其学习体验感，从而形成良性循环。②同理，学习者的社会交互程度不高，即学习者较强的孤独感是其辍学的重要因素。通过网络，人们不仅在寻找信息，而且在寻找归属、支持和肯定，舒适的同伴关系可以缓解学习者在在线学习过程中的孤独感，浅层次的对话交流对学习者的情感也能产生支持作用，这样可以提高学习者的在线学习效果，增强他们的学习体验。此外，学习者在线学习过程中的交互，可以促使他们了解自身的不足，从而进行反思，并找到改进方向。

（五）师生在线角色

对在线课程中的角色来说，大体上可分为两种——涌现出的角色（emerging role）和脚本化的角色（scripted role）。③涌现出的角色重在关注学习者群体的组织结构和对协同过程的自我调节，分析涌现出的角色对理解学习者个体贡献和他们之间的交互模式十分重要；脚本化角色则重在关注通过脚本化形式的支持来促进协同学习过程和优化学习结果。

与面对面的教学相比，在线学习中教师的角色发生了很大的变化，表现在教导者的角色被淡化，更凸显管理者、组织者、支持者和助学者等角色。有学者认为，在线课程的教师应该发挥管理、技术支持、教学和社会作用等。④由此可以看出，在线课程中的教师应该扮演多种角色并承担相应的责任，教师是一个复杂多样的角色集合。

---

① Hosler K A，Arend B D. The importance of course design，feedback，and facilitation：student perceptions of the relationship between teaching presence and cognitive presence. Educational Media International，2012，49（3）：217-229.

② 柴阳丽，陈向东，李玉. 社会性交互对在线阅读的影响——基于"微信读书"的调查. 开放教育研究，2018（4）：90-100.

③ Strijbos J W，Weinberger A. Emerging and scripted roles in computer-supported collaborative learning. Computers in Human Behavior，2010，26（4）：491-494.

④ Guasch T，Alvarez I，Espasa A. University teacher competencies in a virtual teaching/learning environment：Analysis of a teacher training experience. Teaching and Teacher Education，2010，26（2）：199-206.

在线教育平台的应用，充分激发了学习者知识建构的自主性和社会性，学习者在在线协作学习过程中扮演着多种角色。王晗基于智慧学习环境，将学习者定位为环境的受益者、资源的筛选者和分享者、学习共同体的互助者、问题的提出者、学习分析的自省者和信息的反馈者等。①郝祥军等将在线协作角色划分为认知型、情感型、反思型，从而定位出发起者、解读者、领袖者、协调者、鼓励者、中介者、提出者、探索者、质疑者、检验者、总结者等 15 种角色。②

学习者的学习体验受其经验的影响，而其风格特征等又会影响他们的体验趋势。学习者维度是复杂的，不同的学习者在在线学习的动机、兴趣、意愿等方面存在差异。此外，基于在线学习体验背景下的学习者所产生的学习自我效能感也会重塑场域中学习者的角色，学习自我效能感，即学习者对自己是否有能力完成在线学习的活动、任务等进行的推测与判断。在线学习中，管理者要把握好学习者的角色定位，以最大限度地促进学习者学习体验的生成。

第二节　在线学习体验的主要特征

体验的心理机制表明，体验的产生离不开一定的刺激对象，不同类型的刺激对象产生不同类型的体验，体验的多重来源决定体验的内容是混合而不是单一的。根据体验来源的主客观性，可将刺激对象划分为三种类型：自然客观对象、人造客观对象和主观对象。③基于此，胡永斌和黄怀荣将智能学习环境下的学习体验构成要素归纳为信息技术（自然客观对象）、学习空间（人造客观对象）和教学法（主观对象），并将智慧学习环境中的学习体验界定为学习者对智慧学习环境、学习活动和学习支持服务等过程中涉及的诸多要素的感知、反应和行为表现。④

学习体验是学习者对学习过程、学习结果的感知与体验，关注学习者的真实感受，是衡量学习者学习效果的一个重要指标。当学习的场域由线下的物理课堂转移到线上的虚拟课堂时，学习体验也随之发生变化。在线学习中，作为在线学习基础的情境体验和在线学习关键的实践体验都是必不可少的环节；同时要营造开放的学习环境与自主的学习过程，以促进在线学习体验，不断追求合作与创

① 王晗. 智慧学习环境下学习者角色的定位研究. 软件导刊（教育技术），2017（6）：27-29.
② 郝祥军，王帆，彭致君，等. 群体在线学习过程分析：学习者角色的动态转换. 现代远距离教育，2019（3）：38-48.
③ 张鹏程，卢家楣. 体验的心理机制研究. 心理科学，2013（6）：1498-1503.
④ 胡永斌，黄荣怀. 智慧学习环境的学习体验：定义、要素与量表开发. 电化教育研究，2016（12）：67-73.

新，以促进学习目标的生成。基于此，笔者将在线学习体验的主要特征概括为：以情境为基础，学习环境开放；重视学习过程，集体实践参与；追求合作创新性，促进目标生成。

一、以情境为基础，学习环境开放

（一）创设良好的学习情境

情境认知理论强调真实的情境在学生学习过程中的作用，认为学习的实质是个体参与实践活动的过程，是个体与他人、环境互动的过程。情境是学习的基础，创设情境是体验式教学的首要条件。在体验式学习中，教学活动必须在一定的情境中进行。情境是开放的，可以是过去的、现在的也可以是未来的，可以是生活情境、社会情境也可以是自然情境，可以是实际情境也可以是虚拟情境。真实的情境指的是学生身在其中的生活世界、社会世界和自然世界。虚拟情境能反映学生生活世界、社会世界和自然世界，能进行虚拟演示和文字描述。无论是对线上学习还是线下学习，作为教师，应积极创设各种情境，使教学活动在相应的情境中展开和深入。以 MOOC 为代表的在线学习课程过多关注课程设计方面，但未能基于学习者的学习需求进行开发设计，忽视了学习者的个体发展、主动话语权、知识流动、具体实践经历以及各种压力，导致在线学习课程缺乏学习者想要的社区氛围和学习的临场感。因此，我们需要思考如何创设一个能促进学习者之间进行有意义交互的在线学习情境，以增强学习者的情境体验，从而促进学习者的认知能力持续发展至自我反思、知识再创造等高阶水平。

（二）营造开放的学习环境

首先，在线学习的开放性体现在学习环境与学习资源上，与线下学习不同，得益于在线学习的开放程度高，在线学习没有所谓的"门槛"，每个人都能按需获得学习资源，优质的学习资源不再仅限于某些学校，各类人群均可通过在线课程进行学习。其次，在线学习的开放性体现在学习目标的开放、学习内容的开放以及学习形式的开放上。在线学习目标具有层级性，学习内容具有情境性。学习形式不拘一格，可以是直接体验，也可以是间接体验；可以是封闭式体验，也可以是开放式体验。

在线学习环境作为在线教育中教与学整合的媒体中介，是保障在线学习、教学交互顺利的基础。在线学习环境的开放性不仅指学习环境的开放，也指学习目标设定的开放，还指追求目标方法的开放等。学习目标的制定有不同的方法，如外部指定、外部诱导及独自生成。在线学习环境强调个体独自界定意义、创建学习需要、确定学习目标及参与学习活动过程的作用，这与学习者中心的设计原则相一致。除此之外，在线学习环境特别强调激发学习者的发散性思维，强调"多种观点而非单一正确观点的价值"，不仅对启发式学习有指导意义，还对探究模糊、劣构的问题具有一定的指导价值。

二、重视学习过程，集体实践参与

（一）学习过程自主

自主是在线学习体验的先导，学习者能够根据需求自主参与学习，是教育者希望看到的。体验式学习十分强调学生主体作用的发挥，在线课程中没有"主导者"督促学生完成任务，因此需要学习者具备更高的自主性，并在这个过程中逐步提高自身的自主学习能力并习得自主体验。在知识社会背景下，人们需要发展在线学习体验新范式，期待形成能够迅速连接知识日益增长情况下的社会学习模式。如果仅仅简单地增加或重新包装教学内容，在线学习很难取得成效。在线学习体验不仅影响着最终的教学效果，也在一定程度上影响着在线教育的发展方向。

在线学习以丰富的课程资源为依托，在学习空间、学习时间和学习方法上具有很大的灵活性，可以由学生自发、自由、自律地观看教学视频，完成课程学习。在线学习的技术优势让学习者看到了突破传统线下教学局限的可能性，然而技术没有想象中那样"包治百病"，这并非技术本身有所缺陷，而是在应用技术的过程中，学习者未能有效地发挥主体作用。即使在环境足够自由、资源足够丰富的情况下，学习者在面对在线学习这一学习形式时，在一定程度上仍然存在适应不良、体验不足的问题，难以在在线学习中实现自主学习。因此，增强学习者在线学习过程中自主体验的关键并不在于将技术运用到极致，而在于让学习者掌握自主学习的方法，在学习过程中发挥主体作用。

（二）持续实践参与

"体验"的基础是主体与客体的相互作用，主要表现为主体的动作，因为一切体验源于动作，源于实践。实践是在线学习体验的关键，正是通过实践，主体对外部客体信息加以分解、选择、改变，然后再纳入实践中，形成一个新的建构形态。体验是一种持续的亲身经历，这种经历是多种多样的，或亲自观察，或亲自见闻，或亲手制作等，这表明体验也是一种实践活动。另外，体验的过程实质上是实践认识的过程，体验者在实践中获得认识，并进行体悟。因此，无论是线下课堂还是线上学习，基于亲身参与的实践都是体验式学习的关键。"亲身参与"可以从两方面影响学习主体：一方面是"参与"能够促进学习者的知识掌握，促进学习者发散思维的形成和提高学习成绩；另一方面是"参与"能够激发学习者的学习兴趣，培养学习者的学习积极性，增强学习者在克服学习困难时的毅力，增进学习者的自我效能感，增强学习者的学习体验。

在线实践参与能够推动在线学习，对学习产生积极的影响。有学者指出，在线实践参与的关键特征包含以下几点：①实践参与是一个复杂的过程，能够维持和他人的关系；②实践参与需要得到物质和心理上的支持；③实践活动应该有各种参与性行为的支持。①为增进学习者的实践参与，教师应及时对学生表现进行反馈。学生表现是指学生在学习活动中呈现出来的学习状态，教师要通过在线课程平台日志（如登录频次、登录集中的时间段、学习任务的完成度等）来观察学生的学习状态，在一个专题学习完之后，教师应该对本次学习任务进行总结和评价，包括整体的学习成效、学习者的表现，以此促进学习者的学习投入，增进学习者的实践参与，增强学习者的学习体验。

传统的经验式学习是对已有知识经验的掌握性学习，而体验式学习不仅对已有的知识经验进行学习，而且对已发现的经验进行进一步的深入研究，以获得新发现，形成体验—感悟—再体验—再感悟的不断创新的学习过程，因此创新体验是体验式学习的升华，能够培育学习者的创新精神，提高学习者的创新能力。

三、追求合作创新，促进目标生成

（一）群体合作创新

疫情期间的大规模在线教育进一步推动了在线学习的发展，师生时空分离的特点在为学习者个性化、差异化学习提供充分空间的同时，也暴露了在线学习存在学习者的孤独感强烈、投入度不高、完成率不高、自主学习能力低以及学习资源参差不齐等一系列问题。

在在线学习过程中，合作学习是学习者应采用的学习方式，而非孤独地学习，因为：合作能够提高学习者在线学习满意度，满足他们在学习活动或过程中的愿望及需求；提高学习者在线学习支持度，为学习者持续参与在线学习提供有效而优质的支持服务，扩展在线学习的广度；增强学习者在线学习过程中的体验

---

① Hrastinski S. What is online learner participation? A literature review. Computers & Education，2008，51（4）：1755-1765.

感，激发学习者的学习内驱力，让学习者自主投入在线学习，加深在线学习的深度。合作学习有助于培养学习者的责任感，增强学习者的自信心和自尊心，满足学习者的赏识需要与提高学生的体验感、成就感、创新性。

（二）以目标为导向

在传统的学习环境中，网络社交、娱乐应用与各种在线应用是割裂的，即学习者掌握新兴技术与在线学习的高质量体验不对应，这表明应用于社交或娱乐的技术向学习技术的转移不是自动的，也不是定向的。社交媒体本质上没有学习目标牵引，它是人们彼此之间用来分享意见、见解、经验和观点的工具和平台，较少涉及深度学习。而学习目标是学习体验形成过程中的方向指引，任何过程和环节中的在线学习行为都不能偏离既定目标。基于技术进步和大数据支持，学习者易于在在线学习过程中形成自主性评估，产生自发动机，进行自我调节，从而增强学习体验。

以目标为导向的多渠道、多形式、多样化的创新教育引导，可以让学生加深对创新教育的体会，培养创新精神、创新意识、创新思维、创新能力，进而增强创新体验。例如，通过邀请教授、名家、学术带头人开设高水平的线上科技讲坛、讲座、报告等，开阔学生的眼界，丰富学生的知识，从而引导学生积极参与学术科技活动，广泛发动学生从事科技发明与创造、科技设计与制作，参与科技作品竞赛等科技实践活动，提高学生的动手实践能力和培养学生科学的思维方法，促进学生尽早参与科研开发活动，锻炼学生的动手动脑能力，培养学生的学术热情。让学生在体验中得到更好的发展，是学习的最终目标。学生的已有经验、学期期望往往是不同的，也是难以预测的，研究者和管理者必须要关注这些体悟，并研究它、利用它、深化它，注重达到生成体验的目标。

第三节　大规模在线学习体验的养成基础

学习体验的生成与发展是一个复杂的过程，并非学习者参与在线课程就能引发其学习体验，就如同部分学习者在注册、了解了某在线课程后便随之放弃，这样很难断定这部分人对该课程产生了学习体验。学习体验涉及过程和结果，但已有研究更多从结果的角度出发，强调在线学习体验的主体性、实践性、情感性，忽视了体验的过程性。对在线学习体验是如何养成的，是否有迹可循的研究，不能仅停留在影响在线学习体验的因素上，更要探讨各种因素是如何作用到学习者身上的，会产生什么效果。学习者是在线学习的直接受益者和直接评价者，学习体验越积极，学习驱动力越强，学习质量必然越高。学习是一个起源于体验并随着学习者不同的体验而不断被改变或修正进而使学习者获得观念的持续过程。体验式学习是指学习者在直接经验基础上经过反思而达成概念的抽象化，使感性经验上升到理性认识，其中情节记忆和默会认知发挥了重要作用。①

在研究学习者线上学习体验构成要素时，学者有不同的切入方式。例如，贺媛婧和袁亚兴将学习体验分为学习资源体验、平台设计体验、社会化交互体验、学习进度管理体验及考核方式体验等五个方面。②胡新华和周月则借鉴顾客体验理论，从感官、情感、思考、知识和关联体验五个方面对学习体验进行分析。③吴筱萌等则主要关注在线课程的学习效果方面，进而将学习体验划分为对课程的主观反应、课程效果、课程满意度、课程设计等部分。④

在线学习是一个基于体验的连续过程，在这个过程中，概念从经验中产生并不断被经验修改，知识不断从学习者的体验中生成并得到检验的。⑤体验的连续性是人类能够不断发展的一个重要因素，每一次的体验都从过去借鉴一些经验，并以某种方式推动着体验的质量改变。

一、学习经验的汇聚：螺旋式周期

学习体验是学生建构知识意义、焕发生命活力、提升生命价值的过程，旨在引发学习体验的教学活动能够有效揭示、展现和提升学生的生命意义。然而，观念上的理解并不必然带来实践上的成效。经验是人类活动的内化形式，是体验的基础，体验是经验的一种特殊形式。相关研究认为学习体验的发生包含三个层次：历构层、临构层和预构层。⑥历构层是过去历次经验与生命感受的汇集，正是基于已有经验与生命感受的活化，学习体验才有可能生成。临构层是自我与环境双向建构的产物，临构活动的开展直接促成了学习体验的发生。预构层是对学习活动的未来期望，它的形成支持着学习体验的运行，并推动着新一轮学习体验的开启。学习体验的产生，关键在于三者的相互作用与有机统一。

---

① 庞维国. 论体验式学习. 全球教育展望，2011（6）：9-15.

② 贺媛婧，袁亚兴. 基于用户学习体验的 MOOC 学习模式对比研究——以 Coursera 和 Edx 为例. 中国信息技术教育，2015（9）：122-124.

③ 胡新华，周月. MOOC 冲击下高校教师的因应策略：学习体验视角. 现代教育技术，2014（12）：19-25.

④ 吴筱萌，雍文静，代良，等. 基于 Coursera 课程模式的在线课程学生体验研究. 中国电化教育，2014（6）：11-17.

⑤ Kolb D A. Experiential learning：Experience as the source of learning and development. New York：FT Press，2014：1-416.

⑥ 陈亮，朱德全. 学习体验的发生结构与教学策略. 高等教育研究，2007（11）：74-77，109.

　　"体验"一方面具有直观性，是基于感觉、形象的；另一方面又具有超越性，即超越具体的情感与形象，生成更深刻的意义世界。[①]库伯（D. A. Kolb）在1984 年出版的 *Experiential Learning*：*Experience as the Source of Learning and Development*（《体验学习：让体验成为学习和发展的源泉》）中创造性地提出了四阶段体验学习圈模型，包括具体体验、反思观察、抽象概括和行动应用，如图 2-1 所示。体验学习圈并非由具体体验到行动应用一个阶段就结束了，也并非单纯的平面循环，而是一个螺旋上升的过程，每到行动应用均意味着下一次新的体验的开始。从具体体验开始再到新一轮的体验循环，是一个持续性的过程，发生的时间可能是数秒，也可以是几分钟、几小时或更长时间，但此次的体验与前一次的体验已经大不相同，从这个意义上讲，所有的体验学习都是全新的学习。

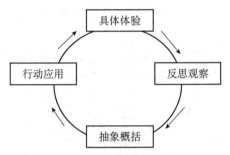

图 2-1　库伯四阶段体验学习圈模型

　　学习经验的累积既是个人经验的历史沉积，又是社会经验的历史沉积。沉积不是静态的相加，而是动态的构建。确切地说，学习经验的累积是一个连续不断地构成、变化、发展的重新组织过程，它不是建立在台基上的、静态的层层堆放的金字塔，而是不断增高的螺旋体；它不是直线上升的，而是时而上升、时而下降、不断翻滚、回旋曲折上升的。每次新的经验产生都要经过原有经验的"过滤"，同时又对其产生影响，如调整原有经验的位置，增加、充实或改变它们。因此，基于学习经验的学习体验的生成，是永无止境的历史发展过程和心理发生过程作用的结果。

　　历时多年的"泰州师说"受到多方好评，已形成品牌效应，目前，"泰州师说"的课程经验已被推广到其他区域。通过观察与研究发现，即使将相同的平台、资源及同样的专家和策略推广到其他区域，学习成效也不尽相同。原因在于学习者长期形成的在线学习体验和积累的经验不同。学习者不再单纯根据制定的学习规则被动参与，后期会主动参与互动，分享经验，在日积月累中，学习者能

---

① 童庆炳. 经验、体验与文学. 北京师范大学学报（人文社会科学版），2000（1）：92-99.

真切地体会到专业能力的提升。因此，良好的学习体验能促进学习者更积极地投入学习，积极学习反过来又能促进学习者产生良好的学习体验，这就形成了良性学习循环，而没有在线学习经验积累的学习者，很难达到相似的效果。经过多年的观察，泰州地区 4.3 万名教师已经产生基于"泰州师说"课程的在线学习体验，且这种体验具有周期性和规律性，为此我们构建了在线学习体验螺旋式周期模型，如图 2-2 所示。

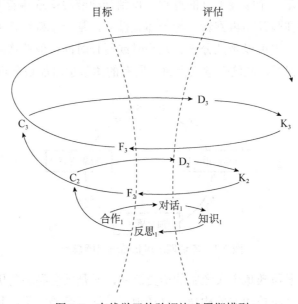

图 2-2　在线学习体验螺旋式周期模型

注：图中 C、D、K、F 分别对应着合作（cooperation）、对话（dialogue）、知识（knowledge）、
反思（reflection）

在线学习体验螺旋式周期模型是永恒地无限发展变化着的运动过程，展示了学习者随时间推移在在线学习和发展过程中的持续路径，体验周期呈螺旋式上升发展态势，螺旋半径不断增大，学习者的学习体验也在不断更新和再造。在此周期内，群体合作、在线对话、知识建构和自我反思相互影响、相互作用，学习者在每个周期可通过学习目标与评估进行自我参照和维持。

二、以对话为核心的体验养成环节

对话过程是双方生命体验得以充实、生命价值得以确认和凸显的过程。[①]在

---

① 梅贻琦. 大学一解. 中国大学教学，2002（10）：44-47.

对话过程中，自我与环境的互动得以实现。正是在与环境的对话与互动中，学习内容才内化为具有独特性、能服务于个体成长与发展的个体知识，内蕴于知识之中的深刻意义才能被挖掘出来滋养个体的生命意义，潜藏于心的生命感受才能被触动起来领悟和提升生命的价值，压抑已久的生命活力也才能重新得到焕发。积极的对话、建构的知识、开放的合作、创新性反思是在线学习的核心，也是养成在线学习体验的核心环节。"在线"改变了我们学习的方式，隔空交互与反馈是程序化的预定，重要的是要认识到，只有以学习者对话为核心，参与合作、建构知识体系、批判性地探索新想法才能产生真学习。

（一）在线对话

佐藤学认为，学习是一种对话与修炼过程，是不断跟客观世界、他人、自身对话的循环上升过程。随着合作、交流等的深入，对话由最初的单一性对话转变为多元性对话，并且对话建立在平等的基础上，具有多边互动、建构生成、和而不同的特点，超越了单纯意义的传递，重在重新建构新意义，生成新意义。当学习者能够在信任的氛围中进行讨论时，就会产生一种高质量的学习体验。在线学习中的对话以文本为基础，本质上是异步的，也就是说，能够创建永久的记录供其他人阅读和思考，学习者在回复他人之前有足够的时间思考写什么。与语言环境相比，基于文本的交流在很大程度上改变了学习话语的内容和结构，文本减缓了信息的产生，减小了学习者的认知负荷和记忆需求，因此，内容的不变性和在线信息随时访问的便利性，更有利于学习者产出有洞察力的学习体会，呈现学习者的思维状态，同时增加学习者参与反思性讨论的机会。

对话不仅是一种交际手段，更是生命的一种内在诉求；不仅是一种信息交换，也是一种价值交换，还是一种感觉交换；不仅是语言、思想的交流，还包括人类生存方式的相互参照。传统的教学方式往往强调灌输而排斥对话，不仅忽视了教学对话的价值，更漠视了学生独特的生命感受，压抑了他们的生命活力，忽视了他们的完整的生命成长。要改善此种状况，就必须在学习活动中提倡对话，因为学生自由的心灵只有在对话中才能得到舒展，进而让他们体验生命的成长与发展，生成学习体验。

要实现在线对话的有效开展，首先需要激活学习者的对话意识，即激发学习者参与对话的冲动与愿望，使其产生通过对话来获取知识、解决问题、实现目标期望的渴望。对话意识的激活需要在了解学习者知识体系与动机需要的基础上，设计略高于其接受阈限的问题，以使他们产生认知冲突或疑惑，从而达到质疑引思、积极对话的目的。其次需要选择适宜的对话方式，以使在线对话能够有效开展，并成为师生平等交流知识与智慧、共同感悟生命意义与价值的过程。对话方式的选择，一方面要考虑具体的问题情境，使对话方式与问题情境的难度、类型相匹配，以保证在线对话活动的针对性与实效性；另一方面要考虑学习者的认知风格，使对话方式与学习者认知过程的特点、认知能力的倾向相匹配，以促使学习者在对话过程中敞开心灵、畅所欲言，进而感悟独特的生命意义与价值。最后需要对话指导，来纠正对话中的偏差。由于各种原因，学习者在对话中容易出现偏差，如学习者不能激活相应的原有经验，不能从对话中领悟到有用信息，则无法进行知识内化等。因此，需要采取有针对性的指导策略，更重要的是要继续调动学习者参与在线对话的意识与信心。

（二）群体合作

合作是人在学习过程中的本能，合作的优势在在线学习中被天然放大。作为群体动物，人们总是倾向加入一个共同的群体中。"独学而无友，则孤陋而寡闻。"（《礼记·学记》）在传统学习中，时空的不可分离性使合作与独立很容易形成非此即彼的关系，学习者在追求学习效率时很容易忽视合作。在线学习的孤独感很难让学习者坚持下去，对于在线课程的高完成率以及研究者呼吁的"学习自律"，只有少数"精英"才能做到。通过与他人合作产生思维的碰撞，反过来学习者会雕琢自己的思想。

群体合作学习是一种结构化的协作学习形式，旨在促进学生之间的相互依存。在积极的社会相互依存与合作中，参与者对活动和他们合作过的人均有积极的感受。学习者参与到积极的互动中时，会通过彼此间的有效沟通进行协调，并与其他小组成员共享类似的信念和价值观。[①]学习者需要在线环境下的社会联系，与他人展开互动，产生真实的学习体验，而不是作为某个地方的某个人独自学习。合作本身的重要性使其成为在线学习体验螺旋式周期的起始点，因为有合作才会有对话、迁移、反思、提升等。合作是在沟通的基础上进行的，合作学习重在培养学生自主学习的意识，以及探究问题、解决问题的能力，是生成在线学习体验的必要环节之一。

（三）认知生成

知识在对话的过程中被检验和重构，学习者进行对话时，依据自己的需求理性地检查设想、想法和证据，并确认理解。在这一过程中，学习者与同伴进行分

---

① Deutsch M. A theory of cooperation-competition and beyond. Handbook of Theories of Social Psychology, 2011，2：275-294.

享并接触到不同的观点和解释时，知识就生成了。知识不可能均匀地分布在所有主体中，必须通过对话和合作进行流动，才能更好地实现它的价值，更好地满足主体发展的需要。

教育的根本目标是促进人的发展，教育的价值体现在帮助主观的人认识客观的世界。认知是个体认识客观世界的信息加工活动，个体在与环境的作用过程中，认知不断发展，并趋于完善，这一过程能够有效发展学习者的高阶思维。从生成论的视角来看，认知不是学习者从独立于它的世界中被动接收信息，形成表征，然后产生和输出意义的过程，也不是存在于环境中的不变量，等待学习者去汲取和解读，而是学习者通过自己的身体动作投射给世界的。认知生成具有行动倾向，即认知形成于具体的行动过程中。"行动"强调认知生成并非我们被动地接受知识或是做出相应行为，而是通过主动参与、对话等方式，对想法、策略等进行判断，来达成某个目的或实现问题的解决。因此，认知在某种程度上是一种实践活动，通过这种实践活动，我们不断地将复杂问题简单化、系统化，以形成对事物由感性到理性的认识，并通过具身的行动过程进行意义建构与持续深化。

（四）自我反思

反思是认知心理学中的一个术语，属于元认知的概念范畴。所谓元认知，是指一个人对自己的思维活动和学习活动进行自我认知、监控和调节，涉及元认知知识、元认知体验和元认知调控这三个因素。反思性学习就是学习者个人通过反向思考对与学习过程有关的学习材料、学习内容、学习方法及学习结果等进行再认识。可见，反思性学习并不是简单地对学习过程的回忆或重复，相反，它是对与学习过程有关的知识、方法、思路、策略等进行的再探究。反思的目的是为日后有的放矢地学习做好充足准备，从而让学习者真正学会学习，增强他们学习的成就感和自信心，最终提高他们的自主学习能力。在反思性学习过程中，学习者是学习的主体，对整个学习活动过程进行反向认识、分析、评价和检验。可见，反思性学习过程体现了学习者的探究意识、主体意识和发展创造意识。

反思具有实用价值，因为它加深了体验的意义，促进了知识的建构。通过在线合作、对话、知识建构，并不能形成新的想法或做事方式，联通只是个开始，人们需要为互动植入学习的"根骨"，即通过反思理解与检验自身思想和信念，通过反思走向批判与创造构建新思想。学习是一个连续的过程，而反思恰好有助于促进学习的连续。学习者会对知识生成过程中涉及的认知内容、认知方式和解决问题方式进行反思，而这种反思有助于诊断学习结果和生成新知识，进而增强学习体验，完成更高的目标。反思是持续学习和发展的主要因素，是学习者打通新旧知识的桥梁，通过反思检验自身思想，具有批判性与创造性思维。这种体验会让学习者期待与他人的再次合作，从而开始新周期的循环。

三、学习预设与期望：开启新一轮体验

学习者的学习预设与期望是对学习活动的未来期望，它的形成推动着学习体验的生成。仅有活化的经验与真切的感受，还不足以引发学习体验的产生，学习体验的产生还必须依赖学习者的期望。预构未来学习的感受就是未来的活动图式在内心的预先建构，它是一种观念、心态。由于学习者活动经验的不同，预设涵盖了多种不同的观点。其中，对学习目标的预设，包括理想与希望，这是预构未来感受的核心成分。此外，对完成未来活动的能力与信心、对完成过程与方法的设想等也会对学习者的期望产生影响。

预构未来学习的感受，尤其是对学习目标的明确构想，属于任务动力的基本范畴，具有内部动力的基本属性。不论是从任务动力、内部动力还是从二者相整合的观点来看，预构未来学习的感受都是激发学习者求知欲和学习需要、点燃他们的生命激情、焕发他们的生命活力、推动他们的学习体验的不竭动力。学习体验的发生过程是主体借助一定的手段，通过实际行动与客体发生相互作用，预设活动，进而促进新一轮学习体验的生成。在学习体验发生之前，主体通常已经拥有过去关于历次活动的经验。

第四节 大规模在线学习体验的生成路径

学习体验的发生具有层级结构，是过去、现在、未来的有机统一，需要经过对话、合作、建构与反思的过程。正如，孔子站在东山上，发现鲁国原来只有那么大；登上泰山顶时，发现天下就在脚下。正是经历了这些活动，孔子生成了他的体验：天下原来是这样辽阔、宏大。孔子的体验并不是一次完成的，在"登泰山"之前，即在"过去"，他已有许多关于鲁国及其他邻国的政治、经济、军事、社会行动、民情风俗、社会心理、地域地貌的经验以及关于个人的生活、性格、意向、志趣等的经验。这些经验一次次内化在他头脑中，在记忆的信息储仓中不断累积，形成记忆意象。而"现在"，当泰山绝顶所见涌入眼中，他的这些经验就被唤醒，并且他积极地选择、纳入一些新信息，使它们融会起来，形成"登泰山而小天下"这一完整体验。因此，在线学习体验的生成需要在线对话，以唤醒个人已有经验，并通过群体合作建立对现在的感受，建构新的知识体系，

反思之后对未来学习产生预设。

一、大规模在线学习体验生成过程

　　"泰州师说"是大规模在线学习的典范，深耕八载，驰而不息。2014—2016年，"泰州师说"处于学习者在线体验探索期，平台环境、课程设计以及理念引领渐渐完备，研究者清晰地感受到一个学习周期中学习者合作、对话、知识与反思四个核心环节的存在，学习者体验感不断增强。2017—2020 年，"泰州师说"处于学习者在线体验养成期，采取了多种实施策略，如创设问题支架激发学习者求知欲望①；情境铺设外引，增强在线学习内驱力②；剖析群体学习过程，强化角色动态转换③；控制讨论规模，达到学习效果最优④；设立种子学校，带动全员学习节奏⑤；精英学员引领，扩大学习圈，等等。这些策略旨在最大化促进四个核心环节，凸显了在线学习体验的作用。下面依托学习者在线体验养成期四年的数据，采用社会网络分析、对话类型分析、认知网络分析等方法，佐证在线学习体验周期核心圈螺旋上升真实有效。

（一）在线对话分析

　　有效的在线对话策略能够扩大对话空间，营造良好氛围，让学习者体验深层交流。自 2017 年，"泰州师说"在实施过程中采用问题支架策略，来引导学习者参与讨论问题，促进群体内部合作对话与反思。有学者将学习者的对话分为谈话型、探究型、辩论型与指导型四种⑥，我们将其细化为提问、回答、澄清、解释、冲突、辩护、达成共识、评价、反思、支持十个类型，运用 NVivo 软件对2017—2020 年的在线对话文本进行编码，发现不同在线学习阶段中的对话类型存在明显差异，如图 2-3 所示。

---

①　郝祥军，王帆，汪云华. 问题支架促进在线知识交互的途径假设与验证. 中国远程教育，2019（3）：34-42，92-93.

②　王帆，郝祥军，张迪，等. 在线学习内驱力的"外引"策略设计与效果分析. 电化教育研究，2020（8）：67-73.

③　郝祥军，王帆，彭致君，等. 群体在线学习过程分析：学习者角色的动态转换. 现代远距离教育，2019（3）：38-48.

④　郝祥军，王帆，缪晶晶. 大规模在线学习中"社会治理共同体"的构建研究. 现代远距离教育，2020（4）：51-62.

⑤　王帆，王珣，祁晨诗，等. 不同组织形态下"在线学习"品质比较实证研究. 电化教育研究，2018（12）：37-43.

⑥　Burbules N C. Dialogue in teaching：Theory and practice. Journal of Curriculum Studies，2000，32（6）：878-881.

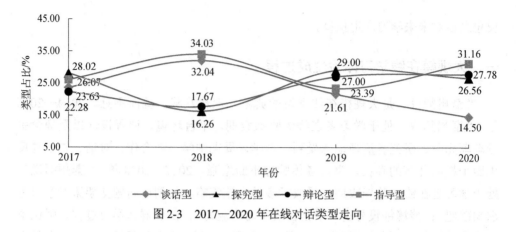

图 2-3 2017—2020 年在线对话类型走向

2017 年，"泰州师说"着力于针对学习者在线学习体验的再升华，有选择地围绕问题开展对话交流，此时四种会话类型的占比基本持平，为 20%—30%。其中探究型对话占比略高，为 28.02%。纽曼等曾指出，在线互动对话的一个主要目标是促进批判性探究和深度学习，探究型对话的价值集中体现在通过对外部在线对话的探究，推动个体内部的深度思考和体验。①

2018 年，"泰州师说"中，每个主题被设计为五个阶梯式问题，分时抛出，形成支架。阶梯式问题是根据布鲁姆认知目标层次分类设定的，层层递进。第一周为理解与应用性问题，第二周为分析与评价性问题，第三周为创造性问题。结果显示，谈话型与指导型对话出现了较大幅度的增长，探究型与辩论型对话则出现了较大幅度下降。深入分析发现（表 2-2），第一周正处于学习初期，学习者的积极性较高，谈话型对话占据主要地位，但学习者之间尚未达成共识，会针对某个概念或知识点深入探索并向对方解释和澄清，因此探究型对话的占比也较大。到第二周，辩论型与指导型对话占据主要地位，学习者通过一定时间的学习，已形成较为稳定的认识结构，此时的对话不再停留于对观点的联系与阐释上，而是偏向通过已经内化了的知识对现实进行价值判断、辩论和主动达成共识。第三周的创造性问题，能够有效地引发学习者的先验知识，促使他们进行辩证性思考，回答问题的积极性再次提升，但同伴之间的对话更多的是关于对问题的认识、解决方案的提出以及自我反思、评价与支持其他参与者展开。

---

① Newman D R，Johnson C，Webb B，et al. Evaluating the quality of learning in computer supported cooperative learning. Journal of the American Society for Information Science，1997，48（6）：484-495.

表 2-2 2018 年三周对话类型占比 单位：%

时间	类型（占比）	具体类型
第一周	谈话型（49.94）	回答（45.26）＞提问（4.68）
	探究型（27.93）	解释（20.07）＞澄清（7.86）
	指导型（16.33）	评价（11.16）＞反思（3.24）＞支持（1.93）
	辩论型（5.80）	辩护（3.24）＞达成共识（1.93）＞冲突（0.63）
第二周	辩论型（38.60）	达成共识（21.21）＞辩护（13.36）＞冲突（4.03）
	指导型（28.92）	反思（13.61）＞支持（9.42）＞评价（5.88）
	会话型（21.90）	回答（20.04）＞提问（1.86）
	探究型（10.59）	解释（7.53）＞澄清（3.06）
第三周	指导型（60.16）	反思（32.17）＞评价（23.62）＞支持（4.37）
	会话型（21.64）	回答（18.36）＞提问（3.28）
	探究型（9.93）	解释（5.17）＞澄清（4.76）
	辩论型（8.27）	达成共识（4.16）＞辩护（2.84）＞冲突（1.27）

2019 年，"泰州师说"仍然使用阶梯式问题支架，分时设置，谈话型对话与指导型对话的占比同步降低，探究型对话和辩论型对话同步增加，但均维持在 20%—30%。

2020 年，问题支架不再被分阶段设置，谈话型对话的占比降低至 15%以下，辩论型与探究型对话的占比维持在 25%左右，指导型对话的占比超过 50%。这说明，学习者之间的交流已经从简单的同侪之间的谈话转变为深入探究与辩论，进而使其对自身的教学经验进行反思，理解问题对教学支持的重要性，并对此做出相应的评价。可见，即使教师不再对学习者进行细致的引导，他们也能自觉地进行高质量的对话，这种学习体验在对话中逐渐丰富和升华。

（二）群体合作分析

"泰州师说"是开放的网络学习空间，为促进学习者之间合作，2016 年起，它开始选择优秀的学校和学习者进行"播种"，通过示范、引领和联结开展深入学习。2013—2016 年，我们研究发现学习者围绕主题学习逐渐形成较松散的聚合体，潜在的团队意识不断增强，但网络密度仍较低，只偶见有质量的合作。2017—2020 年，学习者的社会网络交互情况如图 2-4 所示，网络中心度高的大节点越发凸显，且没有参与到讨论中的孤立节点不断减少，网络密度总体提升，这说明学习者的参与度不断提高。

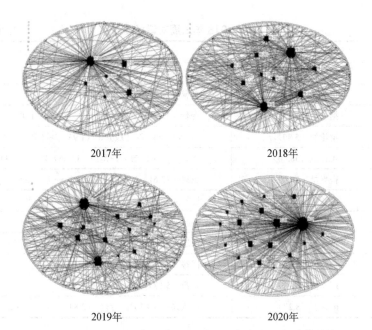

2017年   2018年

2019年   2020年

图 2-4 2017—2020 年"泰州师说"社会交互网络结构演变

注：节点越大，点度中心度越高，下同

2017—2020 年，成员平均点度中心度从 0.027 上升到 0.063，表明个体学习者的中心性在不断加强。四年来，核心成员逐渐涌现，以 2020 年为例，核心成员在不同程度上掌握着较多的资源，学习主动性更明显，能够带动较多的边缘学习者投入合作，部分成员的点度中心度如表 2-3 所示。

表 2-3 2020 年部分成员点出度、点入度的数据统计

成员姓名	点出度	点入度
ZAP	0.251	0
CMH	0.251	0
ZWP	0.101	0.151
GJ	0.050	0.201
ZT	0.050	1.558
ZCY	0.050	0.151

2019 年出现了一批中介中心度明显较高的成员，如 FHX、JCJ、HZF、SHY，如图 2-5 所示，其中介中心度分别为 0.066、0.045、0.030 和 0.008，这类学习者大多充当"中间人"，连接着不同的子群，引导其他成员参与合作，具有较强的知识交互和传播作用。

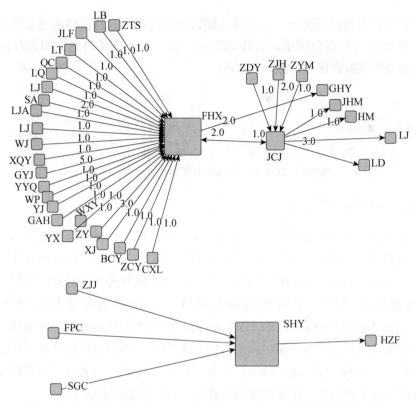

图 2-5　2019 年"中间人"FHX、JCJ、HZF、SHY 的合作网络交互情况

通过对合作网络分析发现，网络中的小群体数量逐年减少，但人员规模有逐年增大的趋势，呈现子群"大核化"现象。群体人数既影响互动性质，也影响互动成效。根据以往文献研究发现，当团体人数超过 8 人时，学习者进行头脑风暴的优势更明显，成员之间合作、感知、交流和适应的机会更多。四年来，课程主题结合当时热点话题，坚持理论联系实践，贴近学习者的实际生活，使学习者之间形成的小群体格局不断多元化，并产生不同的组织形态。

相比 2019 年仅存在单一的轮式结构，2020 年出现了轮式、环式、山式与 Y 式四类群体结构，如图 2-6 所示。轮式、山式结构展现出学习者能够围绕中心人物进行多主题、多问题的合作学习，群体协商讨论更加激烈且有质量；环式结构中学习者之间的密度较高；Y 式结构凸显了成员的层级交流，学习者角色较多元。通过对小群体进行密度分析发现，2018—2020 年，小群体平均密度从 0.066 增长到 0.075，内部聚合力在不断增强。

2020 年，我们对学习者参与在线学习合作的意愿进行了调查，数据显示，97.32% 的调查者表示很乐意参与到合作之中。合作是每个在线学习体验周期的开端，当学习者不再感到孤独，学习者之间的沟通内容就会从情感沟通上升到学术合作，从而推动在线合作学习群体的形成，进一步提高学习者之间的深层次合作，促使他们获得在线学习独有的体验。

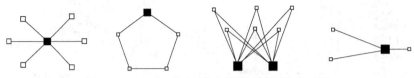

图 2-6   2020 年不同形态小群体合作网络交互图

（三）知识建构分析

知识在合作对话中建构和迁移变化，这一点可以从学习者内部知识的不同呈现上得以验证。"泰州师说"大规模在线学习的核心在于提高教师的专业发展水平，特别是教师教育理论知识的深化、教师专业实践能力与综合素养的提升。教师知识是指导教师从事实践活动的基础，整合技术的学科教学法知识（technological pedagogical content knowledge，TPACK）简洁、明晰地描述了构成教师教学知识体系的关键要素。[①]依据 TPACK 框架，本部分运用认知网络分析法（epistemic network analysis，ENA）对 2017—2020 年的学习者知识类型以及认知网络结构特征进行分析，以阐明学习者在线学习获得知识的状态。

学习者的知识类型分布及变化如图 2-7 所示，TPACK 的六个维度大部分出现在学习者的网络语篇中，但占比不同。整体而言，在四期课程学习中，学习者的知识类型以一般教学法知识（pedagogical knowledge，PK）为主，占比保持在 90% 以上；整合技术的学科内容知识（technological content knowledge，TCK）、整合技术的教学法知识（technological pedagogical knowledge，TPK）等呈波动上升趋势，这表明在信息化背景下，学习者在在线学习与反思自身教学实践时，逐渐感知到技术在教学内容与教学方法上的重要性。对比四年的数据可以看出，2019 年，技术知识（technological knowledge，TK）的占比达到四年的顶峰，到 2020 年，学科内容知识（content knowledge，CK）与技术知识的占比有所下降，而整合技术的教学法知识与整合技术的学科内容知识的占比呈上升趋势。

---

① 杨丽娜，陈玲，张雪，等. 基于 TPACK 框架的精准教研资源智能推荐研究与实践. 中国电化教育，2021（2）：43-50.

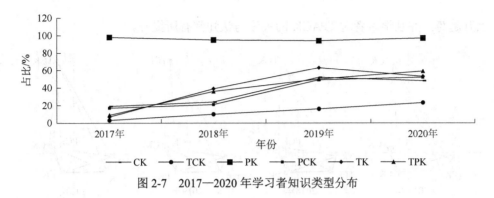

图 2-7　2017—2020 年学习者知识类型分布

学习者知识类型的变化同样体现在其认知网络结构上。认知网络分析是一种通过动态建模来表征学习者认知元素间关联结构的分析方法。它将 TPACK 的六个维度作为节点，编码完成后，经过数据累积、创建矩阵、向量归一化与奇异值分解等过程，建立分析单元内编码的共线关系，并通过节点和连线的加权网络展示。质心的位置由该分析单元连接网络中所有连线权重的算术平均值确定，各节点间线条的粗细代表共线次数的多少，即关联的强弱。[1]如图 2-8 所示，我们对 2017—2020 年四期学习者进行认知网络分析后发现，2017—2020 年四个分析单元学习者的认知网络质心（正方形）在二维平面上的位置不同（正方形外的虚线框表示 95%的置信区间），质心分布不同，表明学习者在 TPACK 上的认知具有差异。[2]

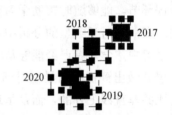

图 2-8　2017—2020 年学习者知识的
认知网络质心分布

2017—2020 年学习者的 TPACK 认知网络如图 2-9 所示。2017 年，学习者 TAPCK 各维度的联系主要围绕 PK 展开，CK、PK、PCK 之间的连接较多，表明这一阶段的学习者关注教学法与教学内容的整合，对技术知识的感知较弱。2018 年，学习者逐渐意识到技术参与教学的重要性，TK、TPK、PK 之间的连接变多。2019 年，TCK、TK、TPK 之间的连接有所增多。与 2019 年相比，2020 年学习者更关注技术与学科内容的整合，突出表现为 PK、TCK 之间的连接更为显著，且该阶段学习者 TPACK 的认知网络更为丰富、和谐。因此，2017—2020 年，学习者知识的 TPACK，不论在数量上还是在各个维度的联系度上，都呈现

① 王志军，杨阳. 认知网络分析法及其应用案例分析. 电化教育研究，2019（6）：27-34，57.

② 刘迎春，朱旭，陈乐. 精准教学中基于同伴互评的评价者认知网络分析. 远程教育杂志，2019（1）：85-93.

上升趋势，并且学习者对 TPACK 的关注与认知都有所提升。

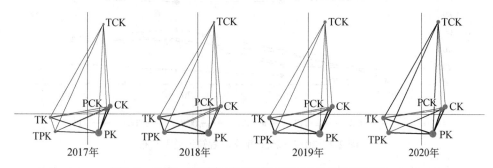

图 2-9　2017—2020 年学习者的 TPACK 认知网络结构

（四）自我反思分析

反思作为一个周期的结束，同时联结着下一次周期的开始，有承上启下的作用，所以在实际在线学习中，反思是不容忽视的环节。"泰州师说"设计了专家点评环节，能够随时帮助学习者从客观的角度认识和反思日常学习中所遇到的问题。在前文对话类型的分析中，我们将反思纳入指导型对话，在四年来持续的研讨学习中，学习者已经能够从学习中的简单谈话转变为从自身的教学经验中进行反思并做出评价的指导型对话。如图 2-10 所示，2017—2020 年，反思型对话的占比并非直线上升的，而是呈现出巡回的螺旋上升态势，如 2018 年和 2019 年，反思型对话的占比均在 20% 左右，随着学习的不断推进，学习者越来越重视自我反省与总结提升，到 2020 年，反思型对话的占比已经超过 25%。

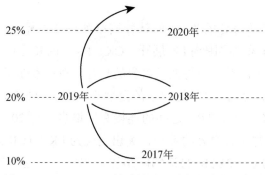

图 2-10　2017—2020 年反思型对话占比分布示意图

在学习过程中，教师要鼓励学习者提出自己的问题而不是仅回答问题，因为通过分析发现（图 2-11），相比主题回帖，自主发帖中的反思型对话更多，更能让学习者深入思考。这一结果表明学习者倾向于将自身合作和对话的经验以自主发帖的形式发布出去，以谋求更多的指导型意见。在这种主动合作—对话交流—知识运用—反思重建的循环中，学习者能逐渐丰富理论知识，提高实践能力、素养，最终实现在线学习中的知行合一与学以致用的良好体验。

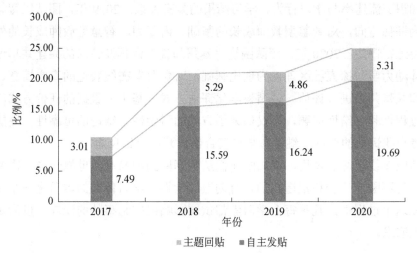

图 2-11　2017—2020 年主题回帖与自主发帖中反思型对话的占比分布

（五）目标评估引领

个体持有正确的学习目标，更容易集中精力完成学习任务。"泰州师说"一直以来坚持问题来自实践、开发依托实践、成果回馈实践，学习内容坚持选拔优秀的一线教师参与设计，并从真实的教学生活场景中取材，以身边人的点点滴滴影响身边人。"价值引领，师德为先"，"泰州师说"将理想信念教育、社会主义核心价值观和教师职业道德规范融入学习内容，制定了"为人师表""课题研究""教学研究""名著导读"等经典主题。由泰州市一线教师叙说泰州市的教育故事，与高校专家一同诊断泰州市的教育问题，并探寻问题解决之道，这种自下而上、上下联合的培训具有实用性，很容易被学习者自觉转化成学习目标，即提高自身专业发展水平，深化与拓展教育教学理论知识，提升专业实践能力和综合素养。

评估标准决定学习者如何学习，并影响学习者在线学习体验的质量。八年来，对"泰州师说"的评估始终力求科学客观，寻找上位的评估理论作为支撑，辅以数据分析，以求挖掘出隐藏在数据背后的事物发展规律。2016 年，笔者团队以柯氏评估模型[1]为理论基础，从反应层、学习层、行为层、成效层对大规模在

---

[1]　Kirkpatrick D L. Evaluating training programs：The four levels. Journal for Nurses in Professional Development，1994：1-396.

线学习的应用价值进行评估。2017 年，团队以共同体发展五阶段理论及价值创造理论①为理论基础，发现学习者在网络环境下构建学习共同体的发展规律并进行价值创造。2018 年，团队以 KTA 框架为依据②，全面评估了学习者的知识流动水平、知识交流速率与学习行为、学习结果的紧密关系。2019 年，团队以智慧型教师作为评估方向，对智慧型教师成长的基础、内驱力，智慧型教师成长的外显以及体现进行评估。2020 年，团队围绕"泰州师说"课程及论坛的共建共享过程，以群体动力学与探究社区理论为理论基础，对学习者在线表达的真实情感、协商观点和共建共识进行评估。遵循科学化评估方式，基于大数据的评价方式，全面分析过程性和总结性问题，不仅保证了方式的科学性、结论的可靠性，更能引导学习者自我评估的取向，继续参与深度合作，开展对话反思。

适应在线学习的过程，就如同我们从茅草屋到钢筋水泥世界一样，需要一边适应一边不断地改变和塑造我们自身创造的世界。学习体验的本质是一个双边过程，在这个过程中，几乎每个学习者都试图影响或控制事件的流向，以满足自己的个人需求。

二、大规模在线学习体验生成建议

在线学习体验螺旋式周期模型的优势主要是确保学习体验不被技术所定义，不被在线的形式所迷惑，新技术的潜力应该由预期的学习成效激发，而不是用程序规定学习路径。"在线"开启了一场深刻而有意义的学习体验之旅，这种体验具有个人和社会价值。螺旋式周期注重学习者的积极和创造性参与，是一种通用的、连贯的交互在线学习体验描述结构，主要功效是帮助教育者用简洁的方法来理解复杂和动态的在线学习过程，促进教育者设计有效的学习体验方式。

（一）重视以学习者为中心

以学习者为中心即以人为本，保护和捍卫学习者的主动性。"在线"促使学习条件与环境发生了变化，技术固化导向致使在线学习者日渐乏力，因为各种技术中介的相互作用本身并不是产生有效学习的必需品。其中主要矛盾是学习内容的易获得性和交互持续的连通性通过信息技术放大了学习者的责任，在线学习者被期望对学习活动与结果承担责任，但是固有的学习观念导致学习者几乎没有意

---

① Wenger E，Trayner B，De Laat M. Promoting and assessing value creation in communities and networks：A conceptual framework. Ruud De Moor Centrum，2011：1-62.

② Albino V，Garavelli A C，Schiuma G. Knowledge transfer and inter-firm relationships in industrial districts：The role of the leader firm. Technovation，1998，19（1）：53-63.

识投入或希望参与控制学习过程，而良好的学习体验能够促使学习者自然而然地承担起这一份责任。螺旋式周期旨在阐述在线学习体验建构的过程，拒绝形式，存真求用。技术、环境本身只是为学习提供更好的服务，让学习者通过外部环境产生更好的体验，学习者才是教育发生的主体，任何有关教学上的变革只有把学习者放在第一位，才有可能达到预期的效果。

（二）专注在线学习过程的设计与反思

以往的在线教育更注重结果的产出，而忽视学习者在学习过程中的集体参与、合作探究与对话交互的情况，因此难以促使学习者自发性地进行自我反思。在线学习体验螺旋式周期模型注重促进学习者合作、对话、意义建构、反思等学习过程的设计。例如，在线学习具有阶段性和周期性，合作与对话始于情境，又在情境中发生，因此可根据不同阶段的性质，设计适合展开合作与对话的问题情境，或通过精英成员引领、特邀学员参与、任务驱动探究等带动全员参与。不管何种设计，均意在打开学习者之间合作与对话的通道，在多次的合作与对话中，知识不断更新和重构，反思则是学习者迈向新台阶的象征。需要说明的是，虽然反思往往出现在一个学习阶段的后期，但由于学习者不同的学习体验，合作、对话、意义建构、反思在任何学习阶段的任何时期都有可能出现，不存在先后顺序，也可以在相互作用中同时发生。

（三）注重被动学习向能动学习的转变

当前，如何将学习者养成的"被动学习"转变为"主动学习"或者回到最初的"本能学习"，是教育需要重点关注的问题。在线学习中，当管理者抛出一个问题，收到很多关于这个问题的答案时，其实不是我们希望看到的；当管理者抛出一个问题，收到的是多个问题与讨论时，这表明学习者的能动性被激发，这是我们希望看到的。钟启泉将能动学习定义为面向问题的发现与解决，而开展的探究性、协同性、反思性活动。[①]能动性学习不但有助于知识与技能的巩固和学习动机的提升，还有助于实现两个期待：一是期待通过能动学习，新的知识能够同业已习得的知识相结合，达成深度理解；二是期待在同他者展开对话的过程中，体验问题解决或者新意念的创生过程。在线学习体验的螺旋式周期模型重视群体凭借合作的力量解决问题，提倡不同角色的学习者在不同情境视角的作用中反复交换见解，进行深度对话，从而消除彼此的对立，发挥个体的能动性。

---

① 钟启泉. "能动学习"与能动型教师. 中国教育学刊，2020（8）：82-87，101.

（四）强调实践体验与情感体验并重

在线学习体验强调真实感和有形的实践。真实的人通过真实的合作、探究、对话、倾听产生真实的感受，其中包含情感上的共鸣、心灵上的交织。相对于独白、隐蔽式的学习，公共的、合作的、对话式的、集体的学习更有效，它可以将学习从无形的实践转变为有形的实践，让学习者产生真正的实践体验。同时，人是具有社会属性的，期待与自我、他人、世界发生交互，并且期待在交互中得到归属感与认可，在线对话便加强了学习者之间的交互，建立了以沟通为基础的社会关系。现实生活中，同样一句话，不同的人说出来的效果可能存在明显不同，因为对说话的效果，语言只占 7%，声音占 38%，肢体语言占 55%[a]，但是在线学习中，虽然文本语言占很大比例，但文字跨越了时间和空间的距离，使共享知识与社交行为更广泛地发生，情感因素基于文字的力量得以传递。专注于在线学习集体合作、对话、反思中带来的实践体验与情感体验，是在线学习体验螺旋式周期模型应用价值的体现。

（五）目标与评估贯穿学习周期始终

目标是一个学期周期的开始，但并非一成不变的，随着学习的持续推进、学习经验的积累，学习目标也在发生着阶段性变化。在线学习是一个多"声"对话的世界，要使学习目标不偏离"航线"，就需要在不同的学习阶段进行科学、及时的学习评估。学习者是在线评估的主体，教育者主要通过收集和观察在线学习行为数据来评估学习者的行为表现，把握学习者的学习情况。笔者团队依据评估结果发现问题，找到出现问题的环节，采取适切的措施，对学习过程及时调整与改进，促进学习目标的回归与达成。评估贯穿学习过程的前、中、后三个时期。学前预测评估可了解学习者的知识基础、设定的学习目标；学中阶段性过程评估能够及时发现学习者存在的问题，或让学习者提前进入新的学习阶段；学后总结性评估可判断学习者在整个学习周期中学习目标的达成情况，也可为下一个周期目标的制定做准备。因此，适切的目标、科学的评估方法需要贯穿在线学习体验的周期始终。

---

① Mehrabian A，Ferris S R. Inference of attitudes from nonverbal communication in two channels. Journal of Consulting Psychology，1967，31（3）：248.

第三章　大规模在线学习的外在动力：
知识流动

　　流水不腐，户枢不蠹。

——《吕氏春秋·尽数》

　　流动的水才不会变质，经常转动的门轴才不会腐烂。知识如泉水，只有源源不断地流动，生命力才能持久。单个个体或组织拥有的知识是有限的，因此难以独自胜任复杂的生产工作，需要在群体中互通流动，才不会让有限的知识束缚在一个狭隘的世界里。知识作为每个学习者拥有的内化智慧，是客观存在的，并在主体间进行传播和转移，其价值表现在能够在特定的情境下满足人们的需要。在大规模在线学习中，群体间的知识流动是学习者将自身拥有的知识信息、能量、内容通过媒介传递给其他成员的过程。从知识流动方向来看，知识流动过程包括知识传递阶段与知识吸收阶段。

　　知识流动始于知识缺口，从而产生流动意愿，激发学习动力。在大规模在线学习中，个人拥有的知识远远不能满足协作学习的需要。知识流动重在共享与创造，拓展流动的广度，加深流动的深度，从而激发学习者深入学习的动力。本章作为大规模在线学习的外在动力篇，选择"泰州师说"第四期作为实践依托，从客体知识的角度来阐述大规模在线学习知识流动成因、知识流动过程以及知识流动水平，重在提高知识流动速度，扩大知识流动广度，总结出在社会性知识网络视角下提升大规模在线学习知识流动水平的启示，以激发学习者持续参与学习的动力。

第一节　知识流动的外在动力

个体拥有知识的差异性，促使学习者之间产生相互分享与交流知识的动机。随着频繁的交流互动，个体间形成了群体的交互关系，知识也源源不断地流动于主体之间，这成为大规模在线学习知识流动的主要路径。联通主义作为知识流动的理论基础，使"互联网+教育"呈现新的知识观，即知识是不断流动的，且知识流动是学习的目的。知识流动可以激发学习者间的有效交互，而深层次交互又可以促进知识流动管道的形成。

在大规模在线学习的知识流动过程中，学习者的学习动力不断增强，知识互享水平不断提升，在获取外部知识之余，自身与群体均得到发展，从而促使创新的产生。知识传者和知识受者对知识的传递和吸收是知识流动的关键，在这个过程中，知识流动会受到知识的流动特性和知识主体的意愿与能力的影响。要了解知识流动是如何进行的，就需要了解知识本身的特性、构成知识流动的要素等。

一、知识的多元特性

知识起源于智者的思想，柏拉图将知识定义为"被证明了的真实的信念"，该定义将知识与个人感觉和主观信念区分开，认为知识是已被确认的既定规则、程序和真理，是对客观事物准确且真实的表述。在心理学上，知识被定义为个体通过与环境相互作用后获得的信息，即知识的本质是一种信息，该种信息具有特殊性，具备更多的附加特征。基于此，知识的定义可以扩展为：一切人类总结归纳出并认为正确、真实，可以指导解决实践问题的观点、经验、程序等信息，是人们在认识世界和改造世界的实践活动中获得的认识和经验的总和。从本质上说，知识属于认识的范畴，有着丰富的内涵和广阔的外延。[①]

许多学者从数据、信息和知识三个概念的区别与联系来定义知识。有学者指出，数据是一系列的观察、测量、事实，并以数字、文字、声音或影像的形式来表现，其本身没有任何意义[②]；信息是将数据整理成有意义的模式，通过分析数据而赋予数据意义，其表现形式可能是报告或图表；知识是信息的应用，需通过经验与学习才能觉察或了解。知识与信息之间是一种互动关系，知识创造需要信

---

① 疏礼兵. 组织知识、知识分类和知识特性. 情报杂志，2008（1）：76-79.

② Davenport T H，Prusak L. Working Knowledge: How Organizations Manage What They Know. Brighton: Harvard Business Press，1998：1-224.

息，而相关信息的开发也需要应用知识。扎克也对数据、信息和知识三者进行了区分：从相关情境里获得的是数据，将数据放在某个有意义的情境中获得的事实与观察是信息，对信息进行分析、归纳而形成的规律性认识即知识。[1]还有学者在上述分析的基础上，引入了知识的高级形式——"智能"这一概念。例如，本德和菲什提出了知识层级概念，对数据、信息、知识和智能之间的关系进行了较为系统的考察[2]，如图 3-1 所示。

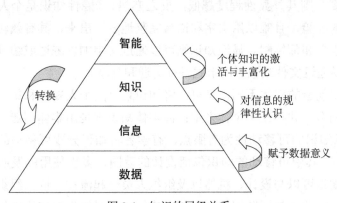

图 3-1　知识的层级关系

知识是经过个人头脑处理过的信息，因此比信息更为深入、更为系统，但从人的思维方式来说，知识是人体大脑的产物。在教育领域，知识是教育实践的核心内容，人们对知识的认识形成了知识观，包括知识的内涵是什么，知识有哪些特征，知识是如何生成的等。此外，知识作为流动主体间的客体，具有一定的特性，即客观性、价值性与流动性。

（一）知识的客观性

知识是客观存在的。传统知识是由以权威、专家为代表的精英阶层生产的，经过层层沉淀，形成相对稳定的结构化知识，并以静态形式固化在书本或电子资源中，这是一种组织化的知识生产模式，是能够解释事物运行规律的普适性知识。[3]"互联网+教育"中的知识以解决实际问题为导向，且实际问题带有情境

---

① Zack M H. Managing codified knowledge. Sloan Management Review，1999，40（4）：45-58.

② Bender S，Fish A. The transfer of knowledge and the retention of expertise: the continuing need for global assignments. Journal of Knowledge Management，2000，4（2）：125-137.

③ 田浩，陈丽，黄洛颖，等. cMOOC 学习者知识流动特征与交互水平关系研究. 中国远程教育，2020（8）：15-24，76.

性，是具有相对建构性的应用知识。①

在知识流动过程中，知识可被比作流动在管道中的物质，是客观存在的，发送方与接收方分别代表着知识传递者与知识接收者。对客体知识的分类有不同依据，知识的显隐性是常用的分类依据之一。波拉尼最早提出知识的内隐性，并根据知识的可表达程度将知识划分为隐性知识与显性知识。知识内隐性或外显性反映知识的隐性化或显性化程度，是事物的一体两系，二者相互对立，即知识的内隐性程度越高，则其外显性程度越低，反之亦然。②隐性知识是个人、团队、组织长期积累的经验，且难以用文字和语言完整地表达出来，其有效转移的方式通常为"做中学"和师徒制。显性知识则可以通过文字加以陈述或编撰，因此显性知识比较容易通过文件或数据的形式进行沟通和分享。

根据知识创造的载体不同，又可以将知识划分为个人知识和集体知识。个人知识由个人创造，并存在于个体之中；而集体知识则是由集体创造，并存在于群体之中。③以知识的可移动性为着眼点，有学者将知识分成可移动的知识和嵌入组织的知识。④其中可移动的知识包括设计的蓝图、多次使用的发明、个人的经验等，这些知识可以与设计、机器以及组织人员一起流动。嵌入组织的知识包括内隐的技巧、已建立的团队规则、组织文化等，此种知识存在于组织的规范、工作流程或决策过程当中，很难通过文字或符号来传递。

在大规模在线学习环境下，学习不再是个人完成知识内化的过程，而是知识节点的建立与共享的过程。知识接收者将获取的知识与同伴进行交流和讨论，最后衍生出新的知识网络。知识作为客体，在流动过程中犹如水流，由学习者组成的网络犹如管道，通过管道不断流动。知识管道的建立主要依赖学习者间的交互过程，深度交互可以建立优质管道，从而促进连接的建立和网络的形成。反过来，良好的知识流动也能激发高质量、深层次的交互。内容和管道在一定程度上证实了知识的客观存在性，即知识是可以被转移和传播的。

（二）知识的价值性

在知识经济社会，知识的重要性更为突出，只要能够满足某种实践情境下人们的正当需要，就被认为是有价值的知识。知识价值是学习者通过对知识的学

---

① 蒋益. 信息时代的知识生产方式的哲学思考. 上海社会科学院，2017.

② Polanyi M. Personal Knowledge：Towards a Post-Critical Philosophy. Chicago：University of Chicago Press，2015：1-464.

③ Nonaka I. A dynamic theory of organizational knowledge creation. Organization Science，1994，5（1）：14-37.

④ Badaracco J L. The Knowledge Link：How Firms Compete Through Strategic Alliances. Brighton：Harvard Business School Press，1991：1-165

习、掌握、开发、创新所能创造的价值，其在社会生活的各个方面发挥着重要作用。①知识价值的差异性使学习者之间有相互交换的动机，频繁的互动形成了密切的关系网络，这些关系网络是成员之间知识流动的主要路径。

有价值的知识是系统的，同时也是独立的，系统的知识体现了被转移知识与背景知识的关联性，独立的知识只需描述该领域知识本身即可明白，而系统的知识需通过其他相关领域知识辅助才能理解。也就是说，当某项知识牵涉的领域越多，此项知识的系统性就越高。系统性是知识转移与扩散的重要特性，当知识越具系统性特质，越需要考虑其他关联性知识的影响，越不容易明确地表达其实质和内涵。

有价值的知识既可以是简单的，也可以是复杂的。复杂与简单相对应，指在知识的学习过程中，是否可以借助文字、图表、语言等载体传递知识本体。②较简单的知识只需以少许信息即可将其意义描述清楚，而较复杂的知识则需大量的信息才能将其意义解释清楚。环境的变动性影响知识的复杂程度，当知识面临的环境越确定，其复杂程度越低，越容易被重复使用。知识的复杂性通常是指所整合的知识范围广泛，因此可用系统中不可分解的知识单元来衡量其复杂性程度。当知识需要整合的范围越广时，组织间或组织内的互动与沟通越复杂，知识接收者需投入更多的资源与人力来进行协调与转移工作。知识的复杂性会影响知识接收者对知识整体性的理解程度。

知识本身的资源属性导致知识具有稀缺性，无法作为公共的产品，也不可能被均匀地分布在所有主体中，通过交流可以有效地实现知识的价值。社会性知识网络下的大规模在线学习，是学习者利用学习资源与更多的学习者建立联系的过程，社会性知识网络通过加强知识主体与知识单元之间的联系，促进知识主体之间的沟通与交流，从而进一步推动知识的共享与创造，进而实现知识的价值创造。

（三）知识的流动性

知识流动从客观、动态的视角看待学习者交互深度问题。知识流动现象早已存在于人类的交往和实践中，但由于知识的产生和流动需依附主体活动而存在，再加上知识尚未成为社会生产活动中最重要的要素，所以知识流动几乎在相当长的时间内没有受到应有的关注。但随着知识经济的到来，知识的价值逐渐被挖掘

① 易培强. 知识价值论探微. 湖南师范大学社会科学学报，1999（6）：49-56.
② Kogut B，Zander U. Knowledge of the firm and the evolutionary theory of the multinational corporation. Journal of International Business Studies，1993，24（4）：625-645.

出来，知识流动活力开始凸显，并在知识共享和知识创新等方面发挥着不可替代的作用。有效推动知识流动的发展成为组织和个人提升核心竞争力的关键。

知识流动起源于知识管理领域。1977 年，美国技术和创新管理学家蒂斯（D. J. Teece）首次提出"知识转移"的概念，他认为"知识转移是指知识在不同的人或者组织之间的传递"[①]。由此，知识流动受到了各国学者的广泛关注，并开启了知识流动研究的大门。与知识流动有关的概念较多，如知识转移、知识共享、知识扩散等。虽然用字不一致，但是所表达的核心观点一致，都强调知识的交流与共享。[②]对于知识流动的内涵，不同的学者从不同的角度给出界定。例如，博伊索特从企业技术战略发展的角度出发，将知识流动分为知识扩散、吸收、扫描和问题解决四个阶段。[③]有学者认为知识流动是知识在知识主体之间流动的过程或是知识处理的机制，主体、内容和方向是知识流动的三大影响因素。[④]顾新等从创新的角度出发，认为知识流动是指知识在参与创新活动的不同主体之间的扩散和转移。[⑤]马旭军认为知识流动是指知识在企业、大学等系统要素内部以及系统要素之间的流动。[⑥]谢守美将生态系统的能量流动思想引入知识流动的研究中，认为在知识生态系统中，知识主体之间、知识主体与外部环境之间无时无刻不在进行着知识信息的交流，存在着知识生产、获取、组织、传递、共享与创新等一系列过程。[⑦]

大规模在线学习中的知识流动是在网络环境下主体之间进行知识交流、传播和转移的过程，是知识在不同的人或组织之间的流动，可通过知识流动水平彰显。学习者的学习动机和学习意愿反映了学习者是否已经开始学习，也决定了知识转移是否发生。知识流动能够促进知识的创新和衍生，促进学习者的深度交流，对合作和对话起着重要作用。知识流动水平表示学习的进度，取决于知识主体间的意愿强度。通过对知识流动的概念进行解读，可以发现知识流动基本包括四点：①知识流动是知识在知识传授者和知识接收者之间的互动过程；②知识的流动不是简单的知识传递，需要知识接收者在接收到知识的同时，对知识进行吸

① 转引自 Szulanski G. Exploring internal stickiness：Impediments to the transfer of best practice within the firm. Strategic Management Journal，1996，17（S2）：27-43.

② 陈有富. 知识流动的控制. 图书馆，2002（4）：18-20.

③ Boisot M H. Is your firm a creative destroyer? Competitive learning and knowledge flows in the technological strategies of firms. Research Policy，1995，24（4）：489-506.

④ Zhuge H. A knowledge flow model for peer-to-peer team knowledge sharing and management. Expert Systems with Applications，2002，23（1）：23-30.

⑤ 顾新，李久平，王维成. 知识流动、知识链与知识链管理. 软科学，2006（2）：10-12，16.

⑥ 马旭军. 区域创新系统中知识流动的重要性分析. 经济问题，2007（5）：19-20.

⑦ 谢守美. 知识生态系统知识流动的生态学分析. 图书馆学研究，2009（5）：7-10.

收和内化；③知识流动能够促进知识的创新；④知识流动不是随便、无意识的发生的，而是需要知识主体和一定条件的配合。

二、知识与知识流动

知识流动主要发生在传授者和接收者之间的交流、传播和转移的过程中。知识流动能够促进知识的传递、转移和增长，并通过社会性交互实现动态变化。

（一）知识流动支持知识动态转移

知识流动的实质是知识在主体间的传播、交流和转移。从知识流动的过程来理解，可以发现知识的转移并不是静态的，而是需要经过不断的动态学习才能达到目标。[①]对于知识主体而言，知识水平会随着知识的不断流动而不断发展变化。对于知识流动来说，随着外部环境的不断变化，整个知识流动过程呈现出动态性变化。联通主义创始人西蒙斯认为，知识是动态的，能够经过学习者的创造和传播而不断流动，在流动过程中，内容和管道共同构成知识。[②]知识在流动过程中，学习者在不断地对其进行获取、开发、分解、储存及共享等，从而使得知识流动处在不断的物理变化之中，说明知识流动是一个随时间变化的过程，因此应该以动态而不是静态的方式对其进行衡量。[③]

（二）知识流动保障知识持续增量

在知识流动的过程中，知识的数量与质量会产生变化。首先，当知识主体与其他个体或群体进行知识交流时，知识主体之间互相学习，都从对方那里获得知识，知识主体的知识数量得到了增长。如果知识主体之间能够进行隐性知识的交流，那么知识流动的质量就更高，也就更容易产生新的知识。其次，在知识流动过程中，随着知识主体数量的不断增多，知识流动的活跃度提高，知识的存量也得到增加。

（三）知识流动促进知识平等共享

知识流动的平等化体现在知识共享中。知识共享是在知识流动过程中，个体

① Gilbert M，Cordey-Hayes M. Understanding the process of knowledge transfer to achieve successful technological innovation. Technovation，1996，16（6）：301-312.

② 转引自王志军，陈丽. 联通主义学习理论及其最新进展. 开放教育研究，2014（5）：11-28.

③ Ding C G，Hung W C，Lee M C，et al. Exploring paper characteristics that facilitate the knowledge flow from science to technology. Journal of Informetrics，2017，11（1）：244-256.

将相关信息、想法、建议、经验与组织中其他人分享的过程[1]，是知识源主体有意识、有目的、主动地促进知识转移的行为[2]。知识共享一般是无方向性的，它以在更大范围内实现知识的价值为目的。知识流动的平等化也取决于网络的平等性[3]，主要体现在两个方面：一是用户参与的平等性，主要指网络的参与门槛低，对知识主体没有过高的要求；二是用户之间关系的平等性。用户之间关系越平等，用户之间的信任程度就越高，就越有助于提升用户之间的知识流动成效，尤其是隐性知识的流动成效。在社会性知识网络中，个体之间的知识水平不同，个体的知识利用能力也有明显差异，这就造成知识主体之间知识存量的差异，这种差异使得知识从存量大的主体流向存量小的主体。这种知识流动既满足了知识存量小的主体的知识需求，也弥补了知识主体之间知识存量的差异。

三、知识流动构成要素

知识流动是指在特定环境中，对知识有一定需求的主体之间，包括个人、组织和区域，从知识存量高者流向知识存量低者的过程。影响知识流动的要素有知识内容、知识主体、流动媒介等。在阿尔比诺等提出的 KTK 框架中，主体、内容、媒介、环境是影响知识转移的四个因素。[4]我们将知识流动的构成要素归纳四方面，包括知识内容、知识传者、知识受者、流动媒介。

（一）知识流动的内容

知识本身就是无形的，并且流动中的知识处在不断的变化之中。知识流动的内容是指主体间能够共享的知识或者是合作主体之间都能够理解的知识，主要用来解决合作中面临的问题而并不涉及任务之外的内容。知识流动的方向是知识发送方对接收方进行的单向、不可逆的知识内容的传递和给予。在知识流动的过程中，流动效率在很大程度上依赖于知识内容的特征。[5]根据知识的性质，可将其分为显性知识和隐性知识。[6]显性知识具有公开性，可以很容易地编码和转移；

---

[1] Bartol K M，Liu W，Zeng X，et al. Social exchange and knowledge sharing among knowledge workers：The moderating role of perceived job security. Management and Organization Review，2009，5（2）：223-240.

[2] 万青，陈万明，胡恩华. 知识扩散与知识共享的涵义及其关系研究. 图书情报工作，2011（12）：92-95.

[3] 储节旺，吴川徽. 知识流动视角下社会化网络的知识协同作用研究. 情报理论与实践，2017（2）：31-36.

[4] Albino V，Garavelli A C，Schiuma G. Knowledge transfer and inter-firm relationships in industrial districts：the role of the leader firm. Technovation，1998，19（1）：53-63.

[5] 华连连，张悟移. 知识流动及相关概念辨析. 情报杂志，2010（10）：112-117.

[6] Polanyi M，Sen A. The Tacit Dimension. Chicago：University of Chicago Press，2009：1-128.

隐性知识则被深深嵌入组织体系中，很难解释或转移。[①]显性知识只需要少量的语言或文字就可以加以传递，且流动难度小；而隐性知识的可表达程度低，因此流动难度大。同样，知识的复杂性和系统性也会影响知识流动的效果。知识越复杂，知识发送和接收的难度就越大，知识流动的难度和成本就越高，知识流动的效率就降低。知识系统性越强，对知识传者和知识受者的要求就越高，知识的流动也就越差。

（二）知识传者

知识主体包括知识发送方和知识接收方，即知识传者和知识受者。他们是知识流动的节点，也是知识的携带者和拥有者，一旦合作主体发生变化，知识必然呈现新的特点，甚至碰撞产生新知识，以解决新问题。知识传者的知识量、知识应用能力、在行业中的地位和对有效信息的自我编码能力都可以被视为其发送能力的组成部分，发送动机则是指发送方对所要发送知识的意向、对自身知识保护程度等方面的判断。强大的发送能力和强烈的发送动机不仅能够有效推动知识流动，而且能够吸引外部环境对流动的知识进行深入挖掘和学习。

知识传者的意愿是指传者是否愿意主动分享自己的知识，并将在很大程度上影响知识流动效果。此外，知识传者的表达能力是知识流动效果最直观的表现，如果知识传者不善于表达，那么知识受者就难以接收到传递的知识，知识的流动就不会顺利。因此，知识传者强烈的发送意愿与强大的表达能力能够有效提升知识流动效果。

（三）知识受者

知识受者即知识接收者，其接收意愿和能力是进行知识流动的重要保障。一方面，如果知识受者有较强的学习动机，愿意学习新的知识内容，这会在很大程度上促进知识受者参与知识交流的积极性；另一方面，如果知识受者有较强的知识吸收能力，就能较好地对接收到的知识加以吸收、总结、归纳，进而融入自身的知识体系，提升知识流动的效果。因此，如果知识受者不乐意参与知识流动，将会阻碍知识流动的进行。

知识受者对接收知识价值的预见、捕捉能力、其自身原有的知识存量、对知识的领悟吸收能力、思维能力、交往能力等因素直接影响知识流动的效果。[②]也

① Liao S H, Hu T C. Knowledge transfer and competitive advantage on environmental uncertainty: An empirical study of the Taiwan semiconductor industry. Technovation, 2007, 27 (6-7): 402-411.

② Zander U, Kogut B. Knowledge and the speed of the transfer and imitation of organizational capabilities: An empirical test. Organization Science, 1995, 6 (1): 76-92.

就是说，知识受者的学习能力是促进知识流动顺利进行的重要因素。同时，受利益驱动，知识受者会产生强烈的学习动机以满足合作的需要和自身利益的实现。若知识受者有较强的学习能力和学习动机，将会极大提高知识流动的效率；反之，则会阻碍知识流动的顺利实现。

（四）流动媒介

知识流动需要媒介作为载体，流动媒介主要包括知识流动的渠道和环境。知识流动的渠道，即知识通过何种方式传递，如语言、文字、音频、视频等。知识流动是在某种情境下进行的传递和接收，知识流动的环境既可指现实环境，也可指虚拟环境。随着全球科技创新进入空前密集活跃期，知识创新成为各国竞争的新焦点，而知识创新的关键在于充分激活和利用知识并完成知识资源向现实生产力的转化。显然，把知识固化成孤立的存在绝不是正确的选择，只有让知识在适应的媒介中流动起来才能有效促进学习者对知识的吸收、创造与应用，才能彻底消除"信息孤岛"实现知识在更广阔范围内的共享，才能实现知识向创新价值的转化。

第二节　知识流动的结构与过程

知识流动是知识主体、知识内容以及流动媒介在特定环境中相互作用的复杂过程。知识流动始于学习者对知识的需求，知识传者产生流动意愿时，就开始传递知识，有需求的知识受者将会接收知识，并将接收到的知识进行内化，最终整合到自身的知识体系中。从已有研究来看，知识流动即知识转移有三种较为典型的理论模型，分别是基于SECI〔社会化（socialization）、表征化（externalization）、内在化（internalization）、组合化（combination）〕模型的知识转移模型、基于五阶段模型的知识转移过程模型与基于社会网络结构的知识转移过程模型，现有研究也都在不同程度上借鉴了这三种模型。其中，基于SECI模型的知识转移模型揭示了知识的转移过程，即内隐知识转变为显性知识需要经历社会化、表征化、组合化和内在化四种范式变化的过程。[1]知识正是在这四种范式变化的过程中被不断地转移和重组。同时，这种循环往复的过程不仅发生在个体之间，也发生在群体和个体之间，以及群体和群体之间。由Gilbert和Cordey-Hayes提出的基于五阶段模型的知识转移过程模型，证明知识转移的发生需要经历知识获取、知识沟通、知识应用、知识接受和知识同化五个阶段。[2]他们认为发生知识转移源自

---

① 胡来林，杨刚.基于网络化学习的教师知识转移实证研究.现代远程教育研究，2016（4）：80-90+112.
② 疏礼兵，贾生华.知识转移过程模式的理论模型研究述评.科学学与科学技术管理，2008（4）：95-100.

群体组织对某一知识的需求，知识转移是一种经验发展的过程，而非简单的知识扩散。基于社会网络结构的知识转移过程模型强调虚拟社区中的人际互动关系，知识的转移过程发生在知识共享主体相互联系形成的知识共享网络中。[①]当发生知识转移时，一方面，社区网络中的学习者通过吸收共享的知识，改变自身的知识结构；另一方面，在知识共享过程中，学习者之间的羁绊不断加深，人际互动关系得到进一步改善，这又促使学习者增强的学习意愿，以及知识共享的发生。

三种典型的理论模型论述了不同视角下的涉及知识流动结构和流动过程。在大规模在线学习过程中，参与人员众多，网络管理和监控难度较大，知识的流动过程又是如何的？这就需要进一步了解大规模在线学习过程中的知识流动结构和过程。

一、知识流动结构

在社会性知识网络视角下，大规模在线学习群体间的知识流动是知识传者与知识受者对知识传递和接受的过程。我们将大规模社会性知识网络中的知识流动界定为：知识在由知识主体间互动所形成的关系网络中流动和被吸收的过程，即知识传者和知识受者利用社会性软件进行的知识交流、传播或转移的过程。鉴于此，社会性知识网络中的知识流动结构体系主要包括知识传递、知识吸收两个阶段，受知识传者、知识受者、知识流动内容、知识流动媒介四个主要影响因素。其中知识流动内容主要隐含在流动结构的体系中，表现为选择和整理的知识，需要发送知识中等环节，具体知识流动结构体系如图3-2所示。

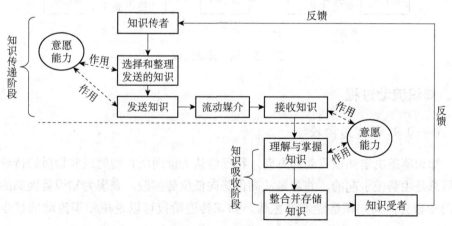

图 3-2　基于社会性知识网络的知识流动结构体系

① 雷静，吴晓伟，杨保安.虚拟社区中的公共知识与知识共享网络.情报杂志，2012，31（3）：145-150+144.

知识传递阶段是知识传者利用语言、文字、符号等形式将知识传递给知识受者的过程。知识传者的意愿和能力是进行知识传递的关键。知识吸收阶段，是知识受者对知识传者的语言、文字、数据等进行处理和再加工，从而形成自己的理解、经验的过程。在知识流动的两个阶段中，发挥决定作用的是双方在流动过程中的意愿和能力。当知识传者用比较易懂的语言、文字、数据等进行传递时，知识受者就会较为容易地对这些信息进行处理和分析，从而形成自己的能力与认知，知识流动水平就较高。反之，如果知识传者传递的知识不能引起知识受者的兴趣，或知识受者无法理解这些知识，则知识受者就无法处理或吸收这些信息，知识流动水平就较低。

知识流动不是随便的、无意识的发生，而是需要知识主体和一定条件的配合。知识流动的过程类似于信息的传播过程，这两个过程由不同的主体——传者和受者分别完成，并通流动媒介连接起来。达文波特和普鲁萨科提出，知识转移是由知识传递和知识吸收两个过程所共同组成的统一过程。[①]阿尔比诺等支持达文波特和普鲁萨科的观点将这两个过程描述为两个阶段，即知识从知识传者到知识受者的移动和知识受者对知识的内化使用。[②]因此，大规模在线学习中的知识流动过程大致可以归纳为两个阶段——知识传递阶段和知识吸收阶段，如图 3-3 所示。

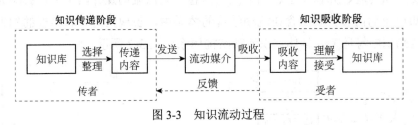

图 3-3　知识流动过程

二、知识流动过程

（一）知识传递阶段

知识落差决定知识流动的方向，物理学认为世间所有物质或非物质的传导、扩散总是由势差引起的，并总是从高位势向低位势扩散，表现为知识势能高的主体的知识会流向知识势能低的主体。知识传递阶段可以说是知识流动的核心环

---

① Davenport T H, Prusak L. Working Knowledge: How Organizations Manage What They Know. Brighton: Harvard Business School Press, 1998: 1-224.

② Albino V, Garavelli A C, Schiuma G. Knowledge transfer and inter-firm relationships in industrial districts: The role of the leader firm. Technovation, 1998, 19（1）: 53-63.

节，如果知识无法被顺利地传递出去，那么知识流动就难以继续进行下去。因此，知识传者的意愿和能力会对知识受者产生影响。在这一阶段，为了保障知识的传递效果，就必须帮助知识传者对流动内容有一个清晰的了解，因为知识传者对流动内容掌握得越详细，知识传递效果就越高，知识传递过程就越顺利。

知识在能够被转移之前，主体必须通过学习先获得知识，获得的知识会直接导致主体的认知、态度和行为发生变化或改变，以便更有力地进行知识转移。知识一旦被获得，转移可以是书面或口头的。大规模在线学习者通过文本、语音以及视频等方式进行讨论交流，从而实现知识的传递。获得和传播的知识需要通过应用加以保留，知识转移过程的关键是吸收、应用所获得知识的效果。知识获取和沟通的第一阶段是个体或组织的知识和信仰的传播，即知识转移，知识转移对主体双方来说是互惠互利的。学习是一种涉及一个实体的活动，这个实体可以是一个个人、团体、组织甚至是一个行业或整个社会。[①]在学习过程中，主体通过知识传递，可以发展各种知识、能力和技能。

（二）知识吸收阶段

知识吸收阶段是知识受者对接收到的知识加以处理的阶段。在这一阶段，如果知识受者具备较强的学习欲望或学习动机，那么会极大地增强知识受者吸收知识的积极性。除此之外，如果知识受者有着较强的知识吸收能力，也会大大提升知识吸收效果。因此，在这一阶段，为了保障知识的吸收效果，就必须对知识受者的知识掌握情况有一个清晰的了解，并根据知识受者对知识的吸收情况加以干预。知识受者对知识的吸收效果越好，知识吸收阶段进展得就越顺利。

第三节　大规模在线学习的知识流动水平

流动水平是对知识流动过程的描述和测度，一般从知识流动速度和知识流动广度来描述。如果知识流动能够在最短时间内最大限度地完成流动过程，就认为知识流动水平较高，反之则流动水平较低。

---

① Huber G P. Organizational learning: The contributing processes and the literatures. Organization Science, 1991, 2（1）: 88-115.

一、知识流动影响因素

知识流动的实现受诸多因素的影响，如知识内容、知识主体、流动媒介以及环境条件等。有学者在谈到竞争性合作中知识共享的条件时，指出由共同的兴趣、合作的需要以及组织特性构成的学习和传播知识的环境是影响知识流动的要素。[①]因此，本节将影响知识流动水平的因素归纳为知识主体、知识内容、流动媒介和情境特性。

（一）知识主体

1. 知识传者

主体在知识流动过程中具有能动性。伯恩赛德认为知识会在创新主体的作用下传递更新，同时在传递更新中扩充、发展原来的创新主体。[②]有研究者认为知识流动是由不同参与者（包括组织和个人）之间的相互作用导致的。[③]阮平南和顾春柳也认为知识流动是在创新主体频繁互动的基础上形成的，充分强调了主体的能动作用。[④]知识主体即赋予知识流动的主体，包括知识的发送方与接收方，主体参与流动的意愿与动机影响着知识流动的效率。沃尔顿在其研究中发现，当知识发送方的能力不足或信誉不佳时，他的意见和建议很难被他人接受，还很有可能会被挑战和反抗，那么知识就很难成功转移。[⑤]还有研究发现，当知识接收方感受到知识发送方是值得信赖的时候，会更乐于接受信息。[⑥]

知识传者对组织间知识转移的影响主要表现在知识转移动机、知识转移意愿和知识转移能力等方面上。[⑦]知识传者转移知识的基本目的是获得有价值的知识，不同的动机对知识转移的影响是不同的。转移知识的意愿越强，知识越易于在群体间流动。知识传者的转移意愿越强，知识传播到受体就越容易；反之，知

① Soekijad M, Andriessen E. Conditions for knowledge sharing in competitive alliances. European Management Journal, 2003, 21 (5): 578-587.

② Burnside C. Production function regressions, returns to scale, and externalities. Journal of Monetary Economics, 1996, 37 (2): 177-201.

③ Li J H. Relation between network structure and knowledge flow: A perspective of complex networks theory//2007 International Conference on Management Science and Engineering. IEEE, 2007: 1572-1577.

④ 阮平南, 顾春柳. 技术创新合作网络知识流动的微观作用路径分析——以我国生物医药领域为例. 科技进步与对策, 2017 (17): 22-27.

⑤ Walton R E. The diffusion of new work structures: Explaining why success didn't take. Organizational Dynamics, 1975, 3 (3): 3-22.

⑥ Szulanski G, Cappetta R, Jensen R J. When and how trustworthiness matters: Knowledge transfer and the moderating effect of causal ambiguity. Organization Science, 2004, 15 (5): 600-613.

⑦ 纪多多. 战略联盟中影响组织间知识转移的因素分析及对策研究. 经济师, 2010 (9): 14-15, 17.

识转移意愿越弱，知识传播到受体就越困难。知识转移能力是指将一种知识从一方转向另一方的难易程度，如技术产品说明，则相对容易被转移和吸收。知识转移能力受知识传播者的实践经验、语言表达能力等因素的影响，通常知识提供方的实践经验越丰富、语言表达能力越强，知识转移就越容易。

2. 知识受者

知识接收方的知识吸收意愿和能力也会影响知识流动的效果。当知识受者缺乏知识吸收能力时，即使其接收到新的知识，也难以吸收新知识，从而无法对知识进行有效应用。国内很多学者就知识主体对知识流动的影响进行了分析。肖小勇和文亚青认为，组织的发送动机、可信度及发送能力都是影响组织间知识转移的重要因素。[①]奚雷和彭灿认为，知识受者的知识吸收能力越强，其吸收知识的意愿也会越强。[②]黄微等指出，企业之间的知识转移效率在很大程度上取决于企业的知识吸收能力。[③]

知识受者接收知识主要受知识吸收动机、知识吸收意愿、知识吸收能力、知识挖掘能力四个因素的影响。知识受者通过吸收知识传者提供的知识来满足其对知识的需求，其动机是通过这一途径可以更快捷、更经济、更有效地获得所需知识，迅速扩大自身的知识存量，缩小与知识源的知识势差，提升竞争能力等。知识受体的此种动机越强烈，知识就越容易转移。知识吸收意愿主要包括知识受者是否存在明确的从知识源吸取知识的战略意图、具体参与人员吸收知识的主动程度如何。虽然知识吸收意愿不是知识转移发生的必要条件，却是组织间进行有效知识转移的前提。知识受者的知识吸收意愿越强，知识转移就越容易实现。知识吸收能力是指个体对外部新的信息价值的敏感度与消化能力。知识受者的知识挖掘能力是指其挖掘知识源并拥有的知识能力，这种能力可使知识源以更合适的方式转移知识。个体或组织的知识挖掘能力越强，越容易实现知识的转移，而且知识挖掘能力强的个体，更容易内化吸收来的知识，越有利于实现知识创新，促使知识供方更愿意转移知识。

（二）知识内容

知识内容在不同主体间的变换就是典型的知识流动过程，这种知识流动不同于物流的实体性，它往往是看不见甚至是不易觉察的，可能是主动的、被动的、

---

① 肖小勇，文亚青. 组织间知识转移的主要影响因素. 情报理论与实践，2005（4）：355-358.

② 奚雷，彭灿. 战略联盟中组织间知识转移的影响因素与对策建议. 科技管理研究，2006（3）：166-169.

③ 黄微，尹爽，徐瑶，等. 基于专利分析的竞争企业间知识转移模式研究. 图书情报工作，2011（22）：78-82.

快速的传播过程，也可能是缓慢传播的自然过程，但最终的目的是使知识跨越时间和空间，被具有不同需要的主体使用以达到知识共享。知识内容也是非均衡分布的，体现在地域上的非均衡和专业化上的非均衡。知识的不均衡分布使不同主体之间存在知识势差，正是这种势差促进了知识的流动与转换。

知识内容本身的特点会影响知识流动的效果，如知识的内隐性、复杂性和嵌入性。现实世界中存在的知识多种多样，它们在形态、成分、用途及数量方面也各不相同：有易于转移的显性知识，也有难于转移的显性知识；有易于转移的简单知识，也有难于转移的复杂知识；有易于转移的普适性知识，也有难于转移的专业性知识。

泰尔和希佩尔提出，知识越模糊，知识转移效率就越低。[①]有研究发现，知识的内隐性越高，知识就越难以表达，知识也就越模糊，知识转移的难度也就越大。[②]知识的内隐性越高，知识发送的难度就越大，同时，知识吸收的难度也随之增加。肖小勇和文亚青则进一步提出，知识特性会影响知识转移的难易程度以及知识转移的效率。[③]疏礼兵也提出，知识特性会影响组织和企业之间的知识转移绩效。[④]王向楠和张立明指出，知识的模糊性影响企业间知识转移的效率。[⑤]朱红涛提出，知识特性对知识交流的效率有直接影响，并从知识的黏性、可表达性、复杂性三个方面进行了实证分析并提出了相应建议。[⑥]

知识特性包含工具性和发展性。工具性知识是指能够完成某项工作所必需的知识，发展性知识是指能够丰富个人发展领域和工具性知识的知识。仅由个人持有而不共享的知识在学习过程中没有价值，因为它没有被转移，而转移工具性知识能为获得发展性知识创造许多机会。

（三）流动媒介

知识流动的媒介是知识发送方与接收方之间进行沟通和交流的渠道与路径。知识流动渠道的丰富度及选择对知识流动有一定的影响。阿尔比诺等指出，丰富

---

① Tyre M J, Hippel E V. The situated nature of adaptive learning in organizations. Organization Science, 1997, 8（1）：71-83.

② Simonin B L. An empirical investigation of the role and antecedents of knowledge ambiguity. Journal of International Business Studies, 1999, 30（3）：463-490.

③ 肖小勇, 文亚青. 组织间知识转移的主要影响因素. 情报理论与实践, 2005（4）：355-358.

④ 疏礼兵. 组织知识、知识分类和知识特性. 情报杂志, 2008（1）：76-79.

⑤ 王向楠, 张立明. 企业间知识转移的影响因素和作用结果. 企业经济, 2012（3）：39-43.

⑥ 朱红涛. 知识特性对知识交流效率的影响研究. 情报理论与实践, 2012（7）：23, 34-37.

的知识转移媒介可以有效提高知识转移效果。①徐占忱和何明升认为，媒介渠道在集群企业的知识转移过程中发挥着重要作用，如减少了知识转移的不确定性与知识的歧义性。②奚雷和彭灿认为，战略联盟组织之间进行知识转移主要有三种渠道，分别是网络传播、互派技术人员、共同研发。其中，网络传播渠道成本更低，更有利于显性知识的传播，而互派技术人员和共同研发更有利于促进隐性知识的转移。③乔湫娟和焦成霞指出，企业知识流动的渠道主要包括人际网络、实体网络、传统印刷媒体三种渠道。④

（四）情境特性

情境特性主要是指外部环境对知识流动的影响，包括知识发送方与接收方之间的距离以及知识发送方与接收方的关系。有学者认为，组织的制度距离对知识转移有一定的影响，如组织结构、专业化知识、行为特征等。⑤也有学者指出，地理距离会影响知识转移，知识主体之间的距离越远，知识转移效率越低。⑥此外，知识主体之间的知识水平差距也会影响知识流动的效率。胡来林和杨刚提出了知识共识对知识主体之间知识转移的重要性，知识主体之间知识共有程度越高，知识主体交流起来就越容易，知识转移的范围就越大，知识转移的可能性就越高。⑦另外，知识源与知识受者之间的亲密程度也对知识流动有一定的影响，知识主体之间关系越亲密，相互之间就更乐于进行知识交流，知识流动发生的概率也就越大。疏礼兵指出，一定的知识距离更有利于知识的转移和学习，更有利于提升知识转移的效果。⑧吴晓波等认为，企业间的关系会影响企业间知识转移的绩效。⑨陈伟等指出，组织之间距离越近、关系越好，越有利于知识的转移。⑩

① Albino V，Garavelli A C，Schiuma G. Knowledge transfer and inter-firm relationships in industrial districts: The role of the leader firm. Technovation，1998，19（1）：53-63.

② 徐占忱，何明升. 知识转移障碍纾解与集群企业学习能力构成研究. 情报科学，2005（5）：659-663.

③ 奚雷，彭灿. 战略联盟中组织间知识转移的影响因素与对策建议. 科技管理研究，2006（3）：166-169.

④ 乔湫娟，焦成霞. 基于知识流动的企业竞争对手评价体系研究. 科技情报开发与经济，2010（6）：88-90.

⑤ Szulanski G. Exploring internal stickiness: Impediments to the transfer of best practice within the firm. Strategic Management Journal，1996，17（S2）：27-43.

⑥ Galbraith C S. Transferring Core Manufacturing Technologies in High-Technology Firms. California Management Review，1990，32（4）：56-70.

⑦ 胡来林，杨刚. 基于网络化学习的教师知识转移实证研究. 现代远程教育研究，2016（4）：80-90，112.

⑧ 疏礼兵. 技术创新视角下企业研发团队内部知识转移影响因素的实证分析. 科学学与科学技术管理，2007（7）：108-114.

⑨ 吴晓波，高忠仕，胡伊苹. 组织学习与知识转移效用的实证研究. 科学学研究，2009（1）：101-110.

⑩ 陈伟，杨佳宁，康鑫. 企业技术创新过程中知识转移研究——基于信息论视角. 情报杂志，2011（12）：120-124，76.

因此，情境特性是影响知识流动的重要因素。

二、知识流动水平衡量

知识流动水平主要从知识流动速度和知识流动广度来分析。知识流动速度可通过知识传者速度（knowledge transmitter speed，KTS）、知识吸收速度（knowledge absorption speed，KAS）、知识传播速度（knowledge dissemination speed，KDS）、传递阻尼系数进行分析；知识流动广度可通过知识主体广度和知识话题广度进行分析。由此，我们构建了大规模社会性网络学习的知识流动水平分析框架，如图 3-4 所示。

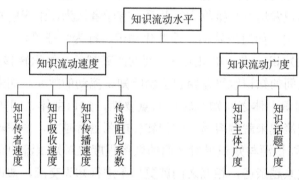

图 3-4　大规模社会性网络学习的知识流动水平分析框架

知识流动水平是衡量知识流动效果的重要方面，结合社会性知识网络视角下大规模在线学习的特性，本部分对知识流动速度和知识流动广度的内涵进行了深入剖析。

（一）知识流动速度

速度，在物理学中被定义为物体的位移和发生此位移所用时间的比值。同样可以用速度表示知识流动的快慢程度。王涛等认为，速度是用来衡量知识获取和吸收能力的一个重要变量。[①]张宝生和张庆普认为，知识流动速度指知识主体在固定时间内交流知识的多少。[②]知识流动速度与知识主体的行为相联系，如知识在不同主体间流动速度快，表现为知识主体能够较好地吸收和利用不同的知识；

---

① 王涛，蒋再文，江积海，等. 基于四度模型的供应链企业间知识转移有效性研究. 经济问题探索，2010（10）：75-79.

② 张宝生，张庆普. 虚拟科技创新团队的知识流动效率评价研究——基于 D-S 证据理论. 情报学报，2013（7）：769-776.

知识在不同主体间流动速度慢，则表现为知识流动凝滞。

关于知识流动速度的计算方法大致可以分为两类：一类是以知识流动的结果，即单位时间内的知识交流量来计算知识流动速度。例如，朱雪春等认为，知识流动速度反映了知识流动的快慢，可以用单位时间内的知识交流量来表示，即 $V=\triangle K/\triangle t$，其中 $\triangle K$ 为知识发送者与知识接收者交流的知识量，$\triangle t$ 为交流的时间。[①]另一类是从知识流动的影响因素出发，来计算知识流动速度。例如，王亮等通过文献引用延时并结合网络拓扑结构，从整体、个体、主路径三个角度对知识扩散的速度（knowledge diffusion speed，KDS）进行测量，认为整体视角的知识扩散速度与网络节点总量、聚类系数、文献平均引用延时有关。[②]个体视角的知识扩散速度与其中介中心性、平均被引次数有关，主路径的知识扩散速度与主路径上的节点数以及主路径上最大的节点值和最小的节点值的差有关。本部分将结合以上两种方式，来探析知识流动的速度。

社会性知识网络中的知识流动过程就是知识传播的过程。在传播学中，一个完整的传播过程就是信息从传播者流向接收者，实现信息共享的过程，信息的传递与反馈构成了一个完整的传播过程，而传播得以顺利进行，离不开传播过程中的基本要素。[③]根据施拉姆传播要素，我们将知识流动的速度划分为知识传者速度、知识吸收速度、知识传播速度、传递阻尼系数。其中，知识传者速度和知识吸收速度将会在很大程度上影响知识流动水平。而知识传播速度反映的是知识主体与知识单元之间的联系，是从人—知识—人的视角来反映知识流动水平。传递阻尼系数反映的是网络环境对知识流动水平的影响。

（二）知识流动广度

对于知识流动广度的解释，不同学者对其做出了不同的界定。例如，胡登峰和李丹丹认为，知识转移广度是知识转移成果的应用范围。[④]张宝生和张庆普认为，知识流动广度是指知识的扩散和辐射范围，即团队的知识通过流动被多大比例的成员所掌握。[⑤]知识流动广度与知识流动主体的数量、知识存量有关。

① 朱雪春，陈万明，贡文伟. 实践社群知识流动绩效评价指标体系研究——过程、结果和成员感知视角. 科技进步与对策，2016（18）：127-133.

② 王亮，张庆普，于光，等. 基于引文网络的知识扩散速度测度研究. 情报学报，2014（1）：33-44.

③ 解红涛，张丽娜. 香农-施拉姆模式的改进及应用研究. 西南民族大学学报（自然科学版），2011（1）：136-139.

④ 胡登峰，李丹丹. 创新网络中知识转移"度"及其维度. 学术月刊，2012，44（7）：90-96.

⑤ 张宝生，张庆普. 虚拟科技创新团队的知识流动效率评价研究——基于 D-S 证据理论. 情报学报，2013（7）：769-776.

知识流动广度描述的是知识流动的范围。目前关于知识流动广度的测量方法主要可以分为两类：一类是从知识流动的网络结构出发，对知识流动广度进行分析。例如，陶勇等提出利用聚类系数来测量高校学科建设网络的知识流动广度，计算公式为 $\lambda(t)=C(t+1)/C(t)$，其中，$\lambda(t)$ 为知识流动广度，$C(t)$ 为 t 时刻的网络聚类系数，$C(t+1)$ 为 $t+1$ 时刻的网络聚类系数。[①]另一类是以网络中所包括的主体数量的变化来衡量知识流动广度的变化。例如，王涛等认为知识转移广度是一个广义的概念，可以理解为一个集合体，与知识转移主体的数量、知识存量有关。[②]崔灿和刘娅认为知识扩散广度指的是知识扩散的范围，因此，将基于引文的知识扩散广度分为国家扩散广度和学科扩散广度。[③]

社会性知识网络是群体利用社会性软件，通过知识的积累、传递与整合所形成的复杂关系的集合。我们认为社会性知识网络中的知识流动广度是指知识流动的范围，计算知识流动的广度主要借鉴第二类计算方法，通过参与知识流动的主体数量与通过知识流动生成的话题数量，来计算知识流动广度。

第四节　大规模在线学习的知识流动速度

知识流动速度是衡量知识流动水平的重要指标。因此，在了解大规模在线学习知识流动速度变化时，要对传者速度、吸收速度、传播速度以及阻碍程度方面进行探析。

一、知识流动速度的测量

以下对知识流动速度的四个层面进行介绍。

（一）知识传者速度

知识传者是知识的拥有者、知识流动行为的引发者，即以发出的方式主动作用于他人的人。参与知识流动过程中的知识传者越多，传递的知识越多，知识流动的路径也越丰富。知识传者作为知识流动的起点，是知识有效流动的前提和基

---

① 陶勇，刘思峰，方志耕，等. 高校学科建设网络中知识流动效应的测度. 统计与决策，2007（17）：37-38.

② 王涛，蒋再文，江积海，等. 基于四度模型的供应链企业间知识转移有效性研究. 经济问题探索，2010（10）：75-79.

③ 崔灿，刘娅. 基于引文的石墨烯领域美、日、中大学知识扩散水平对比研究. 全球科技经济瞭望，2015（8）：68-76.

础。知识传者速度指单位时间内知识传递的量。

（二）知识吸收速度

知识流动的最终目的是知识受者将知识传者的知识内化为自身的知识，即知识受者在识别流动的知识后，需要充分吸收这些知识。此过程是将大量分散的、随机的、无序状态的特定知识，进行整合、优化和重新组配的过程，是知识集中化、精炼化和整序化的过程，旨在挖掘知识的潜在价值，使分散的知识更加集中，加强知识间的有机联系，避免知识的散乱状态，使知识流得到优控，并创造出新知识。知识吸收速度为单位时间内吸收知识的量，知识吸收速度会受到知识受者吸收动机、吸收意愿、吸收能力、知识挖掘能力等因素的影响。

（三）知识传播速度

知识传播速度是指知识在网络节点间转移、扩散的快慢程度，即知识从一个节点传播到另一个节点的速度，是衡量知识流动效果的重要指标。社会性知识网络得以长期存在的关键是知识在网络节点之间的有效流动和持续转移。信息具有时效性，知识也同样如此。如果知识主体提出一个问题后得不到同伴的及时回应，或者过了很长时间才得到回应，那么此时得到的知识可能已失去其价值，对同伴的帮助就少了许多，也将影响成员继续提出新问题的积极性。

（四）传递阻尼系数

知识流动过程中存在着阻力这种阻力被称为知识流动阻尼（transmit damping coefficient，C）。一般来说，关系紧密的网络中，同伴之间的合作行为较多，知识流动较容易；关系疏远的网络中，同伴之间的互动较少，知识流动也困难。主体间彼此交往的频率越高，即网络密度越大，越有利于知识的流动。我们通过网络密度来分析网络环境对知识流动速度的影响。网络密度为网络中实际存在的关系数与可容纳的关系总数的比值。假设网络中有 N 个节点，其中包含的实际关系数为 L，当整体网是无向关系网时，其中包含的关系总数为 $N(N-1)/2$，网络密度则为 $2L/N(N-1)$，当整体网为有向关系网时，其中包含的关系总数为 $N(N-1)$，网络密度则为 $L/N(N-1)$。根据邓巴数定律，人类的认知能力及精力允许个体拥有的稳定联系人只有 150 个，即把人群的规模控制在 150 人以下，是管理人群的一个有效方式。因此，当网络规模大于 150 时，传递阻尼系数对知识流动的速度起阻碍作用；当网络规模小于 150 时，传递阻尼系数对知识流动的速度起促进作用。[①]

传递阻尼系数 C 的计算公式为：

$$C = \frac{L}{N(N-1)}, \tag{3-1}$$

当 N 小于 150 时，知识流动速度的计算公式为：

$$KFS = \frac{(KTS + KAS + KDS)}{3}(1 + C) \tag{3-2}$$

当 N 大于 150 时，知识流动速度的计算公式为：

$$KFS = \frac{(KTS + KAS + KDS)}{3}(1 - C) \tag{3-3}$$

其中，大规模在线学习知识流动速度的计算公式为：

$$KFS = \begin{cases} \dfrac{(KTS + KAS + KDS)}{3}\left(1 + \dfrac{L}{N(N-1)}\right), N \leqslant 150 \\ \dfrac{(KTS + KAS + KDS)}{3}\left(1 - \dfrac{L}{N(N-1)}\right), N > 150 \end{cases} \tag{3-4}$$

二、知识流动速度的案例分析

选取江苏省"泰州师说"第四期作为大规模在线学习知识流动速度场域。学习者在观看培训教学视频后，可以在平台"课程论坛"上针对所学内容与其他学习者进行交流互动。该项目坚持扎根需求的培训理念，坚持提升学习者专业水平的目标导向，不断革新优化顶层设计，学习者在观看完视频后，需要参与论坛交流并完成培训考核，为了更好地了解学习者的知识水平，组织者和管理员会全程参与。本部分选择"留守儿童的故事""命题设计""名著导读""学习活动设计"四个主题，对知识流动的速度进行分析。

（一）知识传者速度分析

知识传者速度指单位时间内的发帖量，即知识传者速度=发帖量/发帖时间，根据该公式及交流数据，对"留守儿童的故事""命题设计""名著导读""学习活动设计"四个主题的知识传者速度周际变化进行分析，结果如图 3-5 所示。

[①] 杜修平，邓爱文. 150N 时代探析. 技术与创新管理，2011（4）：435-438.

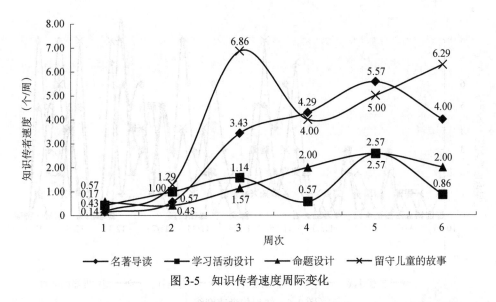

图 3-5　知识传者速度周际变化

从图 3-5 可以发现，四个主题的知识传者速度都随培训时间而发生变化。但在前三周，"留守儿童的故事"主题的知识传者速度明显高于其他三个主题，这说明学习者在前三周对"留守儿童的故事"主题的关注度明显高于其他主题，但到第四周，速度有所降低，但还是明显高于第一、二周，在培训的最后两周，知识传者速度又有所提升。关于"命题设计""名著导读"主题，知识传者速度从第一周培训开始到第五周逐渐加快，但是并未有大幅度地提升，在第五周时达到最高值。"学习活动设计"主题，从第一周培训开始到第三周知识传者速度逐渐加快，第四周时有所下降，第五周时知识传者速度达到最高值，第六周时速度又有所下降。

为了更深入地了解参训者的知识发送情况，我们在对参训者的知识传者速度进行了每日分析，结果如图 3-6 所示。

从图 3-6 中可以发现，"留守儿童的故事""名著导读"主题的知识传者速度要远远高于"命题设计""学习活动设计"主题，这说明主题的复杂性会影响知识传者速度，"命题设计""学习活动设计"对参训者的要求较高，增加了教师知识流动的难度。参训者对"留守儿童的故事""名著导读"话题关注较多，更容易表达自己的观点，说明自己的实际感受，而"命题设计""学习活动设计"这种学理性较强的话题，对参训者本身的专业能力要求比较高，成员交流起来比较困难。我们对参训者关于培训主题学习的难度进行调查，结果如图 3-7 所示。

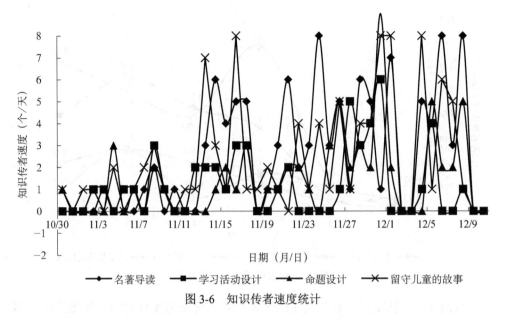

图 3-6　知识传者速度统计

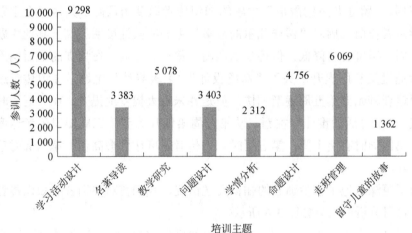

图 3-7　培训主题学习难度统计

　　从图 3-7 中可以发现，共有 9298 名参训者认为此次培训中的"学习活动设计"主题学习难度最大，占总人数的 26.07%。"学习活动设计"与"命题设计"主题的学习难度远大于"名著导读""留守儿童的故事"这两个主题。因此，主题学习难度越大，学习者进行知识流动的难度就越大，参与交流的积极性也就越低。

（二）知识吸收速度分析

　　知识吸收在这里是指知识受者获取知识并加以消化、转化和应用的过程。学习者在共同体中的回帖过程就是对知识的吸收过程。知识吸收速度为单位时间内的回帖量，即知识吸收速度=回帖量/回帖时间。根据该公式和交流数据，对四个主题的知识吸收速度周际变化进行分析，结果如图 3-8 所示。

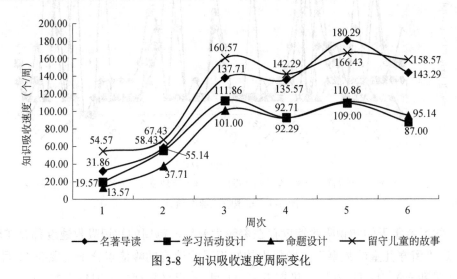

图 3-8　知识吸收速度周际变化

　　首先，学习者在四个主题的知识吸收速度方面存在一定差异，表现在"留守儿童的故事""名著导读"主题明显高于"命题设计"与"学习活动设计"主题，这说明学习者对"留守儿童的故事""名著导读"主题的知识吸收能力明显高于"命题设计"与"学习活动设计"主题。其次，学习者在四个主题的知识吸收速度方面也存在一定共性。四个主题的知识吸收速度的变化趋势一样。从第一周到第三周，知识吸收速度逐渐增长，并且增长的幅度较明显，在第三周时，达到了本次培训过程中的第一个峰值点，这说明随着学习的进行，学习者对学习内容有了更深入的认识。到第四周时，学习者的知识吸收速度又有所下降。可以看出，至第四周培训已经进行了将近一个月的时间，学习者出现倦怠心理，知识吸收速度下降。这说明，第三周到第四周是培训的关键时期，组织者和管理方应该在这一时期加强与学习者的交流，并进行相应的评价反馈，来增强学习者的参与感，使学习者更有成就感、归属感。到第五周，知识吸收速度又有所上升，原因有两方面：一方面，通过查询考试系统，发现第五周有很多学习者参与了在线考核，为了进一步熟悉课程内容，取得更好的考试成绩，更多的学习者参与到课程的交流过程中；另一方面，随着知识传者速度的不断提升，知识源越来越多，学习者在接收知识时的选择也越来越多，从而提高了知识吸收速度。

　　为了更深入地了解学习者的知识吸收情况，我们对学习者每天的知识吸收速度进行分析，结果如图 3-9 所示。

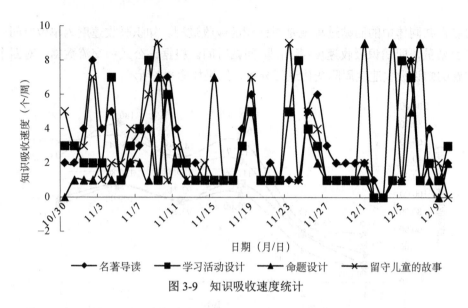

图 3-9　知识吸收速度统计

　　学习者每天的知识吸收速度存在着较大差异，每周的知识吸收速度都存在峰值点。"留守儿童的故事"主题每周的知识吸收速度的峰值点分别出现在 11 月 3 日（星期五）、11 月 10 日（星期五）、11 月 14 日（星期二）、11 月 21 日（星期二）、11 月 28 日（星期二）、12 月 8 日（星期五）。这说明关于"留守儿童的故事"主题，学习者每周周二、周五的知识吸收效果最好。

　　"命题设计"主题每周知识吸收速度的"峰值点"分别出现在 11 月 3 日（星期五）、11 月 9 日（星期四）、11 月 14 日（星期二）、11 月 21 日（星期二）、11 月 30 日（星期四）、12 月 8 日（星期五）。这说明关于"命题设计"主题，学习者每周周二、周四、周五的知识吸收效果最好。

　　"名著导读"主题每周知识吸收速度的"峰值点"分别出现在 11 月 3 日（星期五）、11 月 9 日（星期四）、11 月 14 日（星期二）、11 月 21 日（星期二）、11 月 27 日（星期一）、12 月 8 日（星期五）。这说明关于"名著导读"主题，学习者每周周一、周二、周四、周五的知识吸收效果最好。

　　"学习活动设计"主题每周知识吸收速度的"峰值点"分别出现在 11 月 3 日（星期五）、11 月 9 日（星期四）、11 月 13 日（星期一）、11 月 21 日（星期二）、11 月 27 日（星期一）、12 月 8 日（星期五）。这说明关于"学习活动设计"主题，学习者每周周一、周二、周四、周五的知识吸收效果最好。

　　综上，每周周一、周二、周四、周五学习者交流的积极性最高，知识吸收的效果最好。通过对学习者每天知识吸收时间点的分析发现，每周周二、周四上午的 8—10 时、下午的 2—5 时、晚上的 7—10 时以及每周周五下午的 1—5 时是学习者知识吸收的关键时间段。因此，管理人员要抓住学习者知识吸收的关键时间段，加强与他们的沟通和交流，提升学习者参与讨论的积极性，进一步提高知识吸收效果。

（三）知识传播速度分析

知识传播速度指知识从一个节点传播到另一个节点的快慢程度，即知识传播速度=回帖总量/∑（回帖时间−发帖时间）。根据该公式和交流数据，知识传播速度周际变化的结果如图 3-10 所示。

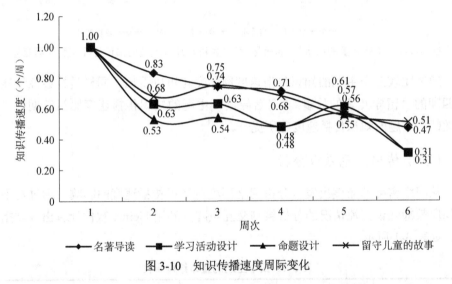

图 3-10 知识传播速度周际变化

从图 3-10 中可以看出，"留守儿童的故事""名著导读"主题的知识传播速度高于"命题设计""学习活动设计"主题，这说明学习者更乐于参与"留守儿童的故事""名著导读"主题的知识交流，这两个主题的知识传播速度在第四周到第六周已基本保持一致。"命题设计""学习活动设计"主题的知识传播速度在六周时间里的变化趋势基本一致，都是从第一周到第四周下降，在第五周有所提升，到第六周又有一定程度的下降，且第四周到第六周这两个主题的知识传播速度也基本保持一致。

为了更好地了解干预措施对本期学习主题的知识传播速度的影响，同样选择社会性话题，将第三期的"乡村教师"主题的知识传播速度周际变化和第四期的"留守儿童的故事""名著导读"主题的知识传播速度周际变化进行对比分析，结果如图 3-11 所示。

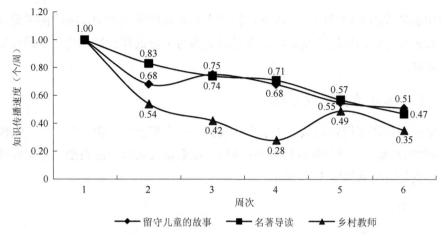

图 3-11 "留守儿童的故事""名著导读""乡村教师"主题的知识传播速度周际变化

通过比较三个主题的知识传播速度周际变化可以看出，同样是社会性话题，第四期的"留守儿童的故事""名著导读"主题的知识传播速度比第三期的"乡村教师"主题的知识传播速度有所提升。

（四）传递阻尼系数分析

从网络密度的角度出发，分析网络环境对知识传播速度的影响。通过对不同时间段教师知识交流情况的分析绘制交互矩阵，利用 Ucinet 软件计算出各项指标值，如表 3-1 所示。

表 3-1　四个主题的整体结构属性

主题	时间	参与人数/人	密度	关系指数
名著导读	第一周	98	0.0237	223
	第二周	233	0.0076	409
	第三周	544	0.0033	964
	第四周	551	0.0031	949
	第五周	720	0.0024	1262
	第六周	561	0.0032	1003
学习活动设计	第一周	83	0.0201	137
	第二周	252	0.0061	386
	第三周	440	0.0041	783
	第四周	384	0.0044	649
	第五周	497	0.0031	763
	第六周	369	0.0045	609

续表

主题	时间	参与人数/人	密度	关系指数
命题设计	第一周	63	0.0243	95
	第二周	158	0.0106	264
	第三周	398	0.0045	707
	第四周	390	0.0043	646
	第五周	509	0.0030	776
	第六周	394	0.0043	666
留守儿童的故事	第一周	135	0.0211	382
	第二周	312	0.0056	541
	第三周	710	0.0022	1124
	第四周	629	0.0025	996
	第五周	741	0.0021	1165
	第六周	669	0.0024	1110

从四个主题密度的变化来看，随着时间的推移，网络密度是呈下降趋势的。从第一周到第二周，网络规模的激增，导致四个主题的网络密度出现骤降。从第三周起，四个主题的网络规模与网络关系数量都有一定变化，但是网络密度已经逐渐趋于稳定。不同主题的网络规模存在明显的差距，总体上来说，"留守儿童的故事""名著导读"主题的网络规模要远远大于"命题设计""学习活动设计"两个主题，这说明学习者更乐于参与"留守儿童的故事""名著导读"主题的知识交流，而"命题设计""学习活动设计"这两个主题专业性较强，参训教师参与交流的难度较大。学习者对"留守儿童的故事""名著导读"等社会性话题的关注度要远高于对学理性话题的关注度。

在培训的 6 周中，四个主题的网络密度变化情况如图 3-12 所示。

从图 3-12 中可以看出，"留守儿童的故事"主题的网络密度整体低于其他三个主题。每个主题后五周的参与人数与关系数量都明显高于第一周，但是参与人数过多使网络规模过大，从而导致网络密度下降，其主要原因是主题网络规模过大，增加了学习者进行知识流动的难度。因为网络规模过大，势必会增加网络管理和控制的难度。但是如果网络规模太小，即使学习者有强烈的知识需求，也难以与其他学习者进行充分沟通和交流，知识需求则难以得到满足，知识流动的速度难以提升。所以，保持合理的网络规模是知识流动过程中的重要环节。合理的网络规模能够提高学习者之间的信任水平，增强学习者参与的积极性，促进学习者之间的合作，提升知识流动速度。因此，组织者和管理员应该有效控制网络规模，为学习者提供丰富的知识交流渠道。

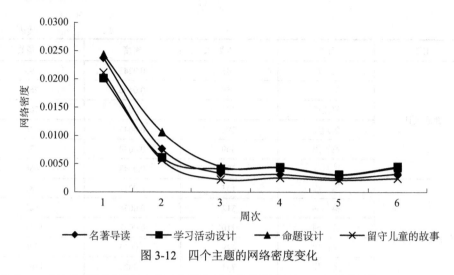

图 3-12   四个主题的网络密度变化

通过前文对知识流动速度的分析，我们将知识流动的四种速度进行汇总，得到如表 3-2 所示的四个主题的知识流动速度。

表 3-2   四个主题的知识流动速度

主题	时间	知识传者速度	知识吸收速度	知识传播速度	传递阻尼系数
名著导读	第一周	0.14	31.86	1.0000	0.0237
	第二周	0.57	58.43	0.8285	0.0076
	第三周	3.43	137.71	0.7440	0.0033
	第四周	4.29	135.57	0.7070	0.0031
	第五周	5.57	180.29	0.5666	0.0024
	第六周	4.00	143.29	0.4736	0.0032
学习活动设计	第一周	0.43	19.57	1.0000	0.0201
	第二周	1.00	55.14	0.6326	0.0061
	第三周	1.57	111.86	0.6301	0.0041
	第四周	0.57	92.71	0.4815	0.0044
	第五周	2.57	109.00	0.6108	0.0031
	第六周	0.86	87.00	0.3105	0.0045
命题设计	第一周	0.57	13.57	1.0000	0.0243
	第二周	0.43	37.71	0.5333	0.0106
	第三周	1.14	101	0.5357	0.0045
	第四周	2	92.29	0.4764	0.0043
	第五周	2.57	110.86	0.5614	0.003
	第六周	2	95.14	0.3090	0.0043

续表

主题	时间	知识传者速度	知识吸收速度	知识传播速度	传递阻尼系数
留守儿童的故事	第一周	0.71	54.57	1.0000	0.0211
	第二周	1.29	67.43	0.6837	0.0056
	第三周	6.86	160.57	0.7543	0.0022
	第四周	4	142.29	0.6751	0.0025
	第五周	5	166.43	0.5473	0.0021
	第六周	6.29	158.57	0.5062	0.0024

为了更加方便地对四个主题的知识流动速度进行分析，利用公式 $x=\dfrac{x-x_{\min}}{x_{\max}-x_{\min}}$，将知识传者速度、知识吸收速度、知识传播速度的值都化为0—1，得出了如表3-3所示的四个主题的知识流动速度。

表3-3　四个主题的知识流动速度

主题	时间	知识传者速度	知识吸收速度	知识传递速度	传递阻尼系数
名著导读	第一周	0	0.1097	1	0.0237
	第二周	0.0642	0.2691	0.7518	0.0076
	第三周	0.4896	0.7446	0.6295	0.0033
	第四周	0.6176	0.7318	0.5760	0.0031
名著导读	第五周	0.8080	1	0.3728	0.0024
	第六周	0.5744	0.7781	0.2382	0.0032
学习活动设计	第一周	0.0432	0.0360	1	0.0201
	第二周	0.1280	0.2493	0.4683	0.0061
	第三周	0.2128	0.5896	0.4647	0.0041
	第四周	0.0640	0.4747	0.2496	0.0044
	第五周	0.3616	0.5724	0.4368	0.0031
	第六周	0.1071	0.4404	0.0022	0.0045
命题设计	第一周	0.0640	0	1	0.0243
	第二周	0.0432	0.1448	0.3246	0.0106
	第三周	0.1488	0.5244	0.3281	0.0045
	第四周	0.2768	0.4722	0.2423	0.0043
	第五周	0.3616	0.5836	0.3653	0.003
	第六周	0.2768	0.4893	0	0.0043

续表

主题	时间	知识传者速度	知识吸收速度	知识传递速度	传递阻尼系数
留守儿童的故事	第一周	0.0848	0.2459	1	0.0211
	第二周	0.1711	0.3231	0.5423	0.0056
	第三周	1	0.8817	0.6444	0.0022
	第四周	0.5744	0.7721	0.5298	0.0025
	第五周	0.7232	0.9169	0.3449	0.0021
	第六周	0.9152	0.8697	0.2854	0.0024

由于每个主题第一周的参与人数均小于 150 人，则第一周的知识流动速度按公式 $KFS = \dfrac{(KTS + KAS + KDS)}{3}(1+C)$ 进行计算，第二到第六周的知识流动速度按公式 $KFS = \dfrac{(KTS + KAS + KDS)}{3}(1-C)$ 进行计算（其中 KFS 代表知识流动速度，KTS 代表知识传者速度，KAS 代表知识吸收速度，KDS 代表知识传播速度，C 代表传递阻尼系数），得出如图 3-13 所示的四个主题知识流动速度周际变化图。

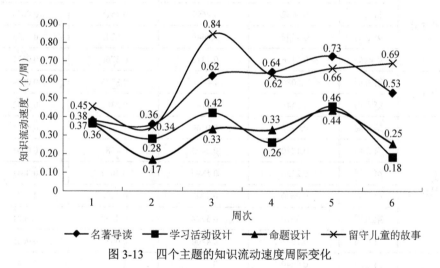

图 3-13　四个主题的知识流动速度周际变化

"留守儿童的故事""名著导读"主题的知识流动速度明显高于"命题设计""学习活动设计"主题。"学习活动设计""留守儿童的故事"主题的知识流动速度的变化趋势在前 5 周基本一致，而"名著导读""命题设计"主题的知识流动速度的变化趋势基本一致。

三、提升知识流动速度的启示

（一）知识主体参与的积极性影响知识流动速度

知识主体参与知识流动的积极性越高，知识流动效果就越好。要想促进社会性知识网络中知识的有效交流和转移，首先要做的就是增强知识主体的参与意愿，形成有效的知识交流机制，加快网络内部的知识流动和共享。其次要形成崇尚知识共享与创新的氛围，这种氛围会作用于成员之间，主动增加与他人的知识交流，有利于知识流动。

（二）知识内容的复杂程度影响知识流动速度

讨论内容的复杂程度会影响学习者进行知识交流的积极性。因此，应从学习者的学习特点出发，针对学习者对不同话题的认知水平，给予不同程度的帮助。对于较为复杂的主题，组织者和管理员可以为学习者提供更多可参考的资源，来帮助他们更好地学习，从而促进他们参与的积极性。

（三）搭建学习支架，促进深度交流

学习者在就某个主题进行知识交流时，如果不是很了解该主题，就会导致交流层次较浅，知识流动速度较慢。此时，就需要组织者和管理员根据学习者的知识交流情况和知识流动速度，为他们搭建学习支架，以促进知识交流层次由浅到深的转变。在搭建学习支架时，组织者和管理员需要参考具体的分析结果，科学合理地搭建学习支架。例如，管理员发现学习者在某些主题的知识交流内容只是采取拿来主义时，可以尝试创设问题支架，以连续不断的追问来引导学习者对交流内容的反思，从而促进学习者之间的深度交流，提高知识流动水平。

（四）抓住时间节点，各施指导方法

根据对知识流动速度的分析，可以清晰地了解社会性知识网络中每一阶段的知识流动速度，一旦知识流动速度发生较大的变化，管理员应该及时介入，通过与知识主体进行交流，对知识内容进行及时评价反馈，来增强主体的参与感，使其更有成就感、归属感。此外，通过对不同主题在不同时间节点的知识流动速度的分析，可以发现知识主体进行交流的关键时间节点，在此时与其加强交流，对提升知识流动速度有着极大的影响。

（五）控制交流规模，增大参与密度

保持合理的网络规模是知识流动过程中的重要环节。网络规模过大会增加网络的管理和控制难度，不利于知识流动。但是网络规模过小，又容易导致网络中知识存量有限，知识多样化程度低，否则即使学习者有强烈的知识需求，也难以获得足够的知识，反而会降低学习者参与知识流动的积极性，知识流动速度也会受到影响。高密度的网络能增强学习者之间的信任水平，促进学习者不断展开合作，有利于提升知识流动速度。因此，管理员应采取措施，鼓励学习者积极评论其他人的观点，促进彼此间的沟通和交流以及引起感兴趣成员间的多维互动，增大参与密度。

第五节　大规模在线学习的知识流动广度

知识流动广度是用来描述知识流动范围的，主要从知识主体广度和知识话题广度两个方面衡量。

一、知识流动广度的测量

以下对知识流动广度的两个方面进行介绍。

（一）知识主体广度

知识主体广度指的是参与知识交流的人数，可通过他们形成的社会网络的大小来衡量。在知识流动过程中，每个人都是一个知识源，知识源越多，知识受者的选择就越多，知识流动的路径就越丰富，知识流动的范围就越广。

（二）知识话题广度

知识话题广度指的是知识主体自发生成的话题数量。在知识流动过程中，生成的话题反映了知识主体的兴趣所在。知识话题越多，代表知识主体参与知识交流的积极性越高，知识流动的范围就越大。

二、知识流动广度的案例分析

同样选取江苏省"泰州师说"第四期作为大规模在线学习知识流动广度的分析场域，以及同样选择"留守儿童的故事""命题设计""名著导读""学习活动设计"四个主题，对知识流动广度进行分析。

（一）知识主体广度分析

统计四个主题每周的参与人数，结果如图 3-14 所示。

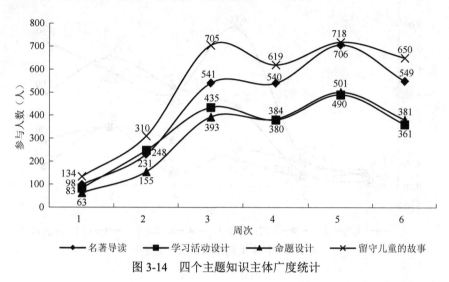

图 3-14　四个主题知识主体广度统计

从图 3-14 中可以看出，四个主题的参与人数存在差距，其中"名著导读""留守儿童的故事"主题的参与人数明显高于"命题设计""学习活动设计"两个主题，说明"留守儿童的故事""名著导读"主题对教师更具吸引力。在第一周和第二周，"学习活动设计"与"名著导读"主题的参与人数相当，但从第三周开始，两个主题的参与人数开始出现明显差距。从第四周到第六周，"学习活动设计"与"命题设计"主题的参与人数相当，"留守儿童的故事"与"名著导读"主题的参与人数较为接近。

此外，4 个主题在知识主体广度方面存在一定的共性，如 4 个主题的知识主体广度的变化趋势基本一致。从第一周开始到第三周，知识主体广度逐渐增长，并且提升的幅度明显，在第三周的时候达到了本次培训过程中的第一个峰值点。这说明随着培训的进行，学习者参与交流的积极性在不断提升。

（二）知识话题广度分析

统计四个主题每周自发生成学习资源的数量，结果如图 3-15 所示。

学习者围绕 4 个主题，自发生成了 406 个分支话题，其中"留守儿童的故事"主题产生了 169 个分支话题，"名著导读"主题产生了 126 个分支话题，"学习活动设计"主题产生了 49 个分支话题，"命题设计"主题产生了 62 个分支话题。通过这些数据可以看出，学习者对"留守儿童的故事""名著导读"主题的兴趣较为浓厚，而对"命题设计""学习活动设计"主题的兴趣比较低。

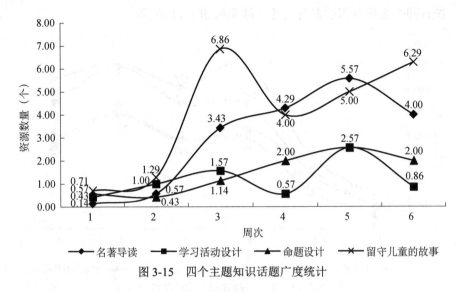

图 3-15　四个主题知识话题广度统计

三、提升知识流动广度的启示

（一）知识主体参与的积极性影响知识流动的广度

知识主体参与的积极性同样影响知识流动广度。学习者对某一主题的参与意愿越高，就越乐于参与该主题的交流，该主题的知识主体广度就越大。同样，学习者参与积极性越高，在交流的过程中生成不同话题的可能性越大，知识话题广度也就越大。因此，知识主体的参与意愿是扩大知识流动广度的关键。

（二）知识内容的复杂程度影响知识流动广度

知识内容的复杂程度同样影响知识流动广度。知识内容越复杂，对参与交流的学习者的要求就越高，学习者参与知识流动的难度就越大，参与知识流动的人数就较少，知识流动广度就较小。此外，知识内容越复杂，学习者在知识交流过程中话题生成的难度就越大，知识话题广度就越小。因此，在知识流动的过程中，管理员需要制定措施加强对主题的管理。面对复杂的主题，可以通过搭建问题支架，创设讨论话题，来帮助学习者理解主题内容，从而降低学习者参与交流的难度，提升知识流动的广度。

　　知识流动是促进创新产生和扩散的关键，知识流动的最终目的是实现知识共享，让更多学习者获得所需求的知识。有学者认为，知识共享是组织中的个人与其他人分享与组织相关的信息、想法、建议、经验的过程。[①]知识共享强调的是知识流动的最终结果而非过程，在知识受者和知识传者不断促进知识流动的努力下，达到能够使用知识的目的，并使知识在更大范围内，即大规模在线学习环境下实现价值。

---

　　① Bartol K M，Srivastava A. Encouraging knowledge sharing：The role of organizational reward systems. Journal of Leadership & Organizational Studies，2002，9（1）：64-76.

第四章　大规模在线学习的外显质量：集体智慧

> 能用众力，则无敌于天下矣；能用众智，则无畏于圣人矣。
>
> ——《三国志·吴志》

　　如果能够充分凝聚和发挥众人的力量与智慧，就可以所向无敌、无所畏惧。早在三国时期，治国理政者已深知团结民众对于提升国力的重要意义，强调民众上下同心、汇智聚力。事实上，相对于个体而言，集体不但具有更大的力量，而且具有更大的智慧，能够汇集个体的智慧，解决个体无力解决的问题。人类的集体智慧源远流长、博大精深。事实证明，集体智慧是开启智慧大门、打造强大智慧的钥匙。

　　智能时代，知识以信息和数据作为外在表征形式，当知识被创造性地应用时就体现为智慧。在人与机器共同处理海量数据和信息的过程中，知识不断产生，同时人与机器加速了集体智慧的进化。大规模在线学习中的学习者是一个紧密联系的整体，每个个体都在发挥作用，个体的认知经过发散、汇聚、凝聚和创造后，集体对事物的理解便上升到更深层次，个体也能共同分享集体的智慧成果和利益，这对提高在线学习的质量具有重要意义。本章作为大规模在线学习的质量篇，以个体认知为起点，以媒介供给、组织策略、社交互动为支撑条件，构建了大规模在线学习支持的集体智慧生成（online learning collective intelligence generation，OCIG）框架。在 OCIG 框架中，一切活动以个体认知为起点，以生成集体智慧为目的，媒介供给作为支持与保障，起到定滑轮的作用；组织策略与群体间的社交互动起到动滑轮的作用，这是生成集体智慧的重要且必要环节；在个体不断参与并向群体协作发展的态势下，大规模在线学习最理想的结果即生成集体智慧。

本章选用第五期"泰州师说"，以切实提升学习者分析和解决问题的能力、生成集体智慧为目的，通过建立课程论坛的对话通道和课程问题支架，以促进群体之间交互，发挥群体内部推动力，充分展现学习者个人智慧，以此来衡量大规模在线学习的外显质量。

第一节　大规模在线学习促生集体智慧

互联网的出现，使得大众能更加便捷地参与内容生产、知识创新，大规模在线学习已经成为一种常态化的学习方式。在 Web2.0 时代，大规模在线学习将大量不同专业背景、不同知识储备、不同专长和不同人生阅历的学习者聚集在一起，使得多元的知识在更大范围内实现共享。在此过程中，学习者不仅是信息与知识的使用者与分享者，更是知识的生产者和创造者。大量的个体学习活动被有效地组织和连接在一起，学习者创生的大量知识、经验和智慧不断叠加，催生出一种新颖的、被称为集体智慧的知识。

学习是一个动态发生的过程，在线学习强调学习的终点不应是掌握静态的知识内容，而是学会通过群体交互对知识内容产生更深层次的理解，不断促进学习者个体的意义建构。集体智慧的产生正是基于群体聚集，通过群体之间的协作和交流创造更民主化价值内容的过程。社会性知识网络视角下，协作是大规模在线学习的核心。学习者在网络构建的学习情境中，不断通过个体之间的批判、反思、协商与合作，加深对事物的理解。在整个学习过程中，知识的每一次进步和发展都蕴含着参与者的集体智慧。

一、"智慧"与"集体智慧"

人类正步入一个以智力资源的占有、配置和知识的生产、分配、使用（消费）为最重要因素的知识经济时代。在这个时代，知识工作者成为社会的领导者和中坚力量。知识不是数据的简单累积，也不同于信息。数据和信息只是知识的原料。[1] 从知识角度看，人类的历史可以视为知识发展史。"知识是什么？"的问题曾吸引很多哲人的关注，亚里士多德将人类的知识分为三类：纯粹理性、实践理性和技艺性。罗素则认为知识是人类直接经验、间接经验和内省经验的汇总。[2]

---

① 朱昭渝. 浅谈信息管理与知识管理. 现代情报, 2004（9）：80-81.
② 张鹤明. 知识经济时代图书馆人力资源管理的核心：构建知识资本. 东方企业文化, 2007（9）：59.

智慧来源于知识，但并不是简单、机械、教条的知识，而是来源于多样性、系统性、综合性和实践性的知识。智慧来源于知识，也并不意味着一个人拥有了知识就会自然而然地拥有智慧，知识只是智慧发生和发展的一个先决或基本条件，而不是全部或唯一条件，由知识到智慧需要经过许多中间环节和各种各样的环境。人的实践经验是最主要的，人正是通过实践活动将各种知识进行类化与内化、活化与现实化的，而智慧在某种意义上正是这种化知识为生活能力、化知识为人生价值、化知识为实践本领的基本素质。①智慧的知识属性表现在智慧与知识是一对相互交融、彼此共存的概念。表面上，智慧与知识往往是彼此分割甚至是相互冲突的，而实际上，智慧与知识时时处处都保持着一定的、有机的关联。知识总是包含着智慧的知识，智慧总是蕴含着知识的智慧。智慧与知识的矛盾统一构成人类认识和实践中十分重要的领域。

"集体智慧"一词由"collective intelligence"翻译而来，亦有学者将其翻译为群体智慧、大众智慧、集体智能、群体智能等。尽管集体智慧源于个体智慧，但并非个体智慧的简单叠加，而是多主体在知识交互过程中所产生的新智慧，具有知识交互的复杂特征。基于网络的集体智慧高度拓展和延伸了人们的知识获得，改变了人类传统的智力呈现方式、学习模式和思维方式，深刻地影响着人类社会的组织形态、行为方式。②利用相同来源、不同类型的信息解决个体难以独立解决的复杂问题的过程便产生了集体智慧。③有学者关注集体智慧的效用，认为群体解决问题的能力优于个体，形成的问题解决方案也比个体的更加稳妥。④随着个体数量的增加，群体内部通过优势互补最终形成的结果明显优于个体。智慧以知识为基础，是知识的积淀和升华。人们在明确目标的指引下进行深入思考且具备高效处理问题的能力时，就是集体智慧产生的体现。当学习者以小组或其他团队形式共同学习时，作为整体的学习共同体便会产生集体智慧。

国内研究者段金菊和余胜泉从知识建构和创造的角度对集体智慧进行了讨论，认为学习者和知识都是知识建构中的关键节点，当学习者通过彼此之间的知识贡献和创造，使得节点不断进化与联通，或当节点构成的知识网络形成一定联结时，集体智慧便产生了。⑤甘永成和祝智庭认为，集体智慧是一个系统（个

---

① 甘永成. 虚拟学习社区中的知识建构和集体智慧研究. 华东师范大学，2004.

② 张剑平. 虚实融合环境下的适应性学习研究. 杭州：浙江大学出版社，2014：23-25.

③ Kaplan C A. Collective intelligence：A new approach to stock price forecasting// IEEE International Conference on Systems. IEEE，2001.

④ Heylighen F. Collective intelligence and its implementation on the web：Algorithms to develop a collective mental map. Computational & Mathematical Organization Theory，1999（3）：253-280.

⑤ 段金菊，余胜泉. 基于社会性知识网络的学习模型构建. 现代远程教育研究，2016（4）：91-102.

人、小组、社区、社会）有效地集成和利用参与者不同才智，从而有效地学习、工作、解决问题的能力。[①]张赛男等认为，集体智慧可以通过协作、竞争等机制，将个人知识、技能等转化为集体智慧，以解决复杂的大规模问题。[②]

因此，集体智慧可以被定义为个体为完成共同的目标而聚集在一起，通过协作的形式进行深度交互，共享个人知识、行为、思想、经验等并将其转化为解决复杂实际问题和优于个体的创新能力。在大规模在线学习中，学习者的个体智慧经过发散、汇聚、凝聚和创造，使集体对事物达到更深层次的理解，这既是个体认知发展的过程，也是知识的社会性协商和共建过程，还是对在线学习社区中的思想内容、价值观念和认知分歧等进行持续改进的过程。知识并非独立于个体之外的客体或自我创造的观点，而是一种集体共创的社会性产品。

二、大规模在线学习的集体性和协作性

集体从来不缺智慧，缺的是唤醒集体智慧的方法，它更像是灵魂、心灵和思想的相遇。大规模在线学习的组织形式具有集体性，能够实现集体智慧的建构。随着在线学习和协作学习的发展，在线协作学习已成为一种有效的学习模式。大规模在线学习要更具有协作性，需以改善学习者的在线学习体验、提高学习者的学习积极性为目的，促进学习者协同建构集体智慧。

（一）个体蚁群式协作凝聚集体智慧

"蚁群式协作"一词源于生物学，英文为"stigmergy"，译为共识主动性，用来描述蚂蚁筑巢时的一种行为特征。最初研究蚂蚁的法国生物学家皮埃尔-保罗·格拉塞（Pieere-Paul Grassé）发现，白蚁在觅食或筑巢的时候会在所经过的地方留下一种称为信息素的化学物质，个体之间并没有直接产生信息交互，而是通过释放在环境中的信息素来互通信息。[③]白蚁从环境中接收其他白蚁释放的信息素，以此来改变和协调各自的行为以应对复杂的情况。后者除了留下自己的信息素外，还在原有基础上结合自己的属性对信息素进行更新，以加强和其他个体之间间接的隐性沟通。研究者重视这种以环境为媒介，群体之间自发地建立间接联系，摆脱了中央控制的、协作实现共同目标的行为机制，并将其扩展到大规模

---

① 甘永成，祝智庭. 虚拟学习社区知识建构和集体智慧发展的学习框架. 中国电化教育，2006（5）：27-32.

② 张赛男，赵蔚，孙彪，等. 基于集体智慧的开放学习资源聚合与分享研究. 电化教育研究，2015（10）：62-68.

③ Theraulaz G，Bonabeau E. A brief history of stigmergy. Artificial Life，1999，5（2）：97-116.

在线学习情境中。①

学习者个体在虚拟的在线学习环境中，没有面对面的语言交流和情感沟通，在共同愿景的指引下，积极贡献知识，共享学习计划、学习过程以及学习成果。由于在线学习固有的分布式特性，学习与互动模式更加分散，参与者可以更加自由而灵活地参与学习活动。在大规模在线学习中，个体释放的"信息素"主要包括两方面：一是个体的行为特征；二是个体的交互内容。个体贡献的行为特征包括在线观看视频、浏览在线讨论内容、发表个人观点、为他人观点点赞、分享等，这些行为在网络环境中能够被记录下来，并向所有参与者公开。学习者参照别人的行为模式，调整和修正自我行为，从而使自己能够顺应群体的发展方向。除了明文规定的群体规范外，由学习者在学习过程中约定俗成产生的隐性群体规则，也通过群体行为得以建立和践行，这种由学习者的内在需求决定的、大部分参与者共同制定出的隐性规则，更容易被接纳。模仿是生物的本能，而思考是更高阶的技能，学习者对他人提供的"信息素"（即交互内容）进行深入思考，通过提出反驳或支持的观点对其进行完善和补充等，原始"信息素"经过不断修正和发展，被更多的学习者感知和共有。在线学习环境和数字化工具的使用，使得个体释放的"信息素"能更方便地留存和传递，更易于其他学习者获取和使用。单个学习者对群体的贡献可能微乎其微，但群体经过分布式协作可以渐进解决复杂问题。

蚁群式协作实质上是群体在自组织过程中的一种隐式沟通。学习者在模仿和思考的过程中，无需通过集中式的信息传达与控制，因为学习者自身可以不断调整自己的行为。这种去中心化的组织形式，不仅能够降低组织管理成本，还能够自下而上地自发产生更多草根式典型人物。在大规模在线学习中，共同愿景是产生蚁群式协作的基础和关键，而蚁群式协作也保证了群体发展的高效和稳态。

建构主义认为，知识建构可以分为个人知识建构和协作知识建构。对个人来说，知识建构是一个发生在个体内部的、隐性知识和显性知识不断转化、螺旋上升的过程。有学者认为，知识应该作为社会产品被建构，知识建构过程是思想形成和持续改进的过程，这种思想是对共同体有价值的，共同体知识的构建将超越个人贡献的总和。②因此，学习者在大规模在线学习中不应只建构自己的知识，

---

① Elliott M. Stigmergic collaboration：A framework for understanding and designing mass collaboration// Mass Collaboration and Education. Cham：Springer，2016：65-84.

② Scardamalia M，Bereiter C. Knowledge building：Theory，pedagogy，and technology// R. Keith Sawyer (eds.)，The Cambridge Handbook of the Learning Sciences（pp. 97-115）. Cambridge：Cambridge University Press，2006.

还应不断地将知识与群体进行有效融合，建构集体智慧。

个体在大规模群体中的贡献，是基于自身已有知识与技能、过程与方法、情感态度价值观的综合运用。不同个体对同一问题的观点的广度、深度都会有所不同。通过大规模在线学习可以调动学习者广泛参与构成学习共同体，促进个体智慧升级转化为集体智慧。集体智慧有助于解决复杂的实际问题，弥补个人思考问题的局限，使学习者作出最佳决策。集体智慧在群体大规模在线学习中动态生成，群体中的每一个学习者都为集体智慧的发展共享了知识基础。知识单元在协作互动中得到丰富和发展并形成知识网，从个人层面到集体层面，创造性地生成更多有价值的集体智慧。[1]集体智慧的发展既需要个体之间开展积极互动，共享知识、经验、策略等，也需要个体之间能够互相激发和碰撞出不同观点，融合创新出更加有价值的内容。集体智慧的发展在一定程度上体现了个体认知的发展水平和群体知识创新的能力。共享智慧的本质是互助和互利，特质是建立连接、可持续性发展，因此，群体中的每一位学习者都能享受到共享所带来的智慧红利。

（二）大规模在线学习激发群体精神

对于大规模在线学习，建构主义强调社会交互对于学习的重要意义，在这种观点的推动下，学习者之间相互沟通、相互合作、共同负责，从而达到共同目标的过程尤为关键。集体学习的过程是动态的、累积的、自动适应的、生成的、变化的。[2]个体与环境不断交互，集体学习的过程中，不仅需要个体向其他人学习，还需要发展个体对学习过程和学习本身可共享的理解和意义。与固定结构的组织相比，大规模在线学习中的学习者创生的集体智慧更开放，更具可扩展性。因为其边界是模糊的，人们有权利自由进出，这样有利于产生更多新知识。学习者是自由而独立的，每个人都具有独立的意识、思维，这也受学习者的学习经验和已有社会文化的影响。群体精神受群体文化的影响，是群体意识和群体思维的集中体现，对群体行为有重要的指引作用。因此，在大规模在线学习群体共同完成合作与竞争等任务的过程中会激发出特定的群体精神。

1. 消极和积极的从众心理

群体聚集会产生一系列的群体心理，而从众是其中最突出的一个心理特征。严格来说，从众并不包含任何贬义或褒义的成分。当个体的个人价值取向和社会

① 张剑平，胡玥，夏文菁. 集体智慧视野下的非正式学习及其环境模型构建. 远程教育杂志，2016（6）：3-10.

② Garavan T N, Mccarthy A. Collective learning processes and human resource development. Advances in Developing Human Resources, 2008, 10（4）: 451-471.

要求的价值取向发生冲突时，个体由于各种原因会更趋向于与大多数人一致的思想或行为，这就是从众行为。以从众的结果来分，包括消极的从众心理和积极的从众心理。产生消极的从众心理往往是由个体担心标新立异会带来孤立感或受到惩罚和嘲笑，害怕自己与他人不同而产生的不安全感造成的。个体迫于大多数人的压力，加上急于融入群体中，对群体内容没有进行正确思考与判断，被迫放弃自己的坚持，非自愿性地全盘接受与自己全然相悖的观念和行为。这种缺乏个人思考、对群体行为不辨对错、盲目依从的行为往往会产生消极结果。群体行为一旦缺乏正确价值的引导，往往会出现群氓现象，酿成更大的麻烦。积极的从众心理并不是个人意识的丧失，而是个体在通过比较发现差异后，对群体行为的认同和内化。在群体协作的过程中，当产生与群体意志和规范相悖的行为时，个体会积极对自身行为和观念进行审视和价值再判断，发现自身存在的不足之处，从群体中汲取经验，进行自我修正和发展，并且将这种价值和信念内化为自己价值体系的一部分，主动和群体发展方向保持一致，这是积极的从众行为。个体从众的来源包括信息性和规范性两种类型。[①]信息性来源是指个体没有足够的信息来源且不知道如何做出正确选择时，通过观察他人行为进行模仿和加工，并将其视为重要的信息来源，以获得思想和行为上的指导。个体为了得到群体的接纳和认同，会依照群体的价值取向和规范行事，这就是从众心理的规范性来源。在在线学习过程中，如何引导学习者规避消极的从众心理，发挥积极从众心理的作用，快速了解和适应群体规范，进而融入群体学习中，是在线学习良好运行和促进集体生成智慧的基础，也是大规模学习中必须要考虑的问题。

2. 群体认同感与个体存在感

群体认同感是个人对自身和群体环境是否有价值的判断，体现的是个体学习者对群体愿景的认可、对群体学习者的信任以及对群体组织的遵从，并以学习者身份进行自我概念化的程度。[②]群体认同感促使个体行为特征趋同于群体行为，从情感角度来看，这是个体对群体的一种心理依附。人生来就有与他人保持亲近的本能，群体认同感所带来的归属感能够帮助个体迅速建立起与他人的互动关系。群体认同感不仅可以为集体，还可以为个人带来积极影响。例如，群体合作和协作凝聚力的提高大大减少了群体内部的矛盾冲突，提升了参与者的学习满意度和幸福感；个体在情感上得到归属，才能更好地实现自我价值和自我创造。在

---

① Deutsch M，Gerard H B. A study of normative and informational social influences upon individual judgment. The Journal of Abnormal and Social Psychology，1955，51（3）：629-636.

② Brown A D，Starkey K. Organizational identity and learning：A psychodynamic perspective. Academy of Management Review，2000（1）：102-120.

大规模学习过程中，个体在平等而自由的环境中，自发地形成群体规范、产生群体行为时更易建立群体认同感。良好的群体认同感是共享知识、进行知识建构、激发集体智慧的重要保障。个体感受到因为自己而产生有价值事物时就会产生个体存在感，它是个体自我价值和自我实现的重要体现。当个体在交流区共享知识、发布个人观点时，其实并没有体现个人存在感，但当其他个体对他的内容做了积极回应，如点赞、转发、评论等行为时，个体才真实地感受到个人的存在价值。存在感是个体在群体交往中的重要情感需求，也是促进个体不断提高自我认知和进行知识建构的内在动力。一旦缺少互动，个体的存在感将大大减弱，进而对群体的认同感也受到影响。群体认同感和个体存在感作为集体和个体层面重要的精神激励，在大规模学习中相互影响，促进了个体知识建构向群体知识建构的发展，成为生成集体智慧的动力来源。

3. 实名制交流的责任精神

在线平台为学习者提供了自由的交流空间，学习者可以匿名或实名参与其中。匿名相较于实名在很多方面表现出优越性，如在匿名环境中，仅靠昵称进行身份识别，轻松地撇除了个人情感因素的影响，极大地激发了学习者的参与热情，有利于以公正客观的态度开展群体论坛交流。但在匿名的环境中，在线交流的尺度往往难以把控，若学习者缺乏责任意识，其可信度就会大大降低，不利于在线学习群体知识建构的发展。因此，过度的匿名需要实名制来平衡。学习者需要对自己的言论负责，才能更好地获取知识内容、分享个人观点、共享集体成果。在人员众多的大规模在线学习过程中，成员彼此之间相互不熟悉，无论实名还是匿名都只是一个代号而已，但以实名为标记的时候，人们往往会对自己的言论内容进行规范。①大规模在线学习可通过实名制激发学习者的责任精神，促使学习者负责任地与他人分享自己所掌握的知识，并尽可能地帮助他人理解和内化，提高群体之间的互惠性是生成集体智慧的关键所在。

第二节　大规模在线学习中的集体智慧

集体智慧反映的是集体在创造、创新和发明上共同合作的一种能力。当社会越来越依赖知识时，这种集体能力就会变得越来越重要。随着互联网的飞速发展和社会性软件的不断普及，集体智慧的潜能与价值越发凸显，逐渐成为知识社会中竞争、创造和发展的决定因素。集体智慧是在集体协作中生成的，是个体智慧

---

① 陈曦. 网络社会匿名与实名问题研究. 北京邮电大学，2014.

的凝聚与升华。了解集体智慧的发展过程、基本特征和测量，可以帮助我们更好地探究大规模在线学习中集体智慧的生成与发展。

一、集体智慧的发展过程

甘永成和祝智庭认为，集体智慧的发展起点是个体智能，从个体智能到集体智慧是一个由个体到集体、由低级到高级、由弱小到强大的发展过程，也是一个动态螺旋向上的发展过程。①从个体到集体、智能到智慧的发展过程来看，集体智慧的发展过程有四个阶段。①个体智能包括语言、数理逻辑、空间视觉、肢体协调、音乐、人际沟通、自我认知以及自然与社会探索等多元智能。多元智能是个体发展所具备的潜在智能，指导着个体行为表征，这是一种应用个体智能谱系的能力。②当个体与环境之间相互协调，个体与个体之间产生相互协作的能力，更好地发挥团队力量完成同一任务时，合作智能便会显现出来，如交流和沟通需要运用个体间的合作智能，以达到相互理解和协同。③集体智能是指平衡学习者、学习系统内部环境与外部世界的能力，如通过小组、团队、组织、社区等形式组织学习者，利用集体力量来解决问题和计划未来。④集体智慧是个体多元智能、合作智能与集体智能由个人到群体、由低层次到高层次发展的产物。它有效地集成和利用参与者不同才智和学习、工作、解决问题的能力，像一个有机运转的整体，产生大于个体智慧之和的智慧。它是各种智能的凝聚，比个体具备更加深远的洞察力和远见卓识。通常集体智慧是经过个体观点的自我发散后，通过以群体交互形式实现对个体观点收敛，以复杂问题促进思考，诱发观点的凝聚。在解决问题的同时，培养更高层次的思维能力，发展集体创新智慧，是一种动态发展的过程（图 4-1）。

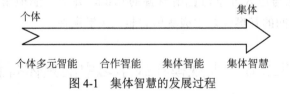

图 4-1　集体智慧的发展过程

毛灿和杨小洪结合甘永成和祝智庭提出的集体智慧发展学习框架和分布式教学的特点，认为集体智慧的形成可以分为发散阶段、交互凝聚阶段和整合创新阶段。②发散阶段是学习共同体初步形成时期，在该阶段，个体智慧只是简单叠

① 甘永成，祝智庭. 虚拟学习社区知识建构和集体智慧发展的学习框架. 中国电化教育，2006（5）：27-32.
② 毛灿，杨小洪. 分布式教学范式对集体智慧的激发. 远程教育杂志，2013（4）：92-99.

加，群体组织性不强，以实现个人目标为主。当进入交互凝聚阶段时，群体具备了一定的组织性，共性开始显现，差异性减少，交互行为增多，隐性知识外化得到凸显，个体可以借助群体交互的力量完成个人目标。整合创新阶段是前一阶段的成熟期，在该阶段，群体协作系统较为完善，个体能够通过协作完成共同目标。在这个过程中，群体的创新思维和能力得以显现，同时个体之间能做到优势互补、相互提高，从而个人能力得到进一步提升。

　　岳野创将集体智慧的生成路径视为一个二维结构，结合之前的研究成果，以个体智慧为坐标原点，将横轴设置为表示由个体智慧向集体智慧发展的过程，依据 DIKW①模型，将纵轴设置为表示由个体数据、信息、知识到思维再到智慧的螺旋上升结构。他指出，集体智慧的形成有三个条件：一是个体化思维共享。集体思维产生的基础是个体思维共享，没有共享便难以形成交互，知识和思想便得不到流动；二是个体思维要以可视化的方式呈现，如利用思维导图、语义图谱等工具将个体的隐性知识外显化，从而降低其他学习者的认知负荷；三是为了形成高质量的集体智慧，最好能够预先提供某种框架，便于学生以此作为支架进行知识建构。集体智慧生成的基础是将个人知识内化与外显，而集体知识生成的途径就是协作建构知识的过程。②

　　对于大规模在线学习中的集体智慧的发展过程，我们将在第三节着重探讨。

二、集体智慧的基本特征

　　"独学而无友，则孤陋而寡闻"（《礼记·学记》），大规模在线学习是大量独立个体协作构建集体智慧的过程，也是一个以集体共识为基础形成社会认知网络的过程，即以集体学习的知识为节点连接知识与知识、知识与人的社会认知网络。因此，大规模在线学习激发的集体智慧具有以下特征。

（一）社会性

　　大规模在线学习中集体智慧的生成是学习者的社会化认知过程，通过多人在线协作达成学习目标或提出并优化问题解决方案。在整个在线协作学习中，作为社会产品的知识的每一次进步或发展都蕴含着参与者的集体智慧。通过知识建构活动生成的产品绝非个体的成果和贡献，而是整个协作学习共同体智慧的结晶，是在每个个体对参与协作学习的他者进行不断批判、反思和协商的基础上构建

---

① 数据（data）、信息（information）、知识（knowledge）、智慧（wisdom）。
② 岳野创. 基于 Processon 的协作学习中集体智慧生成的研究. 南京师范大学，2016.

的，因此知识的生成与进化是社会性行为。大规模在线学习打破了传统孤立的学习状态，学习者的智力呈现方式、学习模式和思维方式都发生了变化。它强调大规模协作和群体协作，强调集体共同完成一个学习任务，并在此过程中分享信息、资源、智慧。这种学习既能体现集体知识建构的特点，又能够充分发挥每个参与者的作用。在整个学习过程中，集体智慧不是个体智慧在网络空间上的简单集合，而是个体知识在获得高度拓展和延伸后所产生的集体知识，显现了高度的社会性。

（二）动态性

在大规模在线学习中，知识是动态发展的，集体智慧的生成是学习者对知识进行持续协商与共建的过程，是对在线学习社区中的价值观念、思想内容与知识产品进行持续改进的过程。[①]集体智慧的生成是集体思想观念的动态发展过程，参与者的不断互动、交流和协商推动了社会知识产品的发展。正如本章第一节指出的，大规模在线学习具有协作性，学习者之间不仅互教互学、彼此之间交流信息，还互爱互助，并进行情感交流。协作中的学习者相互交流、相互评价、共享成果，集体智慧正是在这种持续互动、协商与讨论的环境中发展和提高的。随着互联网技术的不断提高，集体中的成员获取知识、沟通协作、贡献个人或团体智慧更加方便快捷，这极大地提高了学习者获取和贡献智慧的积极性，也使基于互联网的集体智慧具有了更新频率快、内容前沿、交互性强等静态权威型知识所不具备的优势。基于互联网的集体智慧仍处于不断发展完善之中，这为集体智慧始终保持与客观知识动态一致提供了有力保障，再次证明了集体智慧具有动态性。

（三）创造性

在大规模在线学习中，学习者不再以知识习得为目标，而是以知识生成、问题解决方案的探讨以及知识产品的创造为旨。学习活动、绩效评价、学习资源和技术支持等围绕知识创造予以构建和运行。知识建构过程不再是探讨已知、被公认的和常识性的知识或问题的解决方案，而是对未确定、有疑问、正在发展以及多元化的知识进行协商与讨论，旨在通过对问题解决方案、假设和实践应用等进行协商来拓展知识边界，最终形成集体智慧。知识创造不仅需要学习者之间的沟通交流，还需要学习者具有批判性思维和问题解决能力。同时，批判性思维使学习者真正成为知识的生产者和创造者，协商、互动与交流等构成以学习者为知识

---

① 李海峰，王炜. 在线协作知识建构：内涵、模式与研究向度. 现代远距离教育，2019（6）：69-77.

创造源泉的社会性学习场域，有助于公共性知识产品的生成、发展和创新。

三、集体智慧的测量

集体智慧并没有一个具象化的指标，不同群体组织在人员构成和组织形式等方面往往具有较大差异，因此没有一个固定的测量方法和标准。研究者从不同角度对集体智慧进行测量，有学者通过群体行为表现考察集体智慧，如采用个体信息搜索过程的有效性和人们发现与利用相关资源的能力来衡量。[1]在群体中，个体不一定需要记住所有的信息内容，只需记住群体中哪些学习者擅长什么内容，在需要时能够调用即可，这称为交互记忆。因此，有学者通过测量群体的交互记忆来衡量集体智慧。[2]有学者通过测量群体的整体网络属性，如中心性与影响力、凝聚子群、关联性与凝聚度等[3]，用以对集体智慧最终生成成果的可信性、准确性、完整性和客观性等进行价值判断。

第三节　大规模在线学习集体智慧的生成条件

个体为完成共同的目标而聚在一起，通过协作的方式进行深入交互，将自身的知识、心智模式、行为习惯、个体经验等共享给他人，进行沟通交流与协商促进，用集体的力量创新性地解决复杂的实际问题。生成集体智慧是个体聚集进行在线学习的主要目标，影响集体智慧的要素主要包括个体贡献、群体组织、社交互动和平台发展，本节将重点探讨这四个方面对集体智慧生成的重要作用。

一、集体智慧的生成要素

大规模在线学习以个体参与者为单位、个体所具有的属性和智慧为基础，借助现代技术和工具，充分发挥组织优势，提高社交互动水平，促进个体智慧不断生成；利用协作任务，指引个体进行内容分享、意义协商、深入加工后达成共识，从而生成解决实际问题的集体智慧。因此，大规模在线学习以个体认知为起点，以集体智慧为终点，媒介供给、组织策略和社交互动在其中起到重要的支撑作用。

---

[1]　Fu W T. From distributed cognition to collective intelligence: Supporting cognitive search to facilitate online massive collaboration// Ulrike Cress, Johannes Moskaliuk, Heisawn Jeong, Mass Collaboration and Education. Cham: Springer International Publishing, 2016: 125-140.

[2]　Moreland R L, Myaskovsky L. Exploring the performance benefits of group training: Transactive memory or improved communication? Organizational Behavior & Human Decision Processes, 2000（1）: 117-133.

[3]　舒杭，王帆，蔡英歌. 面向群体智慧的新型微群教学模式的构建. 现代教育技术，2015（8）: 19-25.

（一）个体认知

有学者指出，个体智慧与认知是典型的由多种因素相互作用而产生的个体人格特征，是个体的智力、人格和认知过程等要素的重要体现。[①]个体认知主要分为感知能力、认知知识、非认知能力和人生阅历四类。感知能力包括感觉接收和知觉辨别，是个体通过感官接收外部刺激并在大脑中对接收的感觉进行信息提取和分析的能力，如语感、方向感等。认知知识是指个体掌握的知识储备，即通常意义上的知识。对知识的分类有很多种，如按知识的效用、形态、属性等进行分类，但无论何种分类，都指代着知识本身。心理学家将非认知能力描述为与智力因素相对的情感、意志、性格等，如个体的社交技能、意志品质和情绪管理等。人生阅历是指个体在运用感知、知识以及非认知能力解决生活学习中遇到的复杂实际问题所积累的经验，这份阅历是个体认知发展的必要条件，更是人生中的宝贵财富。

个体认知与个体年龄有一定的关系，当年龄逐步增长的时候，个体的知觉、记忆、运算速度等受神经系统控制的流体智力可能会有所下降，但个体掌握的基本技能、语言理解能力、判断和推理能力等受社会文化经验影响的晶体智力在逐步提高。[②]个体知识是个体认知最重要、最核心的组成部分。不过，个体认知能力并非个体年龄增长的必然结果，如果掌握了知识却不应用于实践，不利用丰富的人生经验解决实际问题，那么年龄增长也不会提高认知能力。个体认知发展的前提是个体积极地将自己掌握的知识转化成能够运用的个体智慧。

群体是由个体组成的，个体是构成群体的最基本单位，没有个体，群体也不复存在。虽然群体是个体的集合，但集体智慧不是个体智慧的简单相加，个体认知的差异性决定集体智慧的生成具有不确定性，集体智慧有可能大于或小于个体智慧的总和，这与群体内部组织和社交的优劣有很大关系。

（二）媒介供给

媒介从本质上说是一个工具或载体，具有扩大或延展信息传送范围的功能，目的是更好地存储和传输信息。从媒介的形式来看，媒介包括书本、磁带、光盘、胶片等存储信息的容器，同样也包括电话通信、电子邮件、网络传播等用以传输信息的技术设备。后者与前者相比，具有传播速度快、传播成本小、传播范

---

① Richardson M J，Pasupathi M. Young and growing wiser：Wisdom during adolescence and young adulthood. A Handbook of Wisdom：Psychological Perspectives，2005（5）：139-159.

② Grossmann I，Na J，Varnum M，et al. Reasoning about social conflicts improves into old age. Proceedings of the National Academy of Sciences，2010，107（16）：7246-7250.

围广等特点。在在线学习环境中，媒介通常意义上是指基于网络技术支持的虚拟媒介，因此本书所提及的媒介主要是指虚拟媒介。

媒介技术的不断发展，可以不断满足协作学习在各个方面的需求，但在进行在线学习时，仍需教学策略和其他社会文化的支持。除此之外，技术的使用要在适当的水平，以免产生干扰学习的不良影响。作为工具的媒介本身，负载着信息内容，具有预先设计好的固定化功能，但在经过用户依据个人需求使用后，媒介被赋予新的生命，从而真正体现媒介使用的智慧。从协作学习理论视角对大量计算机支持的协作学习实践进行分析，发现媒介在支持协作学习过程中，主要体现了联合参与、促进沟通、共享资源、细化任务、匿名共建、监察学习过程和同侪反馈等七大功能。[1]

在线学习往往需要基于任务或基于活动开展群体知识建构，媒介可以创设丰富的情境，更好地呈现学习内容。例如，利用多媒体呈现学习内容，能更加容易从视觉、听觉等方面刺激大脑，或利用计算机模拟、建模工具帮助学习者研究事物之间的动态关系，或利用 VR 技术等创设虚拟的环境供学习者低成本练习，从而解决实际问题。这种多媒体的呈现形式能够将学习者以学习内容为核心聚集在一起形成在线学习的初始状态。在在线学习过程中，当学习者遇到学习障碍时，沟通就显得尤为重要，媒介提供的在线聊天、论坛讨论和电子邮件等同步与异步的交流方式，能很好地满足学习者的沟通需求。当学习者参与在线学习群体活动时，他们需要共享自己或获取别人的学习资源，如音乐、图像和视频形式的数字资料。分享对于协作学习的成功至关重要，利用网络媒介进行分享，不仅可以节省合作者的时间，还可以让其他学习者更直观地体会到分享者所表达的意思。一些资源库、网站、协作文档和文本注释工具等可以很好地满足学习者的协作需求。当然，学习者在协作学习过程中的合作互动也可能是无效的，如学习任务之外的行为、浮于表面的学习活动以及任务与角色的冲突等。一些网站脚本的设置能够有针对性地解决以上问题，如对活动区域进行管理、自动化标签生成、消息提醒、搭建问题支架和回答提醒等辅助功能。在群体中进行协作共建也是媒介的一个特殊功能。大数据和可视化工具具有监测、学习预警和学习引导等功效，可以对学习进度和学习效果进行监控。

（三）组织策略

从词性角度分析，组织既有名词含义，也有动词含义，既指人们为了完成共

---

[1] Jeong H, Hmelo-Silver C E. Seven affordances of computer-supported collaborative learning: How to support collaborative learning? How can technologies help? Educational Psychologist, 2016, 51 (2): 247-265.

同目标而形成的团体本身，也指团体为了更好地实现共同目标，而实施的群体协调、群体结构设计、群体活动等一系列措施。在此过程中，学习者对事物有了更加深刻的认识、理解，并且能够运用习得的知识和经验解决问题，甚至进行发明和创造。良好的组织策略是一个群体以共同的目标为凝聚基础，在群体学习、群体沟通、群体协作等环节中，充分发挥领导策略，优化组织形态，提高群体适应环境、制定决策、灵活或创造性地处理复杂问题的能力的策略。

组织形态是开展学习的重要基础，线下的课堂教学拥有严密的组织形态，学习活动运行有序但显得过于拘束，而线上学习环境比较自由、开放，常常表现出散漫和无组织性，容易造成学习的低质和低效。因此，重新审视在线学习的组织形态，有助于我们更好地理解在线学习的特性，提高在线学习效果，促进集体智慧生成。

当前，在线学习最常用的组织形态是自组织形态，群体内部高度自主、自治，但有学者提出，对在线学习来说，自组织形态并不是"灵丹妙药"，在结合了自组织形态和完全组织形态的基础上，王帆等创新性地提出半组织形态，他们通过实验验证了在半组织形态下，群体组织的交互结构得到优化，学习者的知识迁移和应用水平得到提高，促进了群体知识的全面理解和建构。[①]半组织综合了自组织和他组织的优势，将组织的部分管理权分配到组织内部，由学习者自行策划和管理，同时在线学习的设计者从外部辅助实施组织策略，施加在线学习干预手段。半组织形态维持了组织的中心性和去中心化的平衡，以外部统一严格的管理保证在线学习活动的有序化、绩效考核的标准化，同时灵活的自下而上的组织规则和活动学习策略保证了学习者的学习积极性和有效性，内外结合共同推动在线学习的发展。

（四）社交互动

在线学习的兴起促使教学要素发生着改变，学习环境由线下面对面的真实环境转向互联网支持的虚拟环境，教学载体由纸质材料转变为多媒体资源，教学模式也逐步转向社会互动模式和建构主义学习模式。但同时，在在线学习过程中，教师的教学行为和学生的学习活动是分离的，学习者面对屏幕进行学习和交互，缺少和教师的情感交流与人际沟通，学习的孤独感和厌学情绪随之而来，成为影响在线学习实施效果的一大问题。如何发挥在线社交智慧帮助学习者建立真实的情景感、激发学习者的内在学习动力对提升在线学习实施效果有重要的价值。

---

① 王帆，王珣，祁晨诗，等. 不同组织形态下"在线学习"品质比较实证研究. 电化教育研究，2018（12）：37-43.

社交，是人与人之间的社会交往，是人们借助媒介工具进行内容传递、信息共享、情感交流以达到某种目的的社会活动。在正式学习转向非正式学习的背景下，群体聚集产生社会交往的同时，社会化学习也悄然发生。社会性互动能够增强学习者的凝聚力和归属感，激发学习者对在线学习的积极性和满意度，从而形成学习共同体，产生持续性学习的动力。同时，群体社交水平也体现了学习者的情感沟通状况、探索发现能力以及思维创新水平等。

20世纪90年代中期以来，古纳瓦德纳等关注在线学习中的临场感，并从社会建构主义理论出发，将在线学习、知识建构成效、社会交互的充分性和学习者产生的临场感紧密结合起来。[①]学习者通过参与一系列在线学习活动，如观看在线课程、参与主题讨论、自主发起话题，发起或参与在线投票活动等，进行知识获取和吸收，从而奠定社会交互的基础。在后续的在线学习过程中，学习者基于共同的学习兴趣和学习背景建立起学习共同体，针对学习话题和学习内容进行讨论，有利于尽快消除个体之间的陌生感和排斥感，增强他们的归属感，为进一步的交互和沟通扫清障碍。[②]同时，在线学习兼顾学习者的情感需求，社交最本质的功能是进行人际交往，这也是贯穿在线学习始终的基本目标。因此，学习者在进行交互时，常常使用"请""抱歉""棒"等情感表达词汇，以及"微笑""大拇指""干杯"等表情，是拉近彼此距离、建立情感联系、维系人际关系的重要方式。

从学习者的交互内容来看，在进行社会化学习时，通常有信息传播和思想传递两种类型。[③]信息传播指通过浅层的社会性学习掌握事实性知识，而思想传递则需要群体成员进行内容共享、探索发现、协同建构、观点加工，从而达成共识和知识创新等。在线学习中社交的最终目标是实现思想传递、建构新的认知。学习者在了解他人的观点之后，能够对其中的内容有自己的思考并与他人针对观点进行对话，并在此过程中不断加深对知识的认识和理解，体现的是学习者的高阶思维能力。社交辅助学习者超越个人层面的认知，使学习由个人浅层知识建构走向群体知识深层建构、由个体知识建构走向集体智慧建构。

二、集体智慧的生成条件

集体智慧的起点是个体认知，大规模在线学习将个体聚集起来，并充分调动

①　Gunawardena C N, Zittle F J. Social presence as a predictor of satisfaction within a compute mediated conferencing environment. American Journal of Distance Education，1997，11（3）：8-25.

②　梅林，周俐. 利用社会化媒体建立远程学习环境中的临场感. 湖北广播电视大学学报，2017（6）：3-6.

③　王帆. 微时代社会化学习新解. 中国电化教育，2013（10）：14-18.

媒介、组织和社交等要素，是促进集体智慧生成的有效黏合剂。大规模在线学习是在学习共同体的基础上进行的。学习共同体强调群体建构的动力来自学习者间的积极互动，积极的互动有利于学习者的思想和观点不断外化，不同的认知能力和非认知能力之间相互影响，群体建构的层次不断提升，集体智慧不断显现。学习者之间的互动程度对生成集体智慧的水平有极大影响，互动程度越高，学习者之间的关系就越紧密，群体建构的效率和质量就越高，产生的集体智慧就越有价值。[①]大规模在线学习的实质是通过协作学习任务和学习策略促进学习者之间交互，并在此过程中产生集体智慧。

（一）参与

参与，是聚集学习者开展大规模在线学习活动的起点，也是学习者适应大规模在线学习的重要环节。在这一阶段，往往以难度较低、要求不严的学习活动（如自主观看在线学习视频、发表个人观点等）调动学习者参与的积极性。在此过程中，学习者受明确的个人目标支配，且参与行为不受时间和地点的限制，与其他学习者之间也没有干扰，最终以个人形式呈现学习结果。虽然在这一阶段群体成员基本无交互，群体建构处于浅层水平，但却是大规模在线学习中必不可少的重要过程。学习者摒除群体学习的干扰，专注于个人知识的获取，将零散的知识点经过加工进行自我意义建构，为后续的群体建构和集体智慧生成做好充足的准备。

（二）协作

协作，是大规模在线学习的最终活动策略，是对群体学习的进一步深化。协作任务需集众人力量共同完成，单凭个人无法高质量完成。一旦学习者围绕共同目标开展活动，共享协作流程并承担集体责任，集体成果和个人的贡献便会交织在一起，呈现高度的一致性。随着协作过程的发展，除知识内容外，解决问题的过程和方法等也得以在协作过程中传递与共享，实现了个体智慧的融合与融通，加强同侪之间的互动，提升学习效果，同时也培养了学生的批判性思维和问题解决能力，达到大规模在线学习的最佳效果。在线协作的学习活动转变以知识习得为目标的学习模式，指向以问题解决为核心的知识生成方式，有利于知识生成、创造以及学生问题解决能力的培养。参与者通过会话、假设、协商及应用等方式解决分歧与意见，共同推动整个问题解决方案的多元化发展以及知识产品的持续

---

① Battistich V，Solomon D，Delucchi K. Interaction processes and student outcomes in cooperative learning groups. The Elementary School Journal，1993（1）：19-32.

优化。尽管集体智慧的形成和发展凝聚着参与者的个体贡献，但就整个在线协作知识建构过程而言，协作是问题解决方案生成和多元化发展的助推剂。

三、集体智慧的生成框架

重新思考集体智慧生成的要素与条件之间的关系，有助于更好地理解集体智慧，找到集体智慧的生成路径。个体智慧是集体智慧生成的基础，因为一切活动都是以个体认知为出发点的。媒介供给为集体智慧的生成在学习性、社交性和工具性等方面提供了技术保障。社交互动源自个人情感、观点的表达和归属的需要，个体和组织的社交需求是生成集体智慧的内在驱动力。在群体中，个体不同的社交水平体现了他们对知识内容不同程度的理解和思考，影响着集体智慧生成的进程和质量。组织策略在生成集体智慧的过程中，发挥着引导作用。组织策略是参与者和群体活动的设计者为提高群体参与度、增强群体凝聚力、提升群体建构效果而使用的一些策略和技巧，关乎群体的分工、分组以及有效协作，保证群体结构的稳定性。集体智慧是群体大规模在线学习最理想的结果，是群体协作的实际效用体现。

通过对集体智慧生成基础的分析，结合大规模在线学习从个体参与到群体协作发展的过程，本部分构建了大规模的在线学习集体智慧生成框架（Online Learning Collective Intelligence Generation Framework，简称 OCIG 框架），如图 4-2 所示。

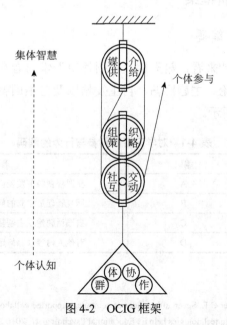

图 4-2　OCIG 框架

OCIG 框架主要是由生成集体智慧的三大主要支撑条件（媒介供给、组织策略和社交互动）组成的。

1）媒介供给：作为定滑轮，媒介为群体协作水平的提升提供支点和保障作用，为集体智慧的生成在学习性、社交性和工具性等方面提供技术支持。[①]

2）组织策略：作为动滑轮之一，在生成集体智慧的过程中，发挥着引导作用。组织策略是为保证群体参与度、群体凝聚力、群体建构效果而使用的方法和技巧。

3）社交互动：作为另一个动滑轮，在生成集体智慧的过程中，起到提升知识建构质量的作用。个体通过社交互动，从对学习内容的自我建构转向群体建构。社交互动水平体现了学习者对知识内容不同程度的理解与思考，推动着集体智慧的生成，提升着群体知识建构的质量。

由媒介供给、组织策略和社交互动构成的滑轮组，在实现个体参与向群体协作发展、个体认知向集体智慧提升的过程中，发挥着重要的支持和保障作用。图 4-2 左侧的虚线表示大规模在线学习支持的在线学习过程与结果，个体认知是生成集体智慧的基础，一切活动以个体认知为出发点。集体智慧是大规模在线学习最终、最理想的结果。图 4-2 右侧的滑轮结构表示学习者的行为在媒介供给、组织策略和社交互动的相互作用下，以最小的作用力实现个体参与促成群体协作。

四、集体智慧的分析框架

（一）参与行为编码

从活动环节的设计来看，第五期"泰州师说"学习者在论坛中的参与行为主要分为四种：视频评论、主题回帖、自主发帖以及自主回帖。对这四种参与行为进行编码，如表 4-1 所示。

表 4-1　对学习者四种参与行为的编码

参与类型	编码	释义
视频评论	A	在课程视频下发表自己的看法
主题回帖	B	回复管理员建立的问题支架
自主发帖	C	自选话题建立主题帖，引发学习者讨论
自主回帖	D	对他人内容（除问题支架外）进行回复

---

① Jeong H，Hmelo-Silver C E. Seven affordances of computer-supported collaborative learning: How to support collaborative learning? How can technologies help? . Educational Psychologist，2016（2）：1-19.

（二）群体交互编码

在线交互时产生的所学所感、所疑所惑，是线上群体知识建构的核心部分，也是群体成果由群体知识转为集体智慧的重要体现。本部分用群体交互编码表对学习者在 6 周时间里产生的所有在线讨论内容进行分析，群体交互编码表是在古纳瓦德纳等研究的知识建构内容交互编码表的基础上，结合第五期"泰州师说"学习论坛中学习者发表的用于社交沟通的无关建构内容设计形成的。①群体交互编码表将群体交互深度分为无关建构、内容共享、探索发现、协同建构、观点加工和知识创新六种类别，并分别赋予不同的分值，具体释义如表 4-2 所示。

表 4-2　群体交互编码表

类别	编码	分值	释义	示例
无关建构	S1	1	社交性语言，包括问候、自我介绍等话语	各位老师，早上好呀！
内容共享	S2	2	分享已有知识、阐述事实性内容以及个人观点的分享	校本课程是国家课程的具体体现，具有各个学校的特色
探索发现	S3	3	对比不同观点之间的差异，进行分析与澄清	STEM 的全称是 science，technology，engineering，mathematics，所以 STEM 课程就是科学、技术、工程和数学专业类的课程。张老师说的是 STEAM 课程，还包含艺术（arts）类课程，两者还是有区别的
协同建构	S4	4	对别人的观点表示赞同或反对，提出问题或为他人解答	陈老师说得对，校本课程不要为了建而建，要落到实处，要有实际效果，千万不能搞形式主义。那么我们在进行校本课程建设时，要注意哪些方面呢？
观点加工	S5	5	通过比较、质疑以及辩护等方式对新建构的观点进行归纳总结，深入加工，检验和修订观点	教育工作者工作中的一些因素容易导致其产生职业倦怠。一是社会、家长对教育的误解，对孩子教育的不理解，尤其是农村学校，曾被说成是"孤独的教育"；二是各种各样的创建、应付式的文件纷至，使得教育工作者疲于应付，弱化了教育的本体位置，教师不像教师，像个"打杂工"，教师的专业化面临严峻挑战；三是随着教育与社会的不断融汇，教育这座美好的大花园中也开始充斥着负能量的因素，随时影响着教育者的情绪。产生职业倦怠的情况可以理解，但不能蔓延，否则不仅影响教育工作者，更影响整个教育的发展
知识创新	S6	6	对习得的内容进行创新性应用以及深入反思	综合实践活动的内容不都是独立于学科教学和课堂的。教师要善于在自己的学科教学中，选取有利于实现目标的内容加以重组、综合和拓展，把一些学习环节设计成综合实践活动，组织学生开展小组合作学习和探究学习，鼓励学生综合地运用各学科知识于实践活动中，从而实现各学科知识的综合、学科知识与实践经验的整合，形成对周围世界的完整认识和全面体验。最终体现出综合实践活动的内在作用，避免综合实践活动浮于表面

---

① Gunawardena C N，Lowe C A，Anderson T. Analysis of a global online debate and the development of an interaction analysis model for examining social construction of knowledge in computer conferencing. Journal of Educational Computing Research，1997，（4）：397-431.

（三）交互矩阵规则

社会网络是用来描述个体学习者因交互而形成的稳定关系体系的。从数学角度来看，网络中的社群关系有两种描述方法：社群图法和矩阵代数法。其中，社群图借助点线结构帮助研究者明晰节点之间的关系。矩阵则是将节点置于行列数相同的方阵中，以位置来确定相互的关系。在方阵中，行和列均表示学习者姓名且排列顺序完全相同。矩阵对应到在线论坛中，行代表发帖者，列代表回复者，行列的交点表示回复数量。例如，尹×萍回复了高×三次，说明他们之间产生了三次交互，那就在尹×萍行和高×列的交叉格中填上 3，以此列推，形成 n×n 的有向方形矩阵，如表 4-3 所示。

表 4-3　在线学习论坛交互矩阵（部分）

	顾×君	朱×娟	李×琴	尹×萍	高×	李×华	王×军	……
顾×君	0	1	0	2	0	0	0	……
朱×娟	0	0	1	1	0	1	0	……
李×琴	1	4	0	2	0	0	1	……
尹×萍	4	3	0	0	3	0	1	……
高×	1	0	2	3	0	1	4	……
李×华	1	0	0	1	4	0	3	……
王×军	0	2	2	2	1	0	0	……
……	……	……	……	……	……	……	……	……

第四节　大规模在线学习集体智慧的生成路径

集体智慧是一个比较抽象的概念，单纯用质性的文字很难表述它的生成过程和发展程度，它的生成与一般在线学习的知识获得也有一定区别，对在线学习中集体智慧生成的分析远比单单分析学业水平的提高更为复杂。但集体智慧的生成与发展过程反映了在线学习活动的实施效果，并对在线课程的开设和活动的开展具有重要的评价与反馈作用。因此，需要重视大规模在线学习过程数据的处理，可从个体、媒介、组织、社交以及集体五方面来探求集体智慧的发展。在这一过程中，不仅要分析外化的学习行为数量及其种类变化，还要寻求学习行为背后隐含的意义。

一、大规模在线学习设计

大规模在线学习在商业、经济领域的成功应用为开展在线教育增加了极大的信心。在线学习是以帮助个体学习者完善自我认知，共同建构集体智慧的过程。大规模在线学习同样是以个体为出发点，充分尊重个体属性，但更强调在群体性参与的过程中习得知识，利用社交策略和组织策略将散落的创新力量聚集起来，以生成集体智慧，实现共赢的目的。第五期"泰州师说"的课程运行方案如图 4-3 所示。

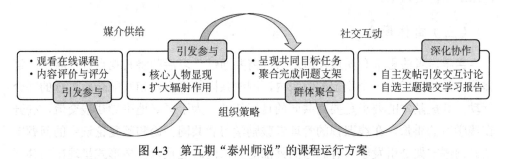

图 4-3　第五期"泰州师说"的课程运行方案

（一）引发参与

大规模在线学习的初衷是学习者有组织地共同参与学习活动。在线课程提供137 个在线学习视频作为"泰州师说"的基本资源供学习者参与，如果没有严格的考核验证机制，很难保证学习者真正参与了课程学习，也无从了解他们的学习进度。因此，借助学习平台后台实时记录学习者观看视频的时长来探知他们的学习进度，并以在线观看课程视频的时长达到总视频时长的95%以上作为一项基本考核要求，通过外部硬性标准引发学习者主动参与。在观看在线课程视频的同时，学习者可以在视频下方针对视频内容进行文字的质性评论和量化评分，也可以查看其他学习者的评论内容和打分情况，这有效地激发了学习者参与学习活动的积极性。

（二）分化协调

在大规模在线学习活动中，学习者之间相互协调，在线学习规模和人员角色开始发生变化。学习者基于学习兴趣、社交关系以及话题内容等形成了不同的小群体，同时出现活跃的核心人物。通过自主协调而分化出现的群体领袖，虽然他们个体得到了发展，但是未能对群体产生较大影响，其引领与辐射作用未能充分发挥出来。为了最大化凸显学习者自主协调成果，充分发挥学习者的核心作用，将"泰州师说"前四期自主协调而产生的活跃度高、影响力相对较大、参与质量较高的学习者标记出来，组成第五期的 50 人的卓越学习者群体和 150 人的优秀学习者群体，并将他们作为自组织领袖开展在线学习。50 名卓越学习者不仅是学习主体，也是群体在线学习的主要负责人，他们负责积极发帖和自主创建主题帖以散发社交魅力，增强群体参与动力。150 名优秀学习者则是"泰州师说"的二级负责人，在课程学习过程中，不断配合卓越学习者引导在线讨论的方向。学习者在学习过程中拥有较大的自主权，后续活动的开展依旧以学习者内部自下而上的组织和协调为主。

（三）群体聚合

当学习者的思维和观点发散之后，需要通过学习活动将其观点进行凝聚。群体聚合是学习者在一个稳定的组织内，围绕共同的目标，相互配合而进行的联合行动，其最基本的要求是要有共同的目标任务。为了更好地引导在线交流，提升在线学习的质量，在线课程的管理者鼓励学习者共同评论和回复论坛中的问题支架。问题支架是引发学习者思考的外部动力，同时也是以任务形式呈现出的共同学习目标。学习者在问题支架的帮助下，进行思考与回复，相互合作搭建知识框架，充盈知识内容。问题支架能够帮助学习者在参与课程学习时更具有针对性和目的性，减少无效和低效学习的情况。

问题支架依据布鲁姆认知目标层次进行设计，为学习者构建了合理的交流支点，从而引发学习者的普遍参与和聚合交流，帮助学习者从视频内容的感性认识过渡到对真实问题的理性思考。在这一过程中，学习者实现了从个人学习、个体参与向群体交互的转变，学习者之间产生了互惠关系。聚合成果为个体在问题支架下评论与回复的总和，学习者通过支架式问题将从视频中学习到的零散内容进行思考与表达，为群体建构和集体智慧生成奠定基础。

（四）深化协作

协作的成效远超于个人力量的总和，更多还包含着集体的创意和智慧。深化协作的实质是促进个体之间的交互，深化群体内部的知识建构。因此，在课程运行中，不仅希望学习者能够回答课程设计者搭建的问题支架，发表自己的看法，还希望学习者能够通过查阅他人的评论内容，并给予积极的响应和回复，从而形成以内容为核心的良好互动关系。

学习者之间的协作需要有正确的方向引导和群体带动，因此"泰州师说"要求 50 名卓越学习者和 150 名优秀学习者起到引领和辐射作用，发挥个人组织能力和社交能力，选择合适的话题内容发帖，带动其他学习者也能自主发帖与回帖，以及参与话题讨论。

在线学习的考核内容主要包括三项：在线课程的视频学习情况、课程最后的试卷考核以及通过在线讨论形成的学习报告。学习报告是深化协作重要的成果体现，学习者可以针对自己困惑的问题或感兴趣的内容，自发组织他人或选择已建立的话题加入讨论，在交互中促进自己的思考，优化自己的知识结构，总结学习心得，形成学习报告，以解决实际问题，达到深化协作学习的目的。

二、集体智慧的生成过程

（一）生成起点

个体是在线学习的重要组成，个体认知的起始点和提高点是影响集体智慧生成的基础。在线学习中体现的个体认知主要包含两方面：涉及认知方面的（如个体知识）和涉及非认知方面的（如情感特征与人格特质）。其中知识是个体认知中最主要也是最重要的组成部分。个体知识是个体能够用于解决实际问题的结构化信息，个体认知则是个体能够达到目标而对知识进行运用的能力，非认知因素则以各种不同的方式影响着知识运用。本小节将着重探讨个体认知因素——个体知识是如何变化的，以及个体非认知因素——个体协作能力的水平。

1. 个体认知因素

面对第五期"泰州师说"庞大的学习群体，我们以统一且标准化的方式对所有学习者的学习情况进行考察。通过设置不同类型的题目，了解学习者对知识的记忆、理解、运用、分析等方面的能力，较为公平地反映学习者的个体知识水平。

（1）大规模群体在线考核数据分析

"泰州师说"每期的学习者基本固定，因此无论是对学习者个体还是群体而言，五期的学习都是一次延续性的学习过程，在该过程中，学习者的个体知识都得到了一步步的提升。第五期"泰州师说"的在线考核由1道主观题与22道客观题（12道选择题和10道判断题）组成。客观题通过系统自动评分，主观题由专业的阅卷组进行人工批阅，当两部分均合格时，该学习者的在线考核成绩方可判定为合格。

（2）核心人物在线考核数据分析

核心人物同样参与大规模群体的在线考核，将200名核心人物的在线考核成绩与普通学习者的进行对比，如表 4-4 所示。200 名核心人物的客观题均分和主观题合格率均明显高于普通学习者，表明核心人物在知识掌握方面整体优于普通学习者，同样也验证了前期对核心人物的筛选工作是有效且正确的，卓越学习者和优秀学习者的确在群体中起到了模范作用。

表 4-4　不同学习者在线考核数据

学习者类型	客观题均分/分	主观题合格率/%
普通学习者	76.33	94.33
200 名核心人物	83.81	97.00

2. 个体非认知因素

非认知因素对学习有维持、调节和强化作用，对学习效果有重要影响，同样是个体认知的重要组成部分。我们主要探究集体智慧如何在大规模在线学习环境中生成，而协作能力是影响学习成效的重要因素，因此，在大规模在线学习结束之后，研究结合黄国帧教授的协作学习能力量表制定了大规模群体协作能力调查表，并借助问卷星平台进行了问卷的发放与收集，目的在于了解不同学习者的协作能力。

（1）大规模群体协作能力分析

参与大规模群体协作能力问卷调查的人数有 36 222 人，发放和回收问卷均为 36 222 份，经过严格筛选，剔除 1316 份无效问卷后，得到有效问卷 34 906 份，问卷有效率为 96.4%。协作能力调查问卷采用利克特五点量表，各题的分值为 1—5 分（1 分表示"非常不同意"，5 分表示"非常同意"）。大规模群体协作能力调查情况如表 4-5 所示。

表 4-5　大规模群体协作能力调查情况

编号	内容	极小值	极大值	均值
Q1	我可以大胆地向其他学员表达我的想法	1	5	4.31
Q2	我在查看其他学员的在线讨论内容时，愿意给出自己的观点并参与讨论	1	5	4.52
Q3	我可以依据其他学员的评论或回复内容，提出综合大家意见的观点	1	5	4.21
Q4	我可以接受其他学员对我提出的意见或看法，并有建设性地改进	1	5	4.30
Q5	我经常帮助其他学员改进或完善他们的讨论内容	1	5	4.12
Q6	当我不懂其他学员的想法时，我会请他们再说得清楚一些	1	5	3.81
Q7	我可以发挥组织和社交能力，进行高质量的内容讨论	1	5	3.77

从表 4-5 中可以看出，大规模群体的协作学习能力属于中等偏上水平，每一

题的极小值和极大值都为 1 分和 5 分，属于问卷调查中的正常情况。1—5 题的均值都达到 4 分以上，说明大规模群体认为自己能够较好地完成群体协作中的内容查阅、观点表达、观点总结和内容改进等活动，Q1、Q2 和 Q4 的均值又比 Q3 和 Q5 高，说明学习者表达自己观点、评论他人观点及自我改进的意愿较其他行为更为强烈，这对大规模在线学习具有积极的影响作用。Q2 的均值大于 Q1，说明大规模群体在个人意见表达的时候，相较于个体独立发表观点，更倾向于在他人观点基础上进行内容生发。Q6 和 Q7 的均值未达到 4 分，说明学习者在互动探究和发挥组织社交能力方面有所欠缺。

（2）核心人物协作能力分析

虽然 200 名核心人物在整体 43 397 名学习者中占比还不足 0.5%，但这 200 名核心人物对整体而言有着十分重要的作用，他们的协作学习能力对大规模群体有举足轻重的影响。对核心人物的协作能力进行问卷分析，剔除 6 份无效问卷后，问卷有效率为 97%，核心人物与大规模群体协作能力（43 397 名学习者协作学习能力）的对比如表 4-6 所示。

表 4-6　核心人物与大规模群体协作能力对比

题号	内容	核心人物均值	大规模群体均值
Q1	我可以大胆地向其他学员表达我的想法	4.56	4.31
Q2	我在查看其他学员的在线讨论内容时，愿意给出自己的观点并参与讨论	4.58	4.52
Q3	我可以依据其他学员的评论或回复内容，提出综合大家意见的观点	4.63	4.21
Q4	我可以接受其他学员对我提出的意见或看法，并有建设性地改进	4.06	4.30
Q5	我经常帮助其他学员改进或完善他们的讨论内容	4.48	4.12
Q6	当我不懂其他学员的想法时，我会请他们再说清楚一些	4.31	3.81
Q7	我可以发挥组织和社交能力，进行高质量的内容讨论	4.44	3.77

从表 4-6 中可以看出，核心人物的协作能力整体优于大规模群体的协作能力。在 Q1 题项上，核心人物主动分享的意愿强于大规模群体；在 Q2 题项上，两者并没有太大差别。根据两者在 Q3、Q4 和 Q5 的均值，可以发现核心人物在观点总结和意见提出方面强于大规模群体，但他们在接受建议和观点改进方面却弱于大规模群体，这与他们的权威性和主导作用是相关的。核心人物和大规模群体差异较大的是在 Q6 和 Q7 题项上，表明在遇到疑难困惑时，核心人物更倾向于与其他学习者进行交互沟通，而大规模群体往往选择放弃或者忽视，将疑问搁置一旁；核心人物有意识地运用组织和社交能力引导其他学习者参与协作学习的能力也明显强于大规模群体，这与选择核心人物发挥引领和辐射作用的研究初衷

相一致。总体而言，核心人物在整个在线协作学习过程中，表现出更大的主动性和主导性，大规模群体也有较强的参与意愿，但是在独立发表个人见解、对他人观点进行总结以及进行深入探究性互动方面，显得有些薄弱。

3. 分析结果

（1）在线考核合格率整体较高，提高水平呈现差异化

与前四期相比，第五期"泰州师说"的考核有着更高的参与率，不仅如此，在线考核的通过率也比往期高。五期以来，不断有新的学习者加入，也有部分学习者退出，但仍存在大量持续性参与的学习者。在这样的学习群体中，持续性参与的学习者通过五期的持续学习后，加工、存储和提取信息等综合能力得到持续增强，认知水平也得到不断提高。但对具有不同学习基础的学习者而言，认知水平的提高和发展空间是不一样的，因此，在进行在线学习资源设计时，要兼顾不同学习能力的学习者。虽然中等难度的课程内容能够满足大部分学习者，但对于能力较高的学习者来说，则容易出现投入的学习时间和取得的学习效果得不到平衡的现象。如何实现线上学习者的差异化教学，是推进学习者群体整体提高所要思考的重要内容。

（2）群体的协作能力得到发展，卓越学习者尤为突出

经过在线学习的一系列活动之后，通过问卷对学习者的协作学习能力进行调查，结果显示学习者对自我协作能力的认知较为客观。学习者普遍能够进行内容查阅、观点表达、建议接纳以及内容完善等活动，在提高自我协作能力的同时，能够深化对学习内容的认识，在交互协作中加深对内容的理解，进行知识的自我建构。普通学习者更愿意在他人观点的基础上进行内容的生发，而核心学习者往往具有较强的独立性和自主性，能够对他人观点进行深入探究和总结，尤其是卓越学习者表现出更强的主动性和主导性，能够在协作活动中发挥组织和社交等多项能力，更好地起到协调引领作用。

（二）生成过程分析

1. 媒介供给

媒介是在线学习的重要工具，也是贯穿在线学习始终的技术保障。大规模在线学习依托媒介工具开展，因此对媒介工具的选择和使用影响着学习者对在线学习的体验和学习效果，由此媒介供给成为生成集体智慧的重要保障。

（1）媒介选择

"泰州师说"的前四期以江苏教师教育网作为媒介，但实践发现，该系统功

能不够完善，无法实现实时交互与协作，学习者只能进行视频观看，知识内容只能单向输出。因此，采用了组合化的媒介，即在江苏教师教育网进行课程视频的学习，在百度贴吧进行在线讨论，取得了一定的实施效果。

之后，江苏教师教育网的系统得到完善，不仅开放了在线论坛的版块，还建立了"江苏教师教育"公众号，学习者可以通过手机的微信端口进行课程的访问和参与。因此，第五期"泰州师说"放弃使用百度贴吧，统一在江苏教师教育网中开展大规模在线学习和在线讨论。江苏教师教育网的主要优势有三个：其一，参与江苏教师教育网在线论坛的讨论需要身份认证，获取相应的在线学习资格后方可参与，而百度贴吧属于完全开放的在线讨论平台，任何人均可匿名加入讨论，容易导致讨论秩序难以维护，内容导向难以控制。实名制的江苏教师教育网平台在一定程度上能够提高在线讨论质量，减少无关话题的出现。其二，江苏教师教育网的在线论坛开通后，视频学习和在线讨论可以在同一平台完成，减少了转移到第二个平台的麻烦，有利于延续性学习活动的开展。其三，延续了手机的微信端口，与网页版学习同步开展，教师无需下载新的软件，即点即用，将在线学习与日常社交融为一体，减少了学习者对媒介使用的认知负荷。

（2）媒介使用

课程设计者通过任务推动学习者利用媒介进行社交互动与知识建构，学习者使用媒介受学习任务的驱动和学习目标的导向。学习者要不断适应媒介，并依据自己的需求对媒介功能进行运用与开发。学习者通过江苏教师教育网进行在线学习，主要进行如下类别的操作：观看课程视频、论坛参与、视频评分、帖子浏览、帖子回复、新帖发布、点赞数等，对学习者的媒介使用主要行为进行统计，结果如表 4-7 所示。

表 4-7　学习者媒介使用主要行为统计

比较项	观看课程视频	论坛参与	视频评分	比较项	帖子浏览	帖子回复	新帖发布	点赞数
参与人数/人	41 984	6 250	8 853	帖子数量	165 410	75 522	3 375	4 981
占比/%	96.74	14.40	20.40	人均数量	3.81	1.74	0.08	0.11

第五期"泰州师说"共 43 397 人参与，从表 4-7 中可以看出，观看课程视频的人数最多，96.74%的学习者能够利用平台进行课程视频观看，20.40%的学习者不仅观看了课程视频，还对视频内容进行了评分操作。该期将在线学习和在线讨论集中到江苏教师教育网一个平台，吸引了 6250 人参与论坛讨论，相比往期1000 多人的论坛参与量，参与人数大幅度增加，说明媒介的选择对学习者的在线

参与有着十分重要的影响。学习者无需在平台间切换，只需要在同一平台内进行页面跳转，减小了媒介操作的认知负荷，提高了学习者的活动参与度。统计发现，学习者人均浏览了 3.81 条帖子，人均回帖 1.74 条，人均自主建帖 0.08 条，人均点赞 0.11 次，这说明学习者对媒介操作基本不存在认知困难。

总体上，从学习者的媒介使用主要行为来看，学习者已掌握最基本的媒介操作技能，部分操作较为熟练同时表现出较高的参与积极性，功能更新后的江苏教师教育网能满足学习者在线学习过程中更高层次的学习需求。

（3）媒介使用感受

利用黄国帧教授关于学习系统的满意度调查问卷来了解学习者对江苏教师教育网平台的使用感受。问卷共由 7 道量表题目组成，从非常不满意（1 分）到非常满意（5 分）依次递加，核算每个学习者 7 道量表题的平均分值，其结果如图 4-4 所示。多数学习者对平台的满意度在 3—5 分，对平台满意度在 5 分的人数接近总人数的 32%，而对平台使用不太满意，在图中显示为 3 分以下的占总人数的 1%，这一结果说明绝大多数学习者对江苏教师教育网是持正面积极态度的。

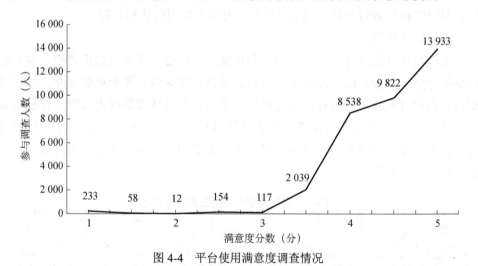

图 4-4　平台使用满意度调查情况

（4）分析结果

在线学习往往有两大主要功能：观看在线课程的视频和参与在线活动（主要为在线交流和在线考核）。其中视频学习和在线交流尤为重要，视频学习是知识输入的过程，在线交流是通过交互进行知识输出的过程，从时间上来看，这两者是前后连续的。媒介功能一体化，能够帮助学习者达到良好学习这一目的，而不至于因为使用不同的媒介，花费不必要的时间去进行媒介跳转和界面适应而产生学习中断。集多种功能于一体的媒介，不仅提高了学习的流畅度，还实现了学习活动和知识建构的延续性。一般而言，学习者更愿意采用匿名的方式参与在线交流，课程前期对学习者的意愿调查也证实了这样的观点，但从学习者的实际参与情况来看，匿名参与的优势并未凸显，相反学习者用实际行动选择了功能一体化的实名参与。在大规模在线学习中，学习者与其他绝大多数学习者都是陌生的，在这样的情况下，学习者的名字等同于一个代号，相当于匿名交流。但是采用匿名容易破坏在线交流的秩序和规则，而采用真实姓名作为身份标识，能够有效减少一些与学习内容无关的交流，减轻在线学习管理者的管理负担。因此，在大规模在线学习的情况下，最好能够选择功能一体化的媒介，有助于学习者进行无缝学习；在参与形式方面，虽然学习者实名和匿名的差异基本可以忽略，但实名更有利于维持在线学习秩序。

"泰州师说"开展到第五期，学习者已掌握基本的媒介操作技能，并不存在操作难度或认知困难，对学习者使用媒介的满意度调查也发现，学习者对选择江苏教师教育网及其功能普遍较为满意。与市面上的各类学习平台相比，江苏教师教育网没有繁多的使用功能，也没有烦琐的界面设计，最大特色就在于界面的简洁明了以及功能供给的适切性，如投票、置顶、标签等功能配合着电脑端和手机端的使用，极大地便利了学习者，不会产生冗余的信息和较重的认知负荷。因此，判断一个媒介的好坏并不在于其功能的多少，而在于其功能是否能够适切地支持在线学习，是否能够起到联合参与、促进沟通、共享资源、细化任务、监察学习过程以及同侪反馈等作用。

2. 组织策略

为充分调动学习者参与"泰州师说"的积极性，提高在线讨论的质量，第五期采用他组织和自组织相结合的半组织方式。从组织指令和组织力的来源来看，源自组织外部的称为"他组织"，源自组织内部的称为"自组织"。在第五期"泰州师说"中，他组织干预是指依据设计者预先设置好的活动方案，如在统一发布学习公告后开展学习活动，在预先设置好的 9 个主题、45 个问题支架下开展讨论，统一进行在线考核等，具有预设性、系统性和稳定性。自组织是指由学习者在学习过程中产生的自我组织和自我管理策略，在本次在线学习中主要是指由200 名核心人物进行的管理组织策略和一些学习者自发形成的组织行为，如在问题支架外自主发布主题帖，自主回复内容帖进行话题讨论，具有小团体的组织自律性、组织分散性和决策灵活性等特征。

（1）组织成果分析

第五期"泰州师说"采用整体他组织、局部自组织的半组织方式开展学习活动，他组织体现在课前分别针对大规模群体和 200 名核心人物发布学习任务和学习要求，合作完成问题支架的回答，并且在课程结束之后参与在线考核和问卷调查。"泰州师说"是针对教师群体的在线培训课程，因此学习任务和学习要求由泰州市教育局以文件形式下发至各学校，以行政手段推进活动的开展，这种自上而下的组织形式取得了不错的效果。

（2）群体属性分析

他组织下，学习群体在线互动表现出一定的群体网络特征，量化指标反映了群体在线学习过程中的互动关系和互动水平。借助社会网络进行分析，可以探寻学习者之间的相互关联和内部特征，以及更好地阐述他组织的成果。

整体网属性是表征学习者间交互程度的重要指标，主要包括整体网规模、群体网关系、网络密度和网络平均度四个二级指标。整体网规模描述的是在群体中包含多少网络节点或学习者数，数值越大，表示网络中的学习者越多。群体网关系表示学习者之间产生的所有交互数量，数值越大，表示学习者间联系越频繁。网络密度是指群体中总学习者之间的紧密程度，能够刻画不同节点之间交互的密集程度，如果密度为 0，表示该网络中的学习者都是孤立的，并未与其他任何学习者产生交互；如果密度为 1，则表示任意两个学习者之间都存在交互关系。网络密度越高，表示信息在网络中流通的速度就越快，对个体的影响就越大。网络平均度表示学习者和其他学习者之间联系的平均度数，数值越大，表明学习者之间的联系越广泛。

（3）分析结果

结合他组织和自组织方式，能凸显核心人物的引领作用。在课程运行过程中，自组织和他组织缺一不可。若整个学习过程中仅以他组织方式运行课程，单单依靠强制的政策推动和硬性的学习要求，将导致在线学习者缺乏自主性，难以调动较大规模的学习者主动参与其中。而仅以自组织方式开展在线学习，有可能出现学习者过于自由，学习活动难以进行，不能达成学习目标的现象。因此，结合自组织和他组织方式的优势，共同运行在线学习，能够更好地达成课程学习目标，实现个体智慧到集体智慧的升华。我们采用他组织和自组织相结合的方式，以他组织方式自上而下地发布学习任务，保证学习者基本的参与行为，以自组织方式开展草根式话题讨论，自下而上，由浅至深，保证学习话题的内容质量。学习任务的细化与规则量化，能够更好地帮助学习者完成学习任务，同时也能更好地实现教学目标。问题支架不仅能够为学习者创设情境，还能够将复杂的问题进行分解，辅助学习者不断对问题进行深入思考，这同样是他组织的有效手段。前四期"泰州师说"中出现的核心人物缺乏有效引导，因此其辐射引领作用没有得到最大化发挥，在第五期，我们不仅定位了核心人物，还通过具体而明确的指令放大核心人物的作用，充分发挥他们的自组织能力和社交能力，引发了更多学习者参与到内容学习和话题讨论中，通过自中而上、自中而下的智慧发散方式，以点带面，更大范围地发挥了核心人物的辐射引领作用，得到了非常显著的效果。

3. 社交互动

面对面的学习依靠学习者的对话进行社交，而在线学习主要依靠文本表达情感，大规模在线学习中，群体聚集产生社交性的同时，也凸显了学习性。学习者的社交层次随着学习的深入也在不断地发生着变化，从个体之间简单的知识交换到观点传递，再到群体间的知识深层建构，在线学习的实施效果得到了不断提高。

（1）群体社交整体水平分析

学习者在平台中观看课程视频，并在论坛中通过在线群体交互进行知识的吸收与强化，在不同阶段呈现出不同的社交水平和社交能力。在观看完课程视频后，学习者在视频下方进行评分和评论，集中体现了学习者由观看视频而产生的一系列学习体会。对视频下方的评分和评论内容进行整理，借助表 4-2，依据不同学习主题统计学习者的视频评分和社交水平，如图 4-5 所示。

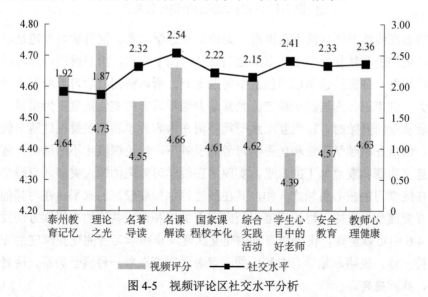

图 4-5　视频评论区社交水平分析

（2）基于问题支架下的社交水平分析

在论坛讨论区呈现 9 个主题的问题支架，这 9 个主题的 45 个问题支架按照对学习者的认知要求由低到高依次抛出，学习者在完成视频学习的任务后，可以围绕管理员提供的问题支架进行回复和评论。问题支架能够帮助学习者从视频学习过渡到对真实问题的理性思考中，在线学习不再仅仅停留在无效的社交建构中，而是逐渐走向信息共享、观点传递、知识深层建构层面。依照表 4-2，对学习者在 6 周时间里关于问题支架的讨论内容进行编码和计算平均值处理，结果如图 4-6 所示。

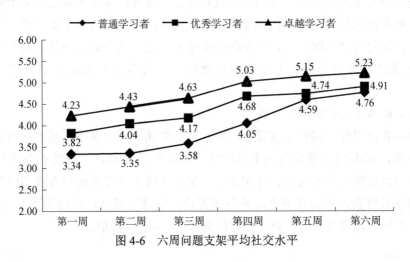

图 4-6　六周问题支架平均社交水平

随着在线学习活动的不断推进，无论是普通学习者、优秀学习者还是卓越学习者，他们的在线社交水平均有所提高。从时间上来看，由于前四周分阶段抛出理解应用型、分析评价型以及创造型问题支架，所以前四周学习者的互动深度变化较大，到第五、六周趋于稳定，尤其是普通学习者的变化幅度更为明显。普通学习者从学习开始时，在线互动水平就停留在内容分享和探索发现这两个较低层次上，而后在卓越学习者和优秀学习者的引领下，讨论深度才不断增加，逐步过渡到意义协商和观点加工的水平，实现了在线学习效果的较大突破。卓越学习者作为在线学习的核心引领式人物，其在线讨论保持着较高的水平，在与其他教师的相互交流和促进中，讨论深度逐渐向观点加工和达成共识的高层次方向发展。在图 4-6 中可以发现，优秀学习者的交互深度与卓越学习者的交互深度的变化基本保持一致，说明卓越学习者和优秀学习者之间存在着一种耦合关系，两者相互影响，共同提高。

（3）社交差异分析

个体自主建帖水平不仅要看建帖者的发帖内容，还要看帖子内容所引发学习者的回复讨论情况，这不仅与发帖者相关，还与回复者的内容深度相关。利用闫寒冰等[①]设计的讨论质量分析规则，统计学习者自主建帖的交互水平，即将自主建帖者的社交水平定义为建帖水平与学习者回帖平均水平的乘积，具体计算规则为：$m=$ 自主建帖水平 $\times$（学习者 1 回帖水平+学习者 2 回帖水平+……+学习者 n 回帖水平）$/n$。其中，m 表示自主建帖者的社交水平，n 表示学习者帖子总数。

学习者回帖水平采用表 4-2 的群体交互编码规则，而学习者自主建帖水平主要从描述明确性、话题新颖性、内容情境性和专业相关性这四个方面来考量，借鉴分级评价原则和利克特五点量表，设计了如表 4-8 的评价表，按照自主建帖水平由低到高划分为 5 级，分别对应 0—4 分。

表 4-8 自主建帖水平

自主发帖序号	描述明确性（0—4）					话题新颖性（0—4）					内容情境性（0—4）					专业相关性（0—4）				
	非常不明确	不明确	一般	比较明确	非常明确	非常不新颖	不新颖	一般	比较新颖	非常新颖	情境性极差	情境性较差	一般	情境性较好	情境性极好	相关性极弱	相关性较弱	一般	相关性较强	相关性极强
1																				
2																				
...																				
n																				

学习者的自主建帖水平等于这四个方面的总和，最高值为 1，最低值为 0，四个方面各占 1/4，计算规则为：$m=$（描述明确性$\times 0.25$+话题新颖性$\times 0.25$+内容情境性$\times 0.25$+专业相关性$\times 0.25$）$/4$[②]。

依据表 4-8，对普通学习者的自主建帖水平进行统计分析，结果如图 4-7 所示。普通学习者自主建帖的话题新颖性较好，同时兼顾了内容情境性和描述明确性，但专业相关性较低。通过计算，得出普通学习者的自主建帖水平为 0.8113。

---

① 闫寒冰，段春雨，王文娇. 在线讨论质量分析工具的研发与实效验证. 现代远程教育研究，2018（1）：88-97，112.

② 李银玲，张超. 教师远程培训中在线参与度的分析与计算. 中国远程教育，2008（2）：60-64，80.

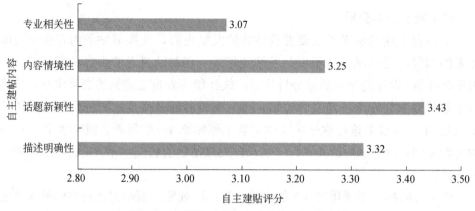

图 4-7　普通学习者自主建帖水平细项分析

核心学习者自主建帖共计 230 条，其中 213 条来自卓越学习者，17 条来自优秀学习者，核心学习者自主建帖水平细项分析如图 4-8 所示。专业相关性是四个方面中分值较低的一项，这也是学习者在自主建帖时常出现的问题，因为由学习者自主建帖，发起的话题内容容易偏离学习主题。在核心学习者中，卓越学习者的建帖水平普遍高于优秀学习者，结合图 4-7 发现，自主建帖水平由高到低排列为卓越学习者、优秀学习者、普通学习者。通过计算，得出卓越学习者的自主建帖社交水平平均为 0.8813，优秀学习者的自主建帖社交水平平均为 0.8306。自主建帖引发的社交水平由高到低依次为卓越学习者、优秀学习者、普通学习者。

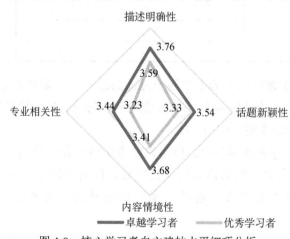

图 4-8　核心学习者自主建帖水平细项分析

近一半的卓越学习者发挥了较强的辐射引领作用，不仅引发了大量学习者参与话题讨论，还引发了较高水平的社交互动。对这部分卓越学习者的自主建帖内容进行分析，主要有以下两方面值得借鉴：①善用媒介。在 24 名参与自主建帖的卓越学习者中，有近一半的学习者都采用过论坛中的投票功能，利用投票活动吸引学习者进行观点表达，引发网络社交互动，进行知识内容的深度加工。近1/3 的卓越学习者能够在发帖时，对字体颜色、字号以及格式等进行设计，做到重点突出，简洁明了。②巧用提问。疑问的表达方式比陈述的表达方式更具有刺激性，更能够引起学习者的注意，而且提问的方式类似于提供给回答者一个支架，有利于降低学习者的参与难度。

（4）分析结论

搭建问题支架，能促进社交水平逐步提高。当学习者观看完视频后，对视频内容进行评分和评价，这个过程是学习者自主学习和独立发帖的过程，没有具体目标和具体要求，学习者发布的评价内容层次较低，体现了个体思维的局限性。当提供了不同层级的问题支架后，学习者围绕问题支架对视频内容进行思考和回复，随着问题支架层级的不断提高，学习者被推动着不断深入思考，由简单的概念理解到策略方法的提出，由内容陈述到观点创新，社交水平也在不断提高。在9 个主题的 45 个问题支架中，理论性和实践性并重的话题内容往往能够产生较高的社交层次，因此在设计问题支架时，尤其是理论性较强的话题时，要结合具体情境进行问题的引导和启发。

较高的话题质量，能引发高水平的群体讨论。在学习群体中，学习者之间不同的学习经验会相互影响，使得对知识的理解不断加深，思想和观点得到外化，有效促进群体的广泛互动和社交水平的提升。学习者自主建帖引发的在线社交水平，与学习者的帖子内容质量有很大关系。高质量的话题内容不仅能够引发大量的内容回复，还能够获得高水平的交互效果。语言描述的明确性、话题的新颖性、内容的情境性以及学习内容的专业相关性是学习者在自主建帖时应该考虑的重要方面。不同学习者在自主建帖能力方面存在一定差异，从而引发的整体社交水平也有较大的差异，表现为普通学习者的平均社交水平<优秀学习者的平均社交水平<卓越学习者的平均社交水平，因此在自主建帖时，为学习者提供一定的帮助，鼓励学习者采用多种形式的建帖方式，如加入投票活动、善用提问技巧、提供发帖参考标准等，能够有效提升学习者的自主建帖水平。

（三）生成结果分析

在个体认知水平持续提高、媒介沟通顺畅、组织与社交智慧交错推进的基础上，集体智慧应运而生。群体交互能集众人之长解决现实的复杂问题，这是搭建在线平台进行交流的重要目的。学习者能够充分利用在线学习交流的契机，集众人智慧，解决实际问题。

我们收集学习者提交的学习总结后发现，许多学习者能够很好地利用在线平台，通过群体交互，集众人智慧解决自己面临的复杂实际问题。例如，泰州市姜堰区第四中学的石老师将培育站的研修主题"农村初中数学课堂的研究"作为话题抛到论坛，得到了114条一线教师的评论，为他的研究提供了更加广泛的素材。泰州市城东中心小学的陈老师、靖江市实验学校的贾老师等将担任班主任期间面临的问题与其他教师分享，获得了350条宝贵经验与实践指导。

大规模在线学习中，学习者通过问题支架对视频学习内容进行反思，通过自主发帖对相关话题进行深入讨论，充分利用集体智慧，对问题进行全面思考和总结，以指导实际操作。例如，石老师提出问题，其他学习者对该问题做出积极回应，帮助他解决了长久以来的困惑，使他深刻感受到群体交互的重要性，他在学习总结中这样写道：

一直以来，对于"教什么"与"怎么教"孰轻孰重的问题，我很困惑，因为有专家的观点是"教什么"比"怎么教"重要，也有专家的观点是"怎么教"比"教什么"重要。针对这个问题，我也很认真地进行了思考，通过对大家观点的总结，我得出这样的观点："教什么"与"怎么教"到底谁重要并不能一概而论，需要根据学段而定。对于小学阶段而言，"怎么教"重于"教什么"，到了初中阶段，"教什么"与"怎么教"应该并重，而到了高中阶段，"教什么"重于"怎么教"。在第五期"泰州师说"学习时，我就把这样一个问题抛出来，引发了众多教师的回复和评论，其中泰州市第二中学的王×东老师提出这个问题的关键是看培养的目标是什么，如果培养的是从事简单的、机械的、重复劳动工作的劳动者，那么"教什么"更重要，如果培养的是从事复杂的、具有创造性工作的劳动者，那么"怎么教"更重要。因此在选择"教什么"之前对学生准确定位更重要，定位不准，老师工作越努力越浪费时间。泰州市里华初级中学的王×老师提出"教什么"是指教学内容，可以重复；"怎么教"是指教学手段，具有个性特点。如果只关注"教什么"，这样的教育是没有肉体的教育；如果只关注"怎么教"，这样的教育是没有灵魂的教育。"怎么教"是艺术，"教什么"是科学。"教什么"和"怎么教"孰轻孰重，没有绝对标准，两者联系紧密，相辅相成。还有很多老师提出了自己的思考，对我启发很大，如"教什么"属于课程论的范畴，而"怎么教"属于方法论的范畴，之所以常将这两者加以比较，是我们更多地关注了这两者研究的共同点，而忽略了它们的不同点与本质的区别。从人类文化的传承以及人自身的发展而言，单独研究这两者中的任何一个都是低效的，必须结合起来进行研究。因此说，也就不存在孰轻孰重的问题，两者都很重要。

　　通过石老师的描述，我们可以发现，"教什么"和"怎么教"是他长久以来困惑的问题，也是他想要在本次在线学习中解决的问题。在与其他学习者进行交流之后，通过归纳总结别人的观点，并结合自己的理解，石老师得出了更为系统的结论。尤其是王×东和王×两个学习伙伴的见解对他影响较大，使他从对问题的浅层认识转向对课程论、方法论等理论层面的深入思考，在线学习中的群体交互，切实解决了他的问题。

　　据统计，除了预设的 9 个主题的问题支架外，学习者通过自主发帖，自发形成了如图 4-9 所示的 2244 条新的话题（部分展示）。这些话题涵盖了当前的热点话题、前沿理论和实践难题，其中与他们日常教学工作相关的实践类话题探讨占 74.83%，这表明学习者能够从本次线上培训和集体探讨中收获到实实在在的内容，而不仅是为了完成考核任务。论坛中所有的讨论内容都是集体智慧的重要呈现，而学习者自我总结和自我反思的内容是集体智慧内化于个人的结果，对学习者个人而言更具价值。集体智慧的创生过程，也是个人和群体共同成长与提高的过程。

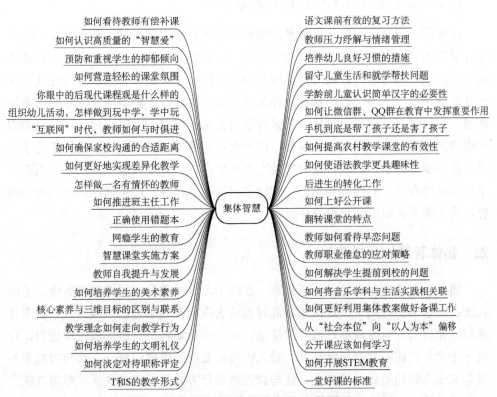

图 4-9　集体智慧凝练主题展示（部分展示）

三、集体智慧的生成结论

（一）由静态知识输入向动态智慧转变

视频学习资源作为大规模在线学习的主要学习内容，向学习者呈现了静态的知识内容，不同主题以及多层级的问题支架引发了学习者的参与兴趣和探索积极性，学习者因话题内容聚合成小群体，通过自主建帖引发学习讨论，利用学习总结进行反思。论坛中任意话题的讨论过程均为集体智慧的生成路径，而由学习者提交的学习总结是集体智慧映射到个体学习者的缩影。学习者基于自身的认知基础，将习得的知识结合自身经验与其他学习者进行交互，从而产生解决实际问题的方法和策略。个体从通过观看学习视频进行智慧的发散，在回答问题支架中实现集体智慧的聚集，到通过参与核心学习者的话题凝聚集体智慧，再到通过自主建帖讨论创新生成集体智慧。在这个过程中，学习者将从视频中学习的静态知识转变为个体和群体中动态生成的智慧。

（二）固定话题向草根汇聚式内容转变

在线课程的学习内容，往往是由课程设计者结合课程大纲和教学目标进行设计并最终确定的。从课程教授者角度出发设计的学习内容可能存在理论与实践相脱离的问题，学习者难以将习得的理论顺利地运用于实践中。在线课程往往在课程开设前预设了学习内容，然而，预设的学习内容往往不能适应灵活多变的教学场景，导致学习者在学习过程中的多种学习需求不能得到及时满足。在预设的固定内容的基础上，学习者自主建帖，产生草根汇聚式的知识内容，更能满足学习者的实际学习需求。在线讨论内容没有客观标准，只有学习者个人的主观判断，个体能够结合自己的经验和能力，构建自己的知识体系，产生非结构化的知识内容，真正实现从知识到智慧的升级。

四、集体智慧的生成建议

随着教育信息化水平的不断提高，在线学习日益普及，越来越多的学习者加入到在线学习的行列中，低成本、高时效的大规模在线学习已然成为人们的重要选择，如何提升学习者的在线学习质量，由个体认知转型升级形成集体智慧，让每一个学习者都能共享智慧红利，是人们急需面对的重要议题。在线学习效果不仅与在线资源的质量息息相关，还与课程的运行方式有极大的关系，学习者应重视在线环境中课程活动的开展，促进集体智慧的创生。

"泰州师说"第五期利用媒介为集体智慧的生成提供保障，充分发挥组织策略的优势，高层次的社交水平激发集体智慧由发散、汇聚、凝聚到创造的过程提升了大规模在线学习质量。我们从个体认知向集体智慧转变的视角出发，分析媒介的选择、组织的策略以及社交水平对在线学习群体产生的效果，借此总结出集体智慧的生成建议。

（一）打破组织中央控制，扩大核心辐射范围

在线学习群体中出现的核心学习者不可忽视，他们的组织和社交能力能够对大规模群体的学习产生重要影响。将组织权利分发到核心学习者手中，并分配其相应的辐射引领任务，让核心学习者发挥各自的能力，引导线上的自组织讨论。学习者自我组织的讨论话题，更贴合自身的学习需求和学习兴趣，相较于从课程设计者角度出发预先设置好的话题内容，更具有现实性和实用性。在 4.3 万人的大规模在线学习群体中，真正发挥引领作用的学习者有 24 名，在 24 名核心学习者引导下，不仅大幅度提升了学习者的参与量，更在一定程度上提高了在线交互的质量。因此，在组织大规模在线学习活动时，可以进行核心学习者的培养，借此推动整个学习活动的发展进程，吸引更多学习者参与其中。

（二）细化学习目标，提高课程参与量

对于大规模在线学习群体，笼统的学习要求和学习目标会使学习者缺乏自我监控的能力，容易导致学习懈怠；而明确的课程学习要求与细化的学习目标更容易让学习者在宽松的学习环境中进行自我检测和监督。量化的规则要求能够让学习者更好地执行学习任务，保证最基本的参与性学习。因此，教师在布置学习任务或制定评估要求时，应尽量进行量化，如用分值、百分比等具体数值代替质性描述。

（三）逐级搭建问题支架，凝聚集体智慧

学习者通过观看在线学习视频发布个人观点，但由于在线课程的视频内容较多，学习者无法充分吸收，个人观点建构深度较浅，学习者依然处于游离状态。通过搭建问题支架，并将问题支架由低层级向高层级依次抛出，引发学习者围绕问题支架进行思考和回复，将发散的集体智慧凝聚起来，为集体智慧的生成蓄力。

（四）完善课程考核机制，优化多元评价方式

以大规模在线学习方式开展在线学习活动，单一的课程考核方式已不能体现学习者的学习过程，完善的课程考核机制和多元的评价方式是保障教学有效性的重要内容。在进行在线学习设计时，应坚持过程性和总结性考核相结合，充分利用媒介后台的行为数据，对学习者进行立体化评价。

第五章 大规模在线学习的内隐质量：
个体认知

大木百寻，根积深也；沧海万仞，众流成也；渊智达洞，累学之功也。

——马总《意林》

大树高达千尺，是因为它的根须扎得极深；沧海广阔无边，是因为由千条江河汇积而成；智者事事通达洞明，是其长年积累知识的结果。

认知是个体思维进行信息处理的心理功能，它描绘了人脑接收外界信息，并对其进行加工处理，转换成内在知识的心理活动，进而支配行为的过程。框架是一种与某些经常重复发生的情景相关的知识概念，强调语言与经验之间的关系。在认知过程中，知识是认知框架的外在表现形式。人们理解知识，需要基于知识的学习环境，从大脑的储存库中调出相关背景知识和记忆，即从认知体系中选择恰当的框架。因此学习者的认知框架由相互关联的概念组成，要理解这一体系中的任何概念，必须理解整个概念体系，以任意概念激活其他所有概念。在大规模在线学习中，学习者的认知是一种知识建构与转化的能力，突破了学习者对学习内容的简单记忆与浅层理解。尤其对于教师学习者而言，整合技术的学科教学知识（technological pedagogical content knowledge，TPACK）是由 8 个知识域及相互关系共同构成的知识体系，成为智能时代教师的知识结构与认知要素的体现。

本章选用第四至第八期"泰州师说"，以 TPACK 理论为基础，运用认知网络分析法动态建立学习者 TPACK 知识结构变化模型，并按学习者属性特征（如性别、学段等）对其进行分类，以探究学习者于持续性的大规模在线学习中的 TPACK 认知发展轨迹与群体差异。

第一节　大规模在线学习激发个体认知

认知或认识在心理学中是指通过形成概念、知觉、判断或想象等心理活动获取知识的过程，即个体思维进行信息处理的心理功能。皮亚杰等认知心理学者把学习视为在个人经验基础之上，对个体知识不断重新加工的过程，即学习是个体认知持续建构、发展的活动过程。在学习过程中，个体已有知识与未知知识相遇，进行同化（顺从个体的经历和已有的知识）和顺应（从经验中激发新的知识分类），并通过这种同化、顺应的不断推进和动态平衡重构，引起图式（个体的认知结构）的生长与发展，达到认知成长与学习的提升。

在大规模在线学习中，学习者的个体认知并非孤立变化的，而是个体、群体、资源和环境等多重交互形成的分布式发展。学习者在与其他学习者、学习共同体进行知识学习、交流协作的开放性学习活动中实现个体认知的跨越。

一、"知识"与"个体认知"

"互联网+"背景下，知识的爆炸性增长形成巨大的知识网络，并不断呈现类型多样化、规模扩大化、更新加速化、信息间关系复杂化等特点。知识时代的到来，使人类逐渐认识到知识在其生存发展环境中的重要性与复杂性，但是知识数量近乎无限性的增长与人类寿命有限性的存在之间存在矛盾，因此，学习者如何在有限的生命长度中最大程度地获取知识成为当下亟待解决的问题。学习理论认为，知识的获取是学习者主动形成内部认知结构的过程，学习者可以通过对外界事物进行获得、转化以及评价三个过程建立层次性认知结构，以实现知识获取。其间知识的获取是指在认知过程中，以主体"被迫"改变已有结构以适应新的刺激物，或是利用同化作用将新刺激物以主体"主动"的方式整合到已有图式或认知结构中。受控于认知结构是一个较为抽象的隐性心理学概念，而心理学研究表明大部分学习者属于视觉接收者，因而认知过程中基于个体的主观能动性，将复杂抽象知识以视觉化、形象化的方式表征便显得尤为重要。同时，学习者理解事物之间的有意义联系、主动形成认知结构、并按意义关系编织组成有序知识体，最终分散的知识点被有意识地加工成认知组块，实现对知识的整体把握，促成有意义学习的发生。

知识描述、解释和反映外部世界，同时也受到社会、历史、文化环境因素的影响。学习者在学习过程中进行社会互动与个体经历，以此获取知识、应用知识和建构知识，进而形成个体的认知结构。认知结构由元成分、操作成分和知识获取成分组成。在认知过程中，元成分的作用是制订计划、选择策略和监控。操作成分的作用是执行具体的认知加工过程，包括三个方面，即对刺激信息进行定义并予以表征的编码过程；对不同信息进行比较和融合的联系过程；对刺激信息予以应答的反应过程。知识获取成分的作用是对研究对象、问题的相关信息与记忆库中所储存的知识，通过信息（或知识）的获取、提取及转换的方式进行联系。认知结构的这三种成分相互联系、相互依存，共同发挥作用。在教育领域，个体的学习与知识建构是其内在的认知过程，既包括个体内在知识的习得过程，又包括社会文化的建构过程，二者互相作用，缺一不可。学习者在大规模在线学习过程中，基于互联网学习环境，以社会性学习行为（多向交流协作）整合学习同伴的碎片化知识，并融合于个人的内在知识结构以创生新知识体系，使个人的认知得到进一步提升。

知识是认知的基础，个体认知是学习者个体对知识进行再加工的过程。美国学者哈钦斯等认为，个体的认知活动并不局限于个体大脑的范围，还存在于媒介以及文化、社会和时间中。[①]分布式认知理论认为，个体的认知活动发生并分布在特定的文化和历史背景之中；他人、技术人工制品、知识的外部表征与环境共同构成了认知实现的重要部分。[②]在个体的认知系统中，认知活动的发生与完成是主体与客体之间相互影响与作用的结果，即个体的认知依赖于外界的环境与社会文化等，并从自我迈向认知分布、分散，最终融入复杂社会中。大规模在线学习方式为学习者的知识学习提供在线环境，并通过促进在线学习认知交互与行为交互的策略，保障学习者的社会性交互，激发个体认知，实现该方式下的有意义学习。

二、大规模在线学习的系统性和交互性

个体的认知活动是置于社会、文化等外界环境中的，会受到来自环境中其他人及认知资源的影响，即个体在与外界环境交互中发展知识，形成新的认知。因此大规模在线学习不再是传统的仅拘于个体内部、受限于个体先前知识的活动，而是各认知元素相互联系、系统调节的过程体系。大规模在线学习集成了各类工具、资源、服务与交互，进一步凸显了其系统功能和多重交互的特性，能够有效支持学习者的认知活动，促进个体的认知发展。

---

① 转引自周国梅，傅小兰. 分布式认知——一种新的认知观点. 心理科学进展，2002（2）：147-153.
② 于小涵，盛晓明. 从分布式认知到文化认知. 自然辩证法研究，2016，32（11）：14-19.

（一）大规模在线学习促进知识转变

大规模在线学习是个体与其他学习者、工具、资源和环境等相互联系、相互作用的系统化的认知过程，在这个过程中，借助认知资源、认知工具，学习者将个人内在的知识通过向他人表征与交流转化等，促进个体知识转变为个体能力。在线学习是学习者通过互联网获取知识，并在学习过程中获得他人支持的过程，结果是学习者的知识得到增长。大规模在线开放课程正在改变人们获取知识的方式，为个体的学习和能力发展创造了新的机会。本书的大规模在线学习强调能够为成千上万的学习者开放促进知识发展的学习资源与活动。在大规模在线学习过程中，学习者的认知、学习、社会情感等多种交互关系以及体验得以融合，并且学习者借助大规模在线学习提供的丰富工具获取、加工处理学习内容知识与相关信息，能够实现个体知识的自我建构与迁移，个体内部的认知活动与知识体系通过在线协作性对话表征转化，能够优化认知结构、产生新的知识。

大规模在线学习为学习者的认知发展搭建了一个学习环境，在这个环境中，所有的学习活动都依赖于学习者、学习资源与在线环境的相互作用。学习者的认知活动发生并分布于该情境中，并与其他学习者、技术工具与环境等认知资源相互补充、彼此融合，以实现个体认知。此外，大规模在线可支持主题式的讨论，将学习者凝聚于一个个话题之中，发帖、回复、点赞等多样化的功能为知识的传递和共享提供支架。该学习方式下的学习者知识建构并非孤立、封闭的个体行为，而是众多学习者共同参与知识学习、交流的群体性的、开放的学习活动体系，这有助于知识转化。因此探讨大规模在线学习的学习过程长期性、互动过程复杂性、学习资源生成性与学习共同体动态性四个特征，对于促进学习者个体知识转变与认知发展具有重要影响。

1）学习过程长期性。个体参与到大规模在线的社会化网络学习社区中进行学习，经历随机式访问、嵌入式观察、尝试性互动、选择性贡献、全身心投入与无兴趣消隐等阶段。每个阶段的经历时长因个体差异有所不同，学习者可能会因为种种原因停留于某个阶段无法向前推进，也可能会重复经历某个阶段，无形中学习过程被拉长，学习者的积极性会因此消磨殆尽，学习绩效不理想。

2）互动过程复杂性。大规模在线学习鼓励成员交互、分享知识和思想，提倡充分的交流和协作。但是个体主观因素的复杂性以及社会情境的复杂性，加之个体、行为与环境三者之间交互的复杂性，使得社会化网络学习的发生具有一定的偶然性。一般来讲，并非所有成员都会表现出积极的互动行为，然而不论交互层次如何，是否主动嵌入到互动过程中，那种偶发的、无意识观察、模仿与有意识的强化、建构对于个体认知发展来说同样重要。

3）学习资源生成性。在具体的实践过程中，大规模在线学习受到真实情境以及不同学习共同体的文化氛围的影响，每个共同体内的学习资源都具有极大的不确定性，加之学习者作为学习共同体的成员，在各种社会因素的影响下，又会不断产生新的意见与观点，进一步加速学习资源的融合、更新与生成。

4）学习共同体动态性。其包括共同体成员角色动态性、实践共同体成员动态更新性和学习共同体发展的自组织特性三个方面。①共同体成员角色动态性。参与到社会化网络学习社区中的学习者个体，会因为种种原因在实践共同体中表现出不同的活跃周期，且在不同活跃周期内担任的共同体角色也会有所不同。实践共同体内成员角色的演变，直接影响实践共同体的长期发展。如果成员在实践共同体内的角色发生固化，其发展空间就会受到一定程度的挤压，不利于成员与实践共同体的可持续发展。②实践共同体成员动态更新性。社会网络学习社区中的每个实践共同体内的成员数量，会随着实践的发展保持动态更新。这种更新有利于实践共同体更新演化，同时会为其发展带来一定的挑战。③学习共同体发展的自组织特性。每一个实践共同体都是一个自组织的生态系统，都具有开放性、非线性、非平衡性与涨落性等耗散结构特征。作为一个自组织的系统，实践共同体对外部系统需要保持一定的开放性，以与外界交换信息与能量。此外，实践共同体内部成员的非线性交流与碰撞无时无刻不在打破共同体内部平衡，导致共同体发展过程中出现涨落现象。

大规模在线学习中各个要素的不同特性与功能作用，有效支撑着各个层次的知识表征（即知识表征、个体内在的知识表征与外部世界中的知识表征），促进知识在不同个体与人工制品（人工制品是实体制品及抽象制品的总称，在认知过程中能够提高认知效率，降低认知负荷，促进认知留存以及改变认知方式与结构）之间分布传播，以重构外部结构，实现知识在个体与环境中的内外流动与转变，推动个体认知发展。

（二）多重交互支撑个体协同认知

分布式认知理论提出，学习活动是学习者在与不同个体、群体的交流中，与更加丰富多元化的技术和资源的交互中，完成知识的生成与个体的自我成长过程，并由此形成个体内部认知活动与外部技术、资源和环境之间互融互补的认知发展态势。[①]也就是说，交互是个体知识内化、认知工具发挥作用、认知流通的

---

① 张立新，秦丹. 分布式认知视角下个人网络学习空间中有效学习的保障路径研究. 电化教育研究，2018，39（1）：55-60.

基本条件，能够帮助个体协同完成认知活动。大规模在线学习过程中的交互活动是指学习者以知识为主要交互内容，进行知识组织、表征、共享与协同建构创新的活动。只有良好有效的交互活动，才能促进个体发展知识，形成新的认知，最终实现有效学习。因此，必须促进大规模在线学习者个体内部的自我交互及群体、环境之间多重交互的发生，激发个体在线交互动力，以支撑个体协同认知。

1. 个体内部的自我交互

个体内部的自我交互主要是指学习者参与到大规模在线学习中，以个人的学习需求甄别和选择所需的学习资源与工具，并将有价值的知识信息纳入自己已有的知识体系中，通过自身内部的信息加工系统将新知识同先前知识相联结，内化生成新的知识体系，最终外化于循环向上的发展活动，实现知识的学习。在此过程中，个体的认知调动头脑内各个模块的功能共同发挥作用，同时每种认知元素也相应发生变化，协同调控学习者的有效学习。学习者在自我交互的活动中逐渐形成个人的认知框架，即社会性学习中，学习者在解决问题时使用的技能和知识之间的联系。在该框架中，学习者交互形成的概念、解释等相互连接，形成学习者的知识网络。值得注意的是，框架中的概念是相互关联的，在理解框架中的某一概念后，其他概念也能被相应地激活。[①]大规模在线学习为学习者的知识学习与加工建构创建了自由、便捷、开放的学习环境与学习方式，提供了均衡、多元的学习资源，为学习者的知识获取提供了极大的便利，学习者可以自主选择满足自身需要或感兴趣的学习内容，这对于发挥个体的积极性，促进个体内部的自我交互具有重要意义。

2. 不同个体间的群体交互

在大规模在线学习中，学习者因学习能力、学习风格、知识结构、认知方式以及经历背景等的不同，知识体系也各不相同。基于此，知识在不同学习者之间的分布并非均衡的，不同学习者或学习群体因同一学习需求或学习任务而参与到共同的学习活动中相互交流思想、交换观念、协同建构知识时，就形成了群体交互，并实现了知识意义的共享。因此，不同个体间的群体交互就是指在学习过程中，受到真实情境以及不同学习共同体的文化氛围的影响，学习者通过观看视频、阅读文本与论坛讨论等方式，在学习过程中不断地与资源、其他教师及共同体进行交互，产生新的观点与意见，生成主题式讨论，吸引各方力量协同发展。在群体交互产生集体智慧的同时，个体的知识与认知也得到滋养。大规模在线学

---

① 李月平. 从认知框架视角探讨外语词汇的国俗语义教学. 外语界，2009（2）：92-96.

习提供的表达、分享、辩论的机会与空间有利于学习者认知的扩展，以及个人知识和协作知识的相互支持和补充。

3. 个体与外部环境的社会交互

个体认知并不仅仅是个人头脑内部的单独活动，而是在外部社会环境的支持下，与环境中的各个元素发生互动，形成的对外界客观事物的社会性认识。个体与外部环境的社会交互是指在大规模在线学习中，学习者与构成外部学习环境的各个独立、性质不同又彼此联结的基本要素产生反应的行为活动。学习并不是闭门造车，而是保持对外部环境感知的敏锐度，做到与时俱进。大规模在线学习为学习者提供了有利的外部学习环境条件，但后者的变化会影响学习者的认知状态，进而使其在线学习绩效产生波动。比如，大规模在线学习中的文化氛围、学习工具以及交流协作方式等的变化，都会对学习者的认知投入产生不同的影响。在大规模在线学习中，外部环境的持续支持与反馈在学习者将知识转化为实践成果过程中起着重要作用，是个体在线学习取得成效的重要条件。在智能时代，大规模在线学习能够构建智能化、多元化的支持性服务体系，为学习者的学习提供个性化、精准化的持续支持与反馈，从而提升学习者的认知。

个体认知发展以知识为基础，以交互为动力，大规模在线学习整合了知识网络与社交网络，这与个体认知发展相契合。因此，为学习者提供在线学习环境，并制定相关规则，设计促进在线学习认知交互与行为交互的策略，对于个体认知有积极作用。

第二节　大规模在线学习的个体认知框架构建

在大规模在线学习中，学习者知识的发展是多方协同交互的结果。换言之，知识是认知的产物，每一种认知都将产生特定认知框架下的特定知识，包括理念、概念、解释框架等。学习者的个体认知过程既是其参与学习的表现，也是其建构知识的过程。同时，谢弗等认为，知识与能力之间不是孤立的，学习是知识和能力之间的连接，将这些元素之间的联系量化，可以反映一个人在某个时间点或某段时间内所产生的认知。[①]在大规模在线学习中，学习者建构知识并以此解决复杂问题，从而提升个人能力，在不断的实践检验中，逐渐形成处理复杂问题的思维模式，即个体的认知框架。因此，构建个体认知框架有利于支撑大规模在

① Shaffer D W, Collier W, Ruis A R. A tutorial on epistemic network analysis: Analyzing the structure of connections in cognitive, social, and interaction data. Journal of Learning Analytics, 2016, 3 (3): 9-45.

线学习者的知识学习与问题解决能力的发展。

一、个体认知框架的基本结构

美国学者谢弗等提出了认知框架假说，认为每一个实践共同体都有一种文化，这种文化包括技能、知识、身份、价值观和认识论五个维度。其中，技能是指人在社区的行为；知识是指人们在学习社区中所分享的观点；身份是指学习社区成员看待自己的方式；价值观表示学习社区成员所持有的信念；认识论则是证明在社区内采取合法行动或主张的正当理由①②，用于表示实践共同体的思维方式、认知方式和解决问题方式③。关于认知框架应涵盖的维度，部分学者认为应将个体独立拥有的知识与对信息环境的理解考虑在内；也有部分学者将认知框架用于表征实践社区中专业人士在解决问题时的思维方式和行为方式。认知框架囊括了不同层次的思维能力，彼此之间相互依赖，并通过个体参与共同体的实践活动相互促进，协同发展。比如，吴忭等将认知框架定义为通过社会性学习的沟通合作，学习者逐步构建的个人专业能力网络。④总之，认知框架反映的是社会性学习中，学习者在解决问题时使用的技能与知识之间相互联系的网络结构。

基于此，为更好地理解个体认知框架，把握其基本结构，我们将其限定于特定专业领域中，即教师专业知识发展领域，进行深入解析。教师的专业知识影响教师教育教学的各方面，如教师对课程的理解、对教科书作用的认识、对学生的看法等。教师知道什么以及怎样表达自己的知识，对学生的学习至关重要。教师专业知识是指导教师从事实践活动的基础，是提高教师各方面素质的重要因素。本书所关注的教师专业知识，是指教师在信息化背景下从事学科教学活动所必备的专门性知识，是教师将特定领域或学科中的内容知识与促进学生学习的教学方法相结合所需知识的总括。随着现代科技的发展，如何将技术整合到教师的教学内容知识中是一个重要问题。因此，Koehler 等强调教师不仅应该学习和掌握技术，还应该了解技术整合到学科教学中的意义，将其形成知识体系与实践能力范式，即整合技术的学科教学知识框架。⑤该框架包括三个基本元素（PK、CK、TK）与这三元素相互交叉形成的复合元素（PCK、TPK、TCK、TPACK）。PK

① Shaffer D W，Hatfield D，Svarovsky G N，et al. Epistemic network analysis：A prototype for 21st-century assessment of learning. International Journal of Learning and Media，2009，1（2）：33-53.

② 王志军，杨阳. 认知网络分析法及其应用案例分析. 电化教育研究，2019（6）：27-34，57.

③ Shaffer D W. Epistemic frames for epistemic games. Computers & Education，2006，46（3）：223-234.

④ 吴忭，王戈，盛海曦. 认知网络分析法：STEM 教育中的学习评价新思路. 远程教育杂志，2018（6）：3-10.

⑤ Koehler M J，Mishra P，Yahya K . Tracing the development of teacher knowledge in a design seminar：Integrating content，pedagogy and technology. Computers & Education，2007，49（3）：740-762.

是指教师对促进学生学习的各种教学实践、策略和方法的认识；CK 是指教师负责教学的任何学科知识；TK 是指教师关于传统与新技术的知识，这些知识可以整合到课程中；PCK 是指教师理解特定的主题、问题或如何组织、表现与适应学习者的不同兴趣的能力，并在教学中呈现的知识；TPK 是指教师对技术的理解，它能够约束和提供特定的教学实践；TCK 是指教师对技术和内容之间相互关系的认识；TPACK 则是关于技术、教学法和内容之间复杂关系的知识，这些知识能够帮助教师制定合适的、与特定环境相关的教学策略。[①]有学者认为，TPACK 框架的提出契合了当今时代教师专业发展所需具备的知识与能力体系，即 TPACK 框架的各个知识领域表征教师在专业发展过程中的不同能力维度，不同能力维度之间关联的强弱变化与结构形态，能够表征教师对于教学实践与专业发展的主观解释与思维结构，这与个体的认知框架内涵相契合。因此，我们将 TPACK 框架作为教师个体认知框架的解析案例的依据，用于描述个体认知框架的基本结构与发展态势。

　　TPACK 框架被视为一种认知框架，其构成要素间相互联系。就 TPACK 框架而言，TPACK 的转化观认为，TPACK 的各个要素能够相互作用，形成的交叉知识也可以反作用于核心元素。TPACK 的转化观承认各要素之间存在高关联性与重叠性[②]，侧重教师教学知识的生成转化与过程性。认知框架本身具有层次性，TPACK 的基本要素为上位框架，为知识融合产生交叉形成复合元素提供依据，并且该框架会随人主观意志的转移或境脉的变化不断做出相应的调整。因此，教师 TPACK 的发展既是对其个体认知框架的补充，也可以引发其原有认知结构的质变，形成个体认知的新框架。同时随着阅历的增长、教学实践经验的积累以及进行的 TPACK 相关学习，教师的 TPACK 框架结构会不断得到修订与补充，向着更为完善的方向发展，即教师的每个认知行为都可能改变 TPACK 框架中的知识与能力联系的结构。总之，TPACK 框架可作为一种认知框架评估学习者知识与认知的发展。综上，个体认知框架的基本结构主要包括框架要素、框架要素间互动及联系、促使框架互动结构得以完形的条件。

二、在线知识协作中的框架构建

　　班杜拉指出，学习不应忽视社会因素，学习的发生受认知、行为与环境三者

---

　　① 杨丽娜，陈玲，张雪，柴金焕. 基于 TPACK 框架的精准教研资源智能推荐研究与实践. 中国电化教育，2021（2）：43-50.

　　② 魏志慧，胡啸天，于文浩. 高校教师 TPACK 发展机制研究——基于慕课教学情境. 教师教育研究，2021（2）：23-30.

之间的交互影响[①]，并且重要技能的习得需要三者真正发生关系，而关系的发生需要学习者个体内部的自我调节与自我效能发挥积极作用，即个体认知框架的约束与支撑。大规模在线学习中的学习社区缺乏可持续性，学习者存在前期学习热情高涨、后期低落的现象，即便学习者采取了某种短期的、机会驱动的学习行为，也很难长期保持下去，学习者持续性的学习行为缺乏足够的动力。同时，在在线学习环境中，学习者与学习者之间存在不确定性与不信任性，这会导致协作学习的质量不高。知识是个体认知的起点，也是个体认知发展的产物，并在协作与对话中建构迁移，支撑个体认知的产生与发展；个体认知通过逐渐形成结构化的框架体系，促进知识的发展，两者相辅相成、共同作用，提升大规模在线学习的内隐质量。贝托尼提出了"知识协作"的概念，认为知识的发展与人的行为密切相关，在线环境下的知识协作是一个具有隐性和明确元素的社会化过程，包括个人和社会两个维度，知识协作的整个过程是通过个人行为和社会交互而不断变化、发展的[②]，反映了学习者在社交网络与相互协作中生成和转化积极、动态、健康的知识的过程。基于此，在大规模在线学习的知识协作过程中，通过获取学习者在学习共同体的学习行为与社会交互的学习证据（即可识别的认知维度），结合学习者学习过程中所呈现的证据序列，建立学习者各个认知维度之间共同演化发展的关联结构，形成个体的认知框架。

贝托尼等提出的在线社区的协作知识发展模型如图 5-1 所示。在线社区协作知识发展模型由两个交叉耦合的学习循环组成：参与循环（participation loop）、培养循环（cultivation loop），这两个循环分别代表在线学习者知识的参与过程与知识的培养过程，这两个过程是相互激活与维持的。图 5-1 的左循环为参与循环，体现了在线学习社区中学习者知识发展的社会化知识过程。社会化知识要考虑学习者个体、学习者的社会与认知交互（规律、频率和节奏）、气氛、个人和集体身份的变化等重要因素，同时还有用于交互、协作的环境（空间）。管理知识（stewarding knowledge）指的是学习者传授、复制和更新知识和经验的过程。在参与循环中，学习者通过"投资"的方式，即发展个体知识，并将这些发展个体知识的经验反馈至社会交互中，建立共同体并转化生成集体智慧，继而深化个体知识，实现知识的循环。社会化知识的过程必须考虑影响有效知识共享的因素，如学习者个体知识水平、学习者之间的信任、元知识、可访问性等。右循环为培养循环，在该循环中，学习者于在线学习环境（社区）中经过自主管理（获

---

① 蒋晓. 试论班杜拉社会学习理论及其教育意义. 华东师范大学学报（教育科学版），1987（1）：83-94.

② Bettoni M C，Andenmatten S，Mathieu R. Knowledge cooperation in online communities：A duality of participation and cultivation. Electronic Journal of Knowledge Management，2007，5（1）：16.

取、开发、共享与保存）与应用知识过程实现知识的循环。这样一来，知识的参与、培养这两个过程都是循环的，并且具有独立性；即知识参与进程中个体将社会交互过程中所获取的知识通过个人的自我管理内化为个体知识，并作为知识培养进程中的个体输入，应用到实践中，最终又将应用深化的知识通过管理过程返回到知识参与进程中。这就意味着在线学习中学习者知识的发展是参与过程与培养过程的二元统一结果，对知识的管理是知识参与和知识培养的桥梁，其中，在知识管理中扮演了重要角色的是学习者与学习者之间的关系以及他们之间的交互。整体来看，知识的培养和知识的参与过程不是相互排斥的，而是必须一起进行循环。培养和参与是在线知识协作的两个内在组成部分，它们的交叉耦合关系如图 5-1 所示，形成了两个循环三个关键过程的共振模式。

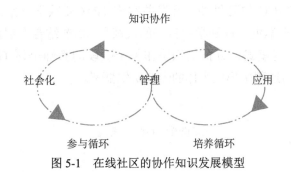

图 5-1 在线社区的协作知识发展模型

（一）知识协作发展模式

本书中的大规模在线学习依托"泰州师说"项目，学习者为参与"泰州师说"的教师，因此，我们结合前文关于个体认知与 TPACK 的内容着重探讨教师 TPACK 的协作发展模式，以建构个体认知框架并进行评估测量。基于在线社区的知识协作模型，我们建构了大规模在线学习教师 TPACK 的协作发展模式（图 5-2）。

教师 TPACK 的发展经历了两个相互耦合的循环（融合转化循环与实践升华循环）和社会化 TPACK、管理 TPACK 以及应用 TPACK 三个阶段，体现了教师 TPACK 在大规模在线学习中的主动、动态的发展过程。对比 Bettoni 等的在线社区的知识协作模型，本书认为教师 TPACK 的发展是理论提升并作用于实践运用的结果，具有融合转化和实践升华二元性，教师社会化知识的本质是融合转化知识，应用经过循环的知识则是教师对 TPACK 的实践升华，管理 TPACK 在TPACK 发展的循环过程中起到了衔接作用。①管理 TPACK。教师的认知参与是促进教师 TPACK 发展的关键一环，教师通过认知学习、参与实现 TPACK 内化、传递、复制以及创新。从个体认知来看，管理 TPACK 是教师个体主动认识、理解并建构教师专业知识，并将新的知识与已有知识经验、认知结构发生联系的过程，该过程包括对 TPACK 的记忆、理解、应用、分析、评价与创造。①②社会化TPACK。TPACK 的社会化过程是教师于大规模在线学习中发展知识的必要阶段，该过程中，教师通过大规模在线学习平台提供的支持与服务将 TPACK 进行表征，以使 TPACK 能被有效地传输、分享和作用于他人，形成社会化认知。同时，教师的知识结构也发生了变化，并经过图 5-2 的左循环发生融合转化后，教师的 TPACK 回到知识管理阶段，经过社会化的 TPACK 被个体充分吸收后，继续下一轮的实践应用，进入到实践升华的循环中。③应用 TPACK。教师对 TPACK 的应用是知识发展实践价值的充分体现，反映了教师在实践教学中充分挖掘自己和集体构建的 TPACK 的可供性，开发并实施 TPACK 教学方案，渐进地调整教学，将知识作用于学生，得到学生良好的反馈②。本节结合大规模在线学习教师 TPACK 的协作发展模式，分析知识协作每个阶段的教师个体 TPACK 的演变发展，并在知识建构过程中形成个体的专业认知框架。

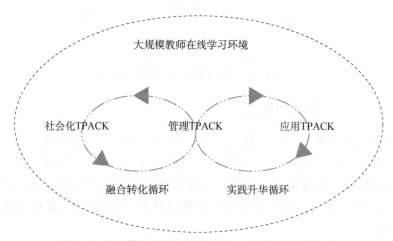

图 5-2　大规模在线学习教师 TPACK 的协作发展模式

在大规模在线学习教师 TPACK 知识协作的这一具体情境中，教师个体对 TPACK 本质的认识逐渐形成统一的解释图式，即个体的认知框架。大规模在线学习中充斥着丰富且巨量的知识信息，个体无法完成对这个"庞然大物"的理解与加工，因此个体需要发挥自身的主观能动性与选择性，在个人已有的认知模式

①　高成. 中学化学教师学科教学知识（PCK）建构研究. 西南大学，2019.

②　魏志慧，胡啸天，于文浩. 高校教师 TPACK 发展机制研究——基于慕课教学情境. 教师教育研究，2021（2）：23-30.

的基础上，提高个人的认知水平以完成知识的意义建构与发展，实现学习绩效的提升。也就是将个体的认知框架作为一个理解知识、加工知识、建构知识与共享知识的"透镜"，在不同的活动过程中，对庞杂的知识信息进行框定与过滤，从而建立起个体对知识价值意义的独特思考模式，并以此为助力，更好地获得对知识与经验的理解以及对于一些杂乱无章的外在事物的感知、识别与定位，从而帮助个体在学习过程中解决复杂问题。在此过程中，个体使用的概念、方法等认知元素在学习行为数据中产生关联，生成结构式的思维框架实际上是个体内部的隐性表征，而要探究其相互联系的方式与最终形成的框架形态如何有助于理解个体认知及其发展，需要将其进行可视化表征。认知网络分析法超越了传统的基于频次的测量方式，成为分析在线学习中个体认知发展过程的有效方法。它通过对个体在知识协作过程中的对话进行记录编码，创建个体在知识协作会话中各个认知元素的网络关系模型，通过计算网络结构中各个节点之间的联系强弱与关联结构，得出个体的认知框架发展情况。

（二）知识分析框架

TPACK 框架记录和表征了教师专业领域知识要素之间的发展及联系，可以用于评估与分析教师知识与技能及其相互联系的认知框架。因此，为了更好地探究大规模在线学习中学习者知识的发展结果，有必要对学习者的学习数据进行采集与分析。以 TPACK 为透镜，基于教师 TPACK 发展过程模式，构建知识分析框架，分析 TPACK 的各个知识要素及其联系，如图 5-3 所示。

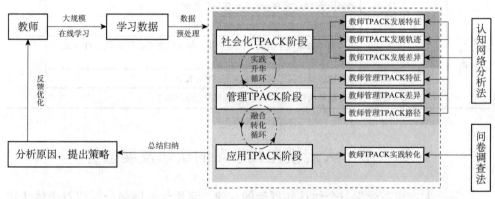

图 5-3　大规模在线学习教师 TPACK 知识分析框架

基于该分析框架，将教师的认知过程划分为共享、应用分析与评价创造三个阶段。对三个阶段中个体关于 TPACK 的回忆、理解、举例、分类、组织、生成等认知行为进行编码，具体如表 5-1 所示。

表 5-1　教师认知行为编码表

阶段	过程	指标	描述	编码
共享阶段	识记	识别	教师从已有知识体系中找到相关的 TPACK 知识与当前呈现的信息进行比较，看其是否一致或相似	A1
		回忆	根据学习内容或他人提示，教师能从长时记忆库中提取相关的 TPACK 知识	
	理解	解释	更换 TPACK 的表征方式，如表述、词语以及图表转换等	A2
		举例	教师能够说出 TPACK 的相关概念与应用情境、描述 TPACK 的特征并运用该特征选择或建构 TPACK 的事例	
		分类	教师能够识别 TPACK 的某一要素	
		总结	教师能够根据学习资源或他人观点提出一个 TPACK 主题	
		推断	教师能够在所学内容或教学事例中发现有关 TPACK 的特征及其相互联系，从而抽象出对 TPACK 的认识	
		比较	能够识别 TPACK 结构中两个或两个以上要素之间的异同	
		说明	教师能够从 TPACK 理论中推演，或根据实际教学经验、研究得出 TPACK 框架中的要素联系	
应用分析阶段	应用	执行	教师运用所学 TPACK 知识与技能开展教学任务	B1
		实施	教师在理解 TPACK 的基础上，选择和运用 TPACK 完成一个不熟悉的任务	
	分析	区分	教师能够按照 TPACK 的概念或特征来辨析学习内容或案例中的 TPACK 要素	B2
		组织	确定 TPACK 的应用范围与情境，并商讨或识别出一个一致的 TPACK 方案	
		归属	教师能够确定 TPACK 或某个成分的价值、适用范围或使用意图等	
评价创造阶段	评价	核查	教师检验 TPACK 概念或应用是否有矛盾	C1
		评判	基于某一标准来判断 TPACK 的应用情况	
	创造	生成	教师能够根据教学需要、问题需要、学生需要等选择不同的 TPACK 方式	C2
		计划	教师能够设计出完成教育目标的 TPACK 计划	
		贯彻	教师能够执行 TPACK 设计方案实施教学活动	

第三节　大规模在线学习的认知发展态势

基于大规模在线学习个体认知框架的构建，运用认知网络分析法对个体认知进行评估测量，并从个体认知发展轨迹与差异两个方面探索和总结出大规模在线学习个体认知的发展态势。本节所探讨的大规模在线学习以"泰州师说"项目为依托，选择了 2017 年至 2021 年持续参与"泰州师说"学习实践，且学习数据连续可追踪的教师作为大规模在线学习个体认知的分析对象（将其表述为教师专业的学习者）。结合前两节的表述，本节以 TPACK 发展作为个体认知发展的映射进行深入探讨，以实现对个体认知发展的精准把握。

一、个体认知发展轨迹

（一）认知类别分布

学科教学知识（pedagogical content knowledge，PCK）在被提出之初，特别强调学科内容知识（content knowledge，CK）与教学法知识（pedagogy knowledge，PK）的关联。从整体的频次分布来看，学习者 TPACK 认知以教学法知识的反思为主，即教学法知识与学科教学知识。从对 2017—2021 年学习者的 TPACK 认知各要素进行统计，如表 5-2 所示，学习者在课程学习与交互反思过程中所关注的知识以教学法知识为主，包括学科教学知识，其次是学科内容知识与境脉知识（Contexts）。这一结论与一项针对 2728 位中小学教师 TPACK 的调查结论相符[①]，学习者在 8 期的在线学习中持续关注教学策略的灵活应用，并逐渐形成稳定的教学风格与学科知识结构。由于本节在选取 2017—2021 年学习者的学习数据时，每年的数据量分布不同，仅从频次无法准确判断 5 期学习过程中学习者 TPACK 发展的具体特征，我们进一步比较 TPACK 认知各要素在该年度的占比，如图 5-4 所示。

表 5-2　2017—2021 年学习者 TPACK 认知各要素的频次统计

年份	CK	PK	TK	PCK	TCK	TPK	TPACK	Contexts
2017	670	1160	78	868	64	90	62	249
2018	1084	2023	79	1482	66	111	97	342
2019	1066	1735	115	1235	100	207	196	213
2020	823	1247	56	957	93	101	84	198
2021	859	1310	173	1006	141	261	209	144

与 TPACK 认知各要素的频次分布特征一致，2017—2021 年学习者认知发展的重点在对教材内容的熟悉和对教学方法的把握两个方面，教学法知识、学科教学知识与学科内容知识占主导位置，这既体现出学科内容与教学法知识是学习者知识主体不可分割的一部分，也印证了舒尔曼所提出的 PCK 存在于学科内容和教学法知识的交集之处，是两者的深度融合。同时，境脉知识也占据一定的比重

---

① Liu Q，Zhang S，Wang Q. Surveying Chinese in-service K12 teachers' technology, pedagogy, and content knowledge. Journal of Educational Computing Research，2015，53（1）：55-74.

（2017 年为 16%），境脉知识强调对教学物理环境和教师自身教学情况的关注，如

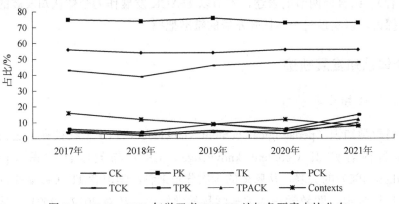

图 5-4　2017—2021 年学习者 TPACK 认知各要素占比分布

教学的软硬件设施，适宜的软硬件设施是信息化教学有效实现的前提和保障。境脉中的因素会以直接或间接的方式影响学生的学习，在为教学提供支持与给养的同时，也会带来一些潜在障碍，学习者在这一阶段已能感知到情境的作用，开始反思境脉知识的相关内容。2017—2021 年的统计显示，学习者秉持融合发展观，即 TPACK 框架各要素关系紧密，任何一个要素的增长都会引起其他要素的增长变化。整体而言，学习者 TPACK 认知各要素的占比呈上升趋势。

（二）认知关联程度

　　教育教学实践中，学习者需要哪些知识、这些知识具有怎样的结构、通过何种方式组织起来，是学习者认知的重要体现。在线学习中，学习者 TPACK 认知的发展通过对各类知识及相互连接关系的认知结构变化进行外化表征与分析。2017—2021 年学习者 TPACK 认知网络结构如图 5-5 所示，学习者的认知以 PK、CK、PCK 的关联为主，对 PK-PCK、PK-CK 与 PCK-CK 的关注度较高，表明教学法知识与学科内容之间是相辅相成的，学习者在学习与讨论时，能够对教学法与学科内容、学科教学知识进行反复思考。在教学实践中，教学法、学科内容与技术之间不是孤立发生的，而是情境性的，这在学习者的认知网络上也有所体现。如图 5-5 所示，在线环境下，学习者在主题课程学习与论坛反思中超越了对内容、技术和教学法原理的一般理解，深入认识它们之间的交互及其所处的具体情境，感知到 TK-PK、TPK-CK、TPACK-PCK 等的相互关联。然而，在技术参与的各要素联系上，学习者的认知关联程度较低，如 TK-TCK、TPACK-CK 之间的关联。传统的消费型教师观认为学习者仅仅是技术工具的使用者，只要掌握一

般性的技术使用方法，就能把技术自然地融入教学中。而设计型教师观强调设计是学习者基于真实教学情境对现有知识和资源进行有效整合的过程，学习者应当是能适应信息技术环境的主动学习者和创新设计者。设计型教师观突破了学习者单纯作为技术工具使用者的角色定位，更加强调学习者要发挥主观能动性，以更加新颖的理念思路、方式方法以及技术手段等进行设计和创造，以实现既定教学目标。因此，学习者需改变传统观念，从单纯的技术使用者转变为融合技术的教学设计者，设计 TPACK 的过程就是设计学科内容、教学法与技术间如何关联的过程。

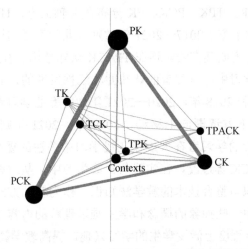

图 5-5　2017—2021 年学习者 TPACK 认知网络结构

同时，学习者的认知网络出现了 PK-Contexts、CK-Contexts、PCK-Contexts、TCK-Contexts 等的关联，说明教师专业的学习者能够将专业实践中的学生、学校、设备和环境的知识融入其中，关注到复杂的、多元素的情境协同作用。这需要学习者注重教学对象、教学物理环境、教师本身的教学特点等因素，基于不同境脉设计和实施教学。[①]此外，课堂教学情境中的学生在认知、情感和社会文化方面存在较大差异，教师专业的学习者在运用 TPACK 整合技术、教学法和学科知识的过程中，能够关注学生学习需求的个体差异。同时，TPACK 要求学习者充分了解自己的教学特点，如对教学方法的偏好、教学效果的期望和自身的优劣势等，因此，学习者在实践教学中，要随着教学内容、学生需求以及内外部环境等诸多现实情境的变化而调整教学方法，做出最适合当前境脉的教学决策。

---

① 刘凌燕. TPACK 框架下的教师角色转型研究. 教育理论与实践，2019，39（19）：39-42.

（三）认知发展路径

学习者的认知发展与学习行为转变是一个互动的、渐进的、长期的过程，并非局限在一个学习周期里。作为一种独特的知识类型，TPACK 不是简单地结合技术、内容和教学法这三个要素组成知识领域，而是反映该知识领域与其复合元素相互交织形成的动态关系，其发展也是一个迭代变化的过程，涉及对内容、教学法和技术之间的复杂网络关系及其作用更深入的理解。2017—2021 年教师专业学习者 TPACK 认知发展轨迹如图 5-6 所示，图中 Y 轴左侧是 CK、TPK、TK 与 Contexts 在二维空间的投影位置，Y 轴右侧为 TPACK、PCK、TCK 与 PK 在二维空间的投影位置；CK、TPK、PCK、PK 分布在 X 轴上方，TPACK、TK、TCK、Contexts 分布在 X 轴下方。2017—2021 年教师专业学习者的认知网络质心在二维平面上的位置不同，表明其在线对话在 TPACK 认知结构上有所变化。

在大规模在线学习中，学习者的认知并非线性发展的，而是呈现螺旋上升的结构。相比于 2017 和 2018 年，2020—2021 年教师专业学习者认知网络质心位置发生变化：从 X 轴下方逐渐向上移动，2019 年、2021 年则从 Y 轴右侧移至左侧。这表明教师专业的学习者在大规模在线学习中关注的重心逐渐由 Contexts、PK 向 TK、TPK 与 CK 等过渡，在实践与在线学习中，从对教学法知识的关注逐渐转向教学内容知识与整合技术的教学法知识。作为辅助方式，信息技术运用于教学中可以对教学中一些抽象的概念和学生难以理解的内容用现代信息技术进行处理和整合，在一定程度上激发学生的学习兴趣，提高教学效率。

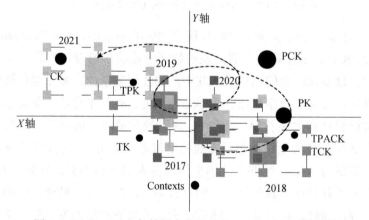

图 5-6　2017—2021 年教师专业学习者 TPACK 认知发展轨迹

二、个体认知发展差异

（一）学段差异

1. 学习者 TPACK 认知特征

（1）认知类别分布

学段是研究者分析教师专业学习者 TPACK 认知差异的重要尺度。由于教师专业学习者所执教学段的差异，他们在线学习时关注的重点以及反思的重心不同。先从 TPACK 认知各要素的占比分布来比较各学段的教师专业学习者认知差异。2017—2021 年各学段的教师专业学习者 TPACK 认知各要素分布如表 5-3 所示，图中数据表示关于各学段的教师专业学习者 TPACK 认知各要素在该年度选帖总数的占比，如 2017 年学前段的 43% 表示在 2017 年所选学前段的教师专业学习者的 596 条发帖数据中，关于 CK 认知的发帖数为 257 条，占 596 条的 43%。

表 5-3　2017—2021 年各学段的教师专业学习者 TPACK 认知各要素分布　单位：%

年份	学段	CK	PK	TK	PCK	TCK	TPK	TPACK	Contexts
2017	学前	43	70	9	51	7	11	7	15
	小学	45	80	3	55	1	3	0	18
	初中	43	76	4	55	4	4	4	17
	中职	41	69	0	59	0	0	2	18
	高中	41	80	1	74	0	0	1	15
2018	学前	36	77	4	57	3	2	2	11
	小学	42	73	4	50	3	7	6	13
	初中	44	69	2	48	3	4	3	12
	中职	47	84	4	80	4	4	4	33
	高中	40	103	2	92	1	1	1	16
2019	学前	41	76	4	52	3	8	6	6
	小学	54	75	6	51	6	15	15	11
	初中	46	74	5	56	5	6	7	11
	中职	55	85	0	72	0	0	0	15
	高中	44	73	8	62	4	3	4	11
2020	学前	47	75	4	58	5	4	3	10
	小学	52	73	4	53	6	9	9	12
	初中	45	69	2	54	5	3	2	11
	中职	66	66	3	59	3	3	3	21
	高中	37	79	4	73	2	2	2	17

续表

年份	学段	CK	PK	TK	PCK	TCK	TPK	TPACK	Contexts
2021	学前	53	73	8	51	8	14	9	9
	小学	53	75	12	57	10	17	15	7
	初中	51	72	8	59	7	13	10	9
	中职	50	68	14	61	0	11	11	0
	高中	49	69	9	66	2	10	10	5

对比来看，5个学段的教师专业学习者的TPACK认知各要素占比及走势有所差异。执教小学与初中学段的教师专业学习者的TPACK认知各要素占比的走势较为稳定，而执教学前、中职与高中学段的教师专业学习者TPACK认知各元素的占比波动明显，尤其体现在CK、PCK与PK上，即有关这部分认知的发帖量占据了教师专业学习者发帖总量的较大份额，是执教各学段的教师专业学习者知识建构与认知发展的重心。2018年，执教高中学段的教师专业学习者的PK类认知与PCK类认知占比达到顶峰，这与大规模在线学习的学习内容密切相关，2018年开设了"一堂好课""名课解读""设计教学"等主题课程，众多教师专业学习者认可教学法在课堂教学中的重要性，认为"一堂好课"需具备强调多元、崇尚差异、主张开放、重视平等、推崇创造、关注边缘群体等特点。在学习过程中，教师专业学习者认为在线课程案例中的名师对教材的把握很到位，教学方法独特又有新意，很好地体现了整合技术的学科教学过程。同时，教师专业学习者反思道："我们必须认真研究教材、课程标准，积累更多的教学经验，精心设计教学过程，细心制作教具，还要反复试教总结问题。"也有教师专业学习者回忆起自己的失败经历："我曾经在一个很大的场合展示了一节失败的公开课，至今记忆犹新。从这节课中我学到了要以学生的学情为中心设计教学过程。因为当时我教的是农村学生，展示课上的学生则来自城东小学，我低估了他们的学习能力，所设计的教学环节并不能让他们有看得见的成长，为此，我至今都感到很遗憾。"

（2）认知关联程度

执教各个学段的教师专业学习者的认知网络结构如图5-7所示。认知网络结构中，两个认知元素间的连接系数越大，连线越粗、颜色越深，表明教师专业学习者对该元素间的认知能力越强。整体而言，5个学段的教师专业学习者的认知网络结构趋同，CK-PK、PK-PCK是所有教师专业学习者在线学习关注的重点，这与PK-PCK-CK的绝对优势有关。教师专业学习者对PK、PCK与CK的认知关联存在普遍性，这3个认知元素既是教师专业学习者专业知识的主要组成部分，也是教师专业学习者认知网络结构发展的重心。通过观察对比认知网络结构图的差异，发现 5 个学段的教师专业学习者的 TPACK 认知元素间出现了线条粗细、颜色深浅不一的连接，尤其是中职学段的教师专业学习者的 PK-PCK 连线颜色最浅，表明该学段的教师专业学习者在 PK、PCK 认知元素的关联上低于其他学段的教师专业学习者，即关于教学法知识与学科教学知识的认知能力较弱。同时 5 个学段的教师专业学习者 TPACK 认知网络结构中出现了不同程度的 CK-PK、CK-PCK、PK-PCK、PK-Contexts 与 PCK-Contexts 等认知要素的关联，说明各个学段的教师专业学习者对 TPACK 认知各要素的关注程度存在差异。

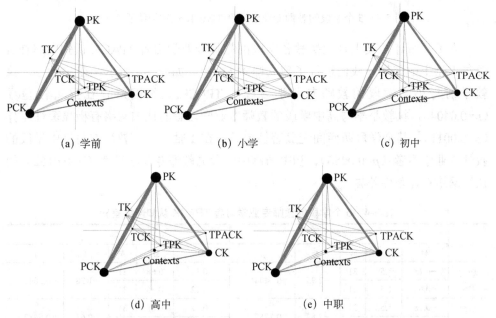

(a) 学前   (b) 小学   (c) 初中

(d) 高中   (e) 中职

图 5-7 5 个学段的教师专业学习者 TPACK 认知网络结构

2. 学习者 TPACK 认知差异

5 个学段的教师专业学习者 TPACK 认知网络质心分布如图 5-8 所示。认知网络质心处在不同位置，表明各学段的教师专业学习者的 TPACK 认知网络存在明显差异。从质心的分布位置来看，执教高中、中职与小学学段的教师专业学习者的 TPACK 认知网络质心位于 X 轴的下方，而执教学前与初中学段的教师专业学习者的 TPACK 认知网络质心位于 X 轴的上方；而从 Y 轴上看，执教学前、高中、中职学段的教师专业学习者的 TPACK 认知网络质心位于 Y 轴的左侧，而执教小学、初中的教师专业学习者的 TPACK 认知网络质心位于 Y 轴的右侧。

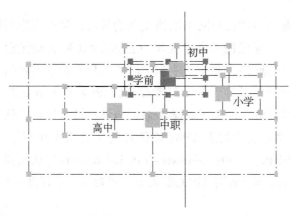

图 5-8　5 个学段的教师专业学习者 TPACK 认知网络质心分布

　　为了从统计意义上判别执教各学段的教师专业学习者 TPACK 认知网络在 X 轴与 Y 轴上的差异，我们进行了独立样本 t 检验。如表 5-4 所示，在 X 轴上，执教学前与小学学段的教师专业学习者的 TPACK 认知网络存在显著性差异（$p=0.0404$），执教小学与高中学段的教师专业学习者的认知网络有极显著性差异（$p=0.0011$），其余学段两两间无显著性差异；在 Y 轴上，执教学前与高中学段的教师专业学习者（$p=0.0256$）、初中与高中学段的教师专业学习者（$p=0.0152$）的认知网络有显著性差异。

表 5-4　5 个学段的教师专业学习者 TPACK 认知网络差异

学段	X 轴					Y 轴				
	M	SD	N	t	p	M	SD	N	t	p
学前	−0.18	1.53	31	−2.95	0.0404*	0.12	0.68	31	−1.28	0.2041
小学	0.64	1.55	31			−0.12	0.75	31		
学前	−0.18	1.53	31	−2.87	0.7757	0.12	0.68	31	0.61	0.5482
初中	−0.05	1.93	26			0.25	0.89	26		
学前	−0.18	1.53	31	0.32	0.7643	0.12	0.68	31	−1.91	0.1094
中职	−0.41	1.51	5			−0.49	0.66	5		
学前	−0.18	1.53	31	1.84	0.7757	0.12	0.68	31	−2.39	0.0256*
高中	−0.98	1.12	11			−0.37	0.54	11		
小学	0.64	1.55	31	1.46	0.1510	−0.12	0.75	31	1.64	0.1077
初中	−0.05	1.93	26			0.25	0.89	26		
小学	0.64	1.55	31	1.44	0.2055	−0.12	0.75	31	−1.16	0.2910
中职	−0.41	1.51	5			−0.49	0.66	5		
小学	0.64	1.55	31	3.70	0.0011**	−0.12	0.75	31	−1.19	0.2450
高中	−0.98	1.12	11			−0.37	0.54	11		

续表

学段	X轴					Y轴				
	M	SD	N	t	p	M	SD	N	t	p
初中	−0.05	1.93	26	0.47	0.6528	−0.05	1.93	26	−2.15	0.0675
中职	−0.41	1.51	5			−0.49	0.66	5		
初中	−0.05	1.93	26	1.84	0.0751	0.25	0.89	26	−2.57	0.0152*
高中	−0.98	1.12	11			−0.37	0.54	11		
高中	−0.98	1.12	11	3.70	0.4582	−0.37	0.54	11	−0.37	0.7206
中职	−0.41	1.51	5			−0.49	0.66	5		

*p<0.05，**p<0.01，***p<0.001，下同

　　进一步对比执教各学段教师专业学习者的认知网络结构，可以细致对比出执教各学段教师专业学习者的认知网络结构差异。如图 5-9 所示，执教高中学段（图中用三角形标示）的教师专业学习者与执教学前、小学、初中、中职学段的

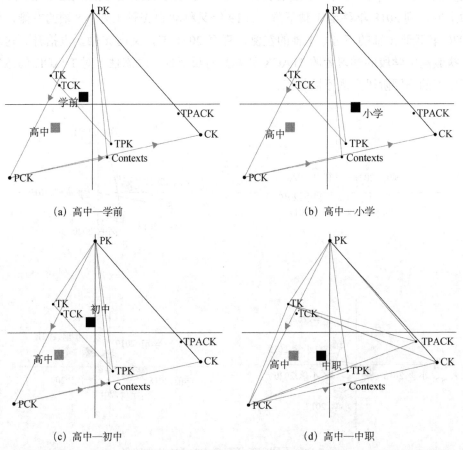

(a) 高中—学前　　　　　　　　　　(b) 高中—小学

(c) 高中—初中　　　　　　　　　　(d) 高中—中职

图 5-9　高中与学前、小学、初中、中职教师专业学习者的 TPACK 认知网络结构差异

教师专业学习者的认知网络结构差异主要体现在 PK-PCK 上，执教高中学段的教师专业学习者在 PK-PCK-CK 上的连接明显强于执教学前、小学、初中与中职学段的教师专业学习者，这意味着执教高中学段的教师专业学习者在思考教学方法时，更关注所教授的知识与技术如何助力知识点的呈现，而执教学前、小学、初中与中职学段的教师专业学习者则对教学法知识和学科内容知识之间的联系关注较高。

3. 学习者 TPACK 认知路径

从认知发展路径来看，如图 5-10 所示，执教学前与小学学段的教师专业学习者的 TPACK 认知路径均呈螺旋结构，但两者关注的重心有所区别，体现在认知网络质心的位置变化上。执教初中学段的教师专业学习者在 2017—2021 年的认知网络结构趋同，呈现同质化的特点，其 5 年的认知网络质心位置相近。执教高中学段的教师专业学习者的 TPACK 认知路径呈回环波动状态。根据质心分布位置发现，2017 年执教高中学段的教师专业学习者的 TPACK 认知网络质心位于 X 轴上方，到 2018 年移至 X 轴下方，2019 年又移动到 X 轴上方、Y 轴的右侧，到 2020 年落于 X 轴的下方、Y 轴的左侧，直至 2021 年，又向 X 轴上方抬升。这表明执教高中学段的学习者的 TPACK 认知具有反复性与动态性，对 TPACK 的感知在学习的不同阶段呈现不同特点。

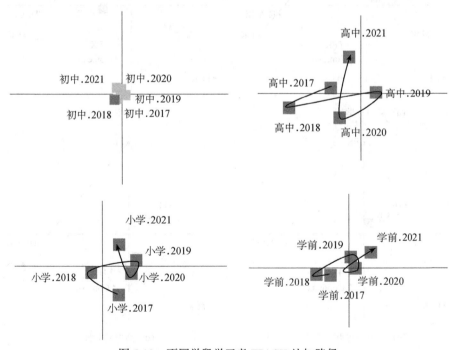

图 5-10　不同学段学习者 TPACK 认知路径

（二）性别差异

1. 学习者 TPACK 认知结构

所选数据中，男性 27 人，共计 2239 条讨论帖；女性 77 人，共计 7854 条讨论帖。不同性别教师专业学习者的 TPACK 认知网络结构，如图 5-11 所示，尽管两类教师专业学习者在人数与发帖量上悬殊，但他们的 TPACK 认知网络结构均以 PK、CK、PCK 的关联为主，较多地集中在教学法知识、学科内容以及学科教学知识的探讨上。相比之下，他们对 TPACK 的认知能力相对薄弱，表现在TCK、TPK、TPACK 与其他认知要素的联系较少。这表明在大规模在线学习中，不论是男性教师专业学习者还是女性教师专业学习者，都重点关注教学法知识与学科教学知识。

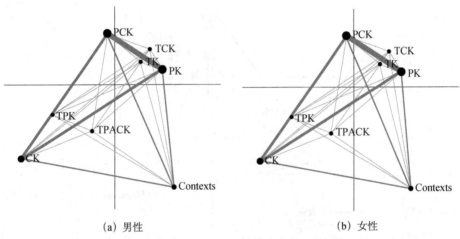

（a）男性　　　　　　　　　　（b）女性

图 5-11　不同性别教师专业学习者的 TPACK 认知网络结构

2. 学习者 TPACK 认知差异

在大规模在线学习中，学习者对 TPACK 的认知受性别影响[1]，不同性别学习者的认知网络结构存在差异。表 5-5 为不同性别教师专业学习者独立样本 t 检验结果，其中，男性学习者与女性学习者的 TPACK 认知网络在 X 轴上具有显著性差异（$p=0.01$），在 Y 轴上则无显著性差异。进一步对比不同性别教师专业学习者的认知网络结构，如图 5-12 所示。将不同性别教师专业学习者的认知网络结构进行叠减，若某部分节点之间的连线呈现出来的是男性教师专业学习者的连接线条，则表明其在这部分节点间的关联强于女性。结果显示，男性学习者在 PCK-

---

① 吴林静，张少帅，刘清堂，等. 网络研修中教师研修需求的差异性研究——基于研修计划的认知网络分析. 电化教育研究，2020, 41（12）：43-49.

Contexts 与 PK-Contexts 间的线条较粗，女性学习者对 PCK、CK、PK 的关注度较高，这可能是因为女性学习者人数较多，增加了 TPACK 各元素共现的次数。不同性别教师专业学习者在 TPACK 认知网络结构上的差异，表明男性学习者在大规模在线学习中对教学法与境脉知识的需求与关注较高，而女性学习者的 TPACK 认知则偏向于学科教学与学科内容知识的关联。

表 5-5　不同性别教师专业学习者独立样本 t 检验结果

性别	X轴						Y轴					
	M	SD	N	t	效应量（d）	p	M	SD	N	t	效应量（d）	p
女	−0.15	0.86	77	−2.74	0.69	0.01*	0	1.22	49	0	0	1.0
男	0.42	0.72	27				0	0.99	18			

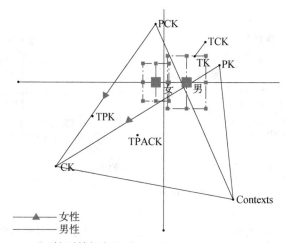

图 5-12　不同性别教师专业学习者的 TPACK 认知网络结构差异

3. 学习者 TPACK 认知路径

从认知发展路径来看，如图 5-13 与图 5-14 所示，男性教师专业学习者与女性教师专业学习者的 TPACK 认知发展路径均呈螺旋上升趋势，女性教师专业学习者的认知发展路径的螺旋上升态势更为显著。2017—2021 年，男性教师专业学习者的认知网络变化较小，变化主要表现在 2019 年与 2021 年，而女性教师专业学习者的 TPACK 认知发展变化较为突出，这可能与女性学习者人数众多有关，其认知发展的特征更为一般与普遍。以 2017 年为起点，2018 年女性教师专业学习者的认知网络质心向右下方移动，在 2019 年向左上方移动，较 2017 年，向左上方移动。2019—2021 年女性教师专业学习者的认知变化同 2017—2019 年的变化趋势相同，均为回环且上升趋势。在持续性的大规模在线学习过程中，尽管外界环境发生变化，教师专业学习者的学习较以往有所不同、学习的内容也不尽相同，但这并未改变教师专业学习者认知发展的本原。

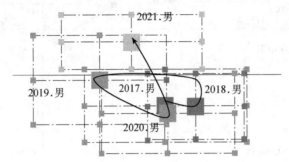

图 5-13　2017—2021 年男性教师专业学习者 TPACK 认知路径

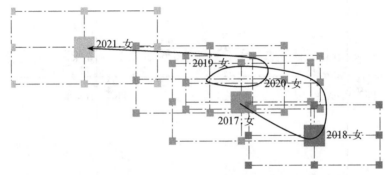

图 5-14　2017—2021 年女性教师专业学习者 TPACK 认知路径

（三）职称差异

1. 学习者 TPACK 认知结构

如图 5-15 所示，职称对学习者 TPACK 认知结构的影响较小，突出表现在具有三级职称的教师专业学习者与具有高级职称、一级职称、二级职称的教师专业学习者的群体差异上。职称高的教师专业学习者的境脉知识与教学法知识、学科教学知识及学科内容知识的关联程度较为突出，其能够联系教学环境与学生自身因素考虑教学。

2. 学习者 TPACK 认知差异

不同职称的教师专业学习者 TPACK 认知网络质心分布，如图 5-16 所示，PK 节点最大，表明 PK 节点与周围其他节点建立的连接最多；其次是 PCK、CK 两个节点。从图 5-16 中可以看出，不同职称的教师专业学习者的 TPACK 认知网络质心位置相近，说明他们的认知网络结构高度相似，但由于不同职称的

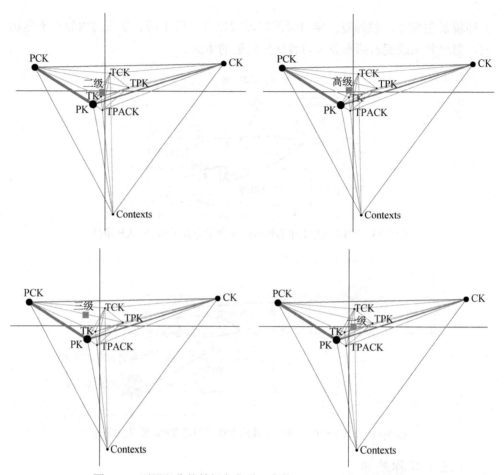

图 5-15   不同职称的教师专业学习者的 TPACK 认知网络结构

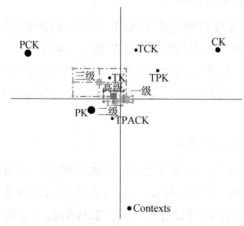

图 5-16   不同职称的教师专业学习者 TPACK 认知网络质心分布

教师专业学习者认知网络的节点连线权重不同，质心的位置呈现出一定的差异性。通过观察发现，三级职称的教师专业学习者的认知网络质心在二维平面上更偏向于 X 轴的上方，Y 轴的左侧，其他职称的教师专业学习者的认知网络质心都集中在 X 轴与 Y 轴的交叉处，这说明三级职称的教师专业学习者的认知网络中的 PCK-PK 连接的权重比其他三者更大，关于学科教学知识与教学法知识的认知能力更强。4 种职称的教师专业学习者的 TPACK 认知网络质心在二维平面上的位置不同，表明不同职称教师专业学习者在 TPACK 上的认知存在明显差异。

3. 学习者 TPACK 认知路径

对 2017—2021 年 4 种职称的教师专业学习者 TPACK 认知网络质心进行比较，发现与 2017 年、2018 年相比，2019 年、2020 年具有高级职称的教师专业学习者的 TPACK 认知网络质心从 Y 轴左侧移向右侧；与 2019 年、2020 年相比，2021 年具有高级职称的教师专业学习者的 TPACK 认知网络质心从 Y 轴右侧移至左侧，且从 X 轴向 X 轴上方转移。除 2018 年以外，其余年份具有一级职称的教师专业学习者的 TPACK 认知网络质心都位于 Y 轴的右侧；与 2017 年、2018 年比较，2019—2021 年具有一级职称的教师专业学习者的 TPACK 认知网络质心向 X 轴上方移动。与 2017 年、2018 年相比，2019 年、2021 年具有二级职称学习者的 TPACK 认知网络质心逐渐从 Y 轴左侧移向右侧，并从 X 轴下方移至 X 轴上方。除 2018 年以外，其余年份具有三级职称学习者的 TPACK 认知网络质心都位于 Y 轴的左侧，但质心位置的高度逐渐降低（图 5-17）。通过本部分的研究可以发现，经验丰富、职称较高的教师专业学习者，其专业知识的发展呈螺旋结构，而职称较低的教师专业学习者对知识的认知较为分散。闫志明指出，专家—新手对比研究对学习者知识框架构建有较大的启示：专家相对于新手来说具有更大的知识组块，正是这种大的知识组块使得专家具有异于常人的能力，在学习者从新手到专家的发展道路上，也必须将各类松散的知识（学科知识、教学知识、技术知识）组成更大的知识组块[1]。

---

① 闫志明，李美凤. 整合技术的学科教学知识网络——信息时代教师知识新框架. 中国电化教育，2012（4）：58-63.

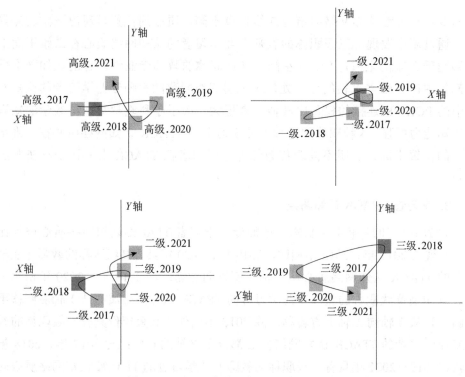

图 5-17　不同职称学习者 TPACK 认知路径

（四）学历差异

1. 学习者 TPACK 认知结构

图 5-18 为大专学历、本科学历与硕士学历教师专业学习者的 TPACK 认知网络结构，从中可以看出，大专、本科与硕士学历教师专业学习者的 TPACK 认知网络以 PK-PCK-CK 为主，表明在大规模在线学习中，教师专业学习者针对学习内容的对话反思以教学法知识、学科教学知识与学科内容知识为主，围绕这三种知识之间联系的讨论较多。本科学历与硕士学历的学习者对 TPACK 知识的感知应用能力较强，尤其体现在对境脉知识与其他知识的联系上，如 TCK-Contexts、Contexts-PCK 知识。这与杨静对 22 945 名中小学学习者的调查结果一致：学历越高的学习者的教学能力发展越好；专科及以下学历学习者的教学能力较薄弱①。

① 杨静. 核心素养背景下教师教学能力发展现状与对策建议——基于 G 市中小学教师的问卷调查. 现代教育管理，2021（12）：61-69.

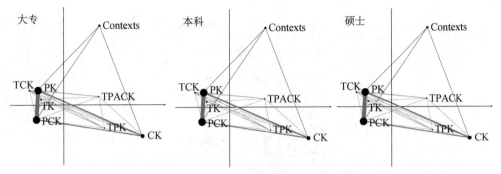

图 5-18　大专学历、本科学历与硕士学历教师专业学习者的 TPACK 认知网络结构

2. 学习者 TPACK 认知差异

进一步对比不同学历教师专业学习者的 TPACK 认知差异，由图 5-19—图 5-21 可以看出，学历与教师专业学习者对 TPACK 的认知能力呈正相关，即学历越高，学习者的 TPACK 认知网络结构越丰富，对 TPACK 各维度的认知关联程度越强，迁移意识也越强。正如哈里斯等提出，学习者的受教育年限与个人教学生产力之间存在积极联系，学历越高，学习者的知识水平越高，知识应用能力越强，因而高学历学习者自然拥有更高的教学效果。[①]

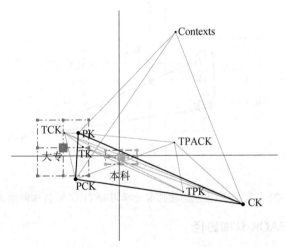

图 5-19　大专-本科学历教师专业学习者 TPACK 认知网络差异

① Harris D N，Sass T R. Teacher training，teacher quality and student achievement. Journal of Public Economics，2011，95（7-8）：798-812.

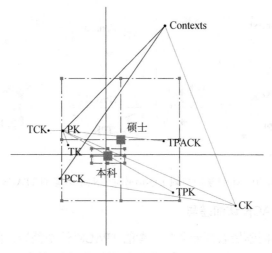

图 5-20　本科-硕士学历教师专业学习者 TPACK 认知网络差异

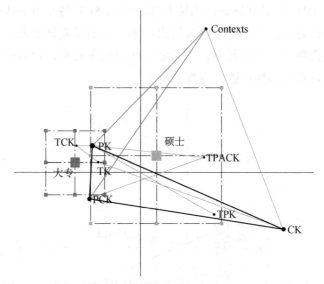

图 5-21　大专-硕士学历教师专业学习者 TPACK 认知网络差异

3. 学习者 TPACK 认知路径

　　如图 5-22—图 5-24 所示，2017—2021 年不同学历教师专业学习者的 TPACK 认知路径具有明显差异。研究对象中，本科学历的教师专业学习者占多数，其 TPACK 认知发展轨迹呈螺旋变化趋势。与之类似的是硕士学历教师专业学习者的 TPACK 认知路径。相比之下，大专学历学习者的内在知识与学习反思难以形成稳定的体系，他们在学习中对专业知识的需求高于其他两类群体，容易受到学习主题的细微变化以及他人提问的影响，因此其 2017—2021 年的认知网络结构较为分散。

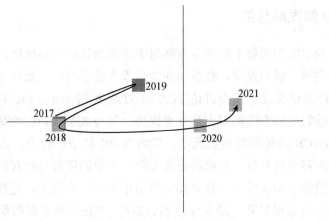

图 5-22　2017—2021 年大专学历教师专业学习者 TPACK 认知路径

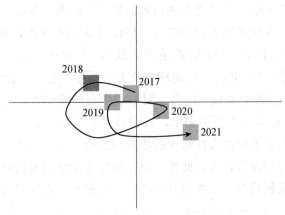

图 5-23　2017—2021 年本科学历教师专业学习者 TPACK 认知路径

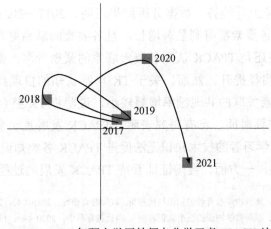

图 5-24　2017—2021 年硕士学历教师专业学习者 TPACK 认知路径

三、个体认知发展总结

第一，教学法知识处于教师专业学习者在线对话的核心地位，技术参与教学的知识处于劣势。我们发现，在多期的大规模在线学习中，教师专业学习者始终围绕 PK 进行对话交流，很少讨论 TCK 与 TPACK 等知识，PK 不管是在数量上还是在与其他类型知识的配对上都处于优势，这与教学法知识的基础性与普遍性有关。在 TPACK 理论的发展历程中，学者对 PK 的争议较少，认为教学法知识不具备学科内容的针对性，反映的是基本的、一般的所有与教育教学实践方法相关的知识。教学法知识位于教育者知识结构中的第二个层次，是教师专业学习者区别于其他学习者最显著、最专业的知识特征。[①]在大规模在线学习中，教师专业学习者关于 PK 的对话越多，说明他们不断反思、积累实践经验的基本能力越强。然而，教师专业学习者仍没有意识到信息技术的重要作用，将技术融入教学的能力有所欠缺。在技术融入教学时代，仅仅具备传统的教学知识已难以驾驭现代复杂多变的教学工作。[②]TPACK 是"互联网+"时代学习者必备的知识与能力，其发展存在于 CK、PK、TK 的动态交互关系中，任何一个要素的增长都会促进 TPACK 其他要素的增长。因此，对在线学习内容的设计要充分考虑教师专业学习者 TPACK 的现状与培养需求，既要注重教学法知识、学科内容与技术知识的内容设计，也要重视融合性知识的培养与发散，自上而下地制定完善的信息技术应用能力提升与评价方案。此外，丰富教师专业学习者的研修方式，可通过线上线下融合的课例观摩、直播研讨等活动，为教师专业学习者提供更为真实的教学体验。

第二，大规模在线学习深化了教师专业学习者 TPACK 的多维认知，学习者 TPACK 认知能力呈上升趋势。数据分析结果表明，2017—2021 年教师专业学习者的 TPACK 认知各要素都得到显著增长，且各要素的联系更为和谐与紧密，不论是数量上的突破还是 TPACK 认知各要素联系的紧密程度，都验证了学习者的 TPACK 认知有了明显提升。然而，关于 TK 单维认知的自现频率大幅度增加，TK 与其他认知要素关联的共现频率增幅较小，说明将 TK 整合到 CK 与 TPACK 等认知要素中仍需要时间。已有研究表明，TPACK 发展是一个诸要素协调发展的过程，单纯丰富学习者的技术知识无法促进 TPACK 各类知识多元发展。[③]对于学习者知识的发展，一方面，要辩证地看待 TPACK 发展的过程。TPACK 的发展

---

① 闫建璋，李笑笑. 高校教师教育者的知识结构探析. 教师教育研究，2019（4）：28-33.

② 魏宏聚，任玥姗. 学科教学知识的三个认识转向. 当代教育科学，2020（4）：13-18.

③ 张黎，赵磊磊. TPACK 视域下中小学教师信息化教学影响因素研究——基于 J 省中小学教师的调查. 开放学习研究，2021（4）：8-15.

在一定程度上有先后之分，由 CK、PK、TK 核心知识的认知发展开始，然后向他们的相互作用与交叉融合方向演变。因此，要从 TPACK 的核心要素出发，建立衔接式 TPACK 发展体系，促进 TPACK 子集向多维知识的高效转化，为教师专业学习者制定多元的、有针对性的发展目标、发展路径与发展内容，使培训内容有重点、有层级、有阶段，使培训过程有监管、有反馈，使培训结果有评价、有对策。另一方面，TPACK 的发展在很大层面上是一种无意识的获得，从某种程度来说，更多取决于教师专业学习者的自我反思与实践改进。因此，教师专业学习者要提升自我反思与实践能力，形成自主发展的方法论意识，走出自身的"舒适区"，利用技术在教学实践中创设更真实的虚拟学习环境或体验，并关注技术应用、教学法和内容知识的相互交织，为 TPACK 的反思提供源泉。

第三，教师专业学习者属性特征影响 TPACK 的发展，不同教师专业学习者群体 TPACK 的发展存在差异。对比发现，教师专业学习者 TPACK 的发展有着不同程度的差异，具体表现在学段、性别、职称与学历的差异上，如女性教师专业学习者对 TK-TPK 的联系认知较强。在线学习内容的制定不仅讲究知识的关联性，如新知识与旧知识的连接，教学法、学科内容与技术的连接，还要了解不同群体间的需求差异，开展个性化的研修活动。针对以上差异，可对不同性别与职称的教师专业学习者制定差异化引领任务，被赋予角色、任务或权力的学习者在研修活动社区中应不断协商，发挥辐射引领作用；在有效解决教师专业学习者的学习倦怠问题、保障参与过程完整的同时，加强教师专业学习者对碎片化知识的总结与凝练，促进教师专业学习者 TPACK 知识的共享、共建与发展。同时，教师专业学习者 TPACK 知识的发展既要靠自身实践的反思，也离不开群体的合作，所谓"众人拾柴火焰高"。提倡和鼓励更多教师专业学习者将学习与研讨相统一，形成跨学科、跨学段、跨区域的共享—交流—协商研修共同体[①]，借助群体协同活动推进个体和群体知识的持续发展。

---

① 邓路遥，石长地，林金锡，等. 基于 ENA 的教师实践性知识分析——以移动社交环境中的教师学习共同体为例. 现代教育技术，2021（4）：65-72.

第六章　大规模在线学习的持续运行：
策略支持

工欲善其事，必先利其器。

——《论语·卫灵公》

学习策略是提高学习效果的有效手段。古代书籍中虽未出现学习策略这个词汇，但中国的教育家、思想家对学习问题的探索和研究从未止步。"凡学道当阶浅以涉深，由易以及难"（《抱朴子·微旨》），反映出学习应当遵守由浅入深、循序渐进的策略。朱熹也提出"读书之法，在循序而渐进，熟读而精思"的学习策略。学习需要采取合适的策略进行增效，学习策略的思想一直以默会的形式在古代文人中流传，如今，国内外诸多学者对学习策略进行了针对性研究，对学习策略进行分类分层。学习策略作为学习过程中的重要一环，直接影响着学习者的学习效果和学习效率，对学习有着不容忽视的作用。

进入信息化时代以后，大规模在线学习逐渐走向正规化、常态化和精品化。在线学习环境开放、学习参与者广泛、学习时间自由和学习空间开放等特点导致在线学习状况复杂多变，需要实施相应的策略：一是学习者需找准方向；二是不断激发学习者的学习动力，进而保证学习质量的提升。尤其是一些远程学习者，由于缺乏相应的组织管理容易产生懈怠心理，教与学的时空分离容易产生孤独感，且缺少及时有效的评估回馈，导致学习者在线学习的动机水平下降，学习质量得不到提升，因此急需针对大规模在线学习出现的具体问题寻找相应的解决方法。本章作为策略篇，从组织层、感知层、效果层为大规模在线学习的动力与质量提供策略，分别选择"泰州师说"第三期、第四期和第六期的课程阐明策略的具体实施运用，以期能够有效地解决大规模在线学习的群体组织管理问题，增强学习者的学习动力，科学评估学习者的学习质量，使"泰州师说"在大规模在线学习持续运行中迭代升级。

第一节　大规模在线学习的策略选择

大规模在线学习的终极追求是使每一位学习者都能够发生深层次的学习。策略作为大规模在线学习过程中必不可少的要素之一，可以帮助学习者降低认知负荷，将有限的精力投入到学习中。从定义上说，学习策略是指学习者在学习活动中有效学习的程序、规则、方法、技巧及调控方式。因此，凡是有助于提高学习质量、学习效率的程序、规则、方法、技巧及调控方式，均属于学习策略范畴。有研究发现，学习效果=50%的学习策略+40%的努力程度+10%的智商[①]，可见优良的学习策略在很大程度上决定了学习效果。在线学习的教学成本和学习成本都低于传统的面对面教学，二者的结合既能发挥教师在教学过程中引导、启发、监控的主导作用，又能体现学习者在学习过程中的主体性、积极性和创造性，通过优势互补产生最佳的学习效果[②]。在线学习具有众多优势的同时，也产生了规模较大难以监督、学习参与者广泛而难以管理、目标不明确等问题，针对以上问题应采取怎么样的策略以持续激发在线学习动力、提升在线学习质量，是社会性知识网络视角下大规模在线学习发展的重要支撑。

一、在线学习的相关策略研究

学习策略源于伍德等提出的"脚手架"概念，其将"脚手架"描述为支持学习者完成特定任务或实现特定目标的一个过程。[③]当学习者达到一个目标或从事一个当前无法完成的练习时，提供"脚手架"意味着给予其适当的帮助。同样学习策略也是为了帮助学习者更快地达到一定的学习目标，有意识地进行自我认知、反馈、调控。可以说，"脚手架"是学习策略中不可或缺的成分，它强调任务的相关特征以及提供解决方案，能够帮助学习者缩小选择的范围。有了"脚手架"的支持，学习者能够从现实发展水平向潜在发展水平跃进，获得更高阶的思维。

"脚手架"能够促使学习者不断走向下一步，这种持续地、动态地、逐渐地向更高水平发展的支架策略能够为在线学习提供必不可少的支持，有助于满足远

---

① 刘电芝. 高效学习的追求：学习策略的研究与实践. 中国教育科学（中英文），2019（6）：81-99.

② 李恬静，王金柱. 影响学生学习策略使用的因素. 中国成人教育，2009（23）：137-138.

③ Wood D, Bruner J S, Ross G. The role of tutoring in problem solving. Journal of Child Psychology and Psychiatry, 1976, 17（2）：89-100.

程学习环境中学习者的支持服务需求，为其提供学习策略。"脚手架"用于教学中被称为"教学支架"或"学习支架"，同样也是促进学习者学习的学习策略。教育者利用教学支架使教学以学习者为中心，促进教学和学习，提高学习者的互动技能。因此，面对学习情境中出现多个不同问题时，学习者可以通过适宜的"脚手架"来支撑学习，并合理选择"脚手架"中的策略来解决问题，从而不断推动深入学习。

"在线"为学习者提供了新的互动方式，不同的教授方式与学习策略则可以帮助学习者更快地实现学习目标。专家学者从不同层面提出了促进在线学习质量提高的策略，例如，段金菊认为动机激发策略是促进学习者深层次学习的首要条件。[1]柯蒂斯·邦克和伊莲·邱重点强调了利用激励策略减少在线学习者的"辍学率"，并通过学习活动提升其学习效果。[2]张豪锋和王春丽提出认知层面策略的实施需要重视课程模型建设，策略内容要能够引发学习者产生认知冲突，从而促进认知层面的深层次参与。[3]周荣和彭敏军认为促进在线学习中的深层次学习需要创设真实的生活情境，将任务与真实生活相联系。[4]有学者认为促进深层次学习的方法包括及时对学习者进行反馈，同时让学习者积极参与，让其体会到学习的成就感，促进其情感层面的深层次参与。[5]还有学者认为要通过设置任务来促使学习者积极地思考问题，引发其高阶思维的产生。[6]穆肃和王孝金提出从情感、行为与认知三个维度采取相应策略促使在线学习中深层次学习的发生。[7]

依据学习策略的使用范围，加涅把学习策略分为通用学习策略和学科学习策略。通用学习策略是指不与特定学科知识相联系，适合各门学科知识的学习程序、规则、方法、技巧及调控方式，包括信息选择策略、记忆策略、组织策略等。学科学习策略是指与特定学科知识相联系，适合特定学科知识的学习程序、规则、方法、技巧及调控方式。

依据学习策略对认知负荷的影响，可以将学习策略分为降低外在认知负荷的

[1] 段金菊. e-Learning 环境下促进深度学习的策略研究. 中国电化教育，2012（5）：38-43.

[2] 柯蒂斯·邦克，伊莲·邱. 激励和留住在线学习者的100个活动：TEC-VARIETY 应用宝典. 陈青，彭义平译. 北京：中央广播电视大学出版社，2016：1-546.

[3] 张豪锋，王春丽. 成人在线学习模型构建及策略探究. 成人教育，2011（6）：34-35.

[4] 周荣，彭敏军. 混合式学习中促进深度学习的助学群组构建与应用研究. 教育现代化，2017，4（33）：202-205.

[5] Hacker D J，Niederhauser D S. Promoting deep and durable learning in the online classroom. New Directions for Teaching and Learning，2000（84）：53-63.

[6] Czerkawski B C. Designing deeper learning experiences for online instruction. Journal of Interactive Online Learning，2014，13（2）：29-40.

[7] 穆肃，王孝金. 在线学习中深层次学习发生策略的研究. 中国远程教育，2019（10）：29-39，93.

学习策略、降低内在认知负荷的学习策略和提高相关认知负荷的学习策略。任何学习都要消耗认知资源，都会造成认知负荷。澳大利亚学者 Sweller 最早提出了认知负荷理论，认为认知负荷是人在信息加工过程中所必需的心理资源总量。[①]从某种意义上来说，学习策略的应用能够降低学习者在学习过程中的外在认知负荷和内在认知负荷，使其能够拥有充分的认知资源来应对学习信息的获取、加工、存储，即学习策略有助于认知资源的最优化配置与使用。另外，某些学习策略的应用可以提高学习者的相关认知负荷，促使其将剩余的认知资源应用于对学习内容的深度加工，提高学习效果。

可见，在线学习策略不仅为学习者开展在线学习活动提供了重要的策略支撑，还对学习者面对复杂多变的在线学习环境时如何进行在线学习具有一定的参考作用。

二、大规模在线学习策略设计

在线学习的不断发展，突破了院校、区域的地理限制，从小规模不断形成大规模的范式，然而大规模在线学习长期持续的发展需要源源不断的策略支持。学习策略作为动态的设计、选择和运用各种学习方法的手段，能够有效调控学习过程，提升大规模在线学习者的学习效果。优化提升学习目标、统筹在线学习过程、采取有效的动力和质量策略是促进大规模在线学习增质提效的有力手段。在智能时代，大规模在线学习是将技术和教育融合的教育形式。技术是在线教育发展的重要推动力，但不容忽视的是教学必须重视返璞归真，回归育人的原点和本真。以技术为中介的大规模在线学习必然是一个主动的、活跃的过程，但一些学习者的自我调节技能水平不高，需要"脚手架"来支持和管理他们在不太熟悉和更密集的环境中的学习，这就要求研究者创建有效可行的在线育人学习支架，即有效的学习策略。

"泰州师说"大规模在线学习项目，多年来针对在线学习中出现的问题，从多个层面提供学习策略，持续激发学习者的动力，保障学习质量，已形成一套自己的运行体系。在组织层面，采用混序管理策略支持学习者社群的规范发展；在感知层面，采用在线临场感建构策略增强学习者的归属感；在效果层面，采用多元评估策略及时了解学习者的学习情况，并予以反馈，如图 6-1 所示。

---

① Sweller J. Cognitive load during problem solving: Effects on learning. Cognitive Science, 1988, 12 (2): 257-285.

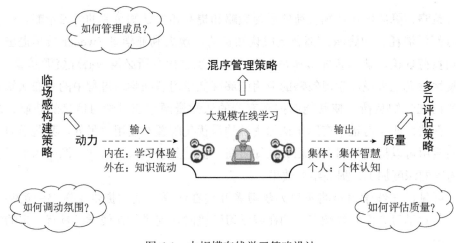

图 6-1　大规模在线学习策略设计

第二节　大规模在线学习的混序管理策略

　　混序管理最早是管理学领域提出的概念，20 世纪 70 年代，维萨（Visa）卡创始人迪伊·霍克（Dee Hock）提出"混序"（chaord）这一概念，认为混序是任何把混沌与有序的特征和谐地融合起来的自组织、自治理的有机体、组织或系统的行为。[①]混序具有混沌与秩序两个特征，两个特征的地位相当且缺一不可。混序是介于混沌与秩序之间的一种状态，对大规模在线学习的组织管理有重大的指导和实践意义。采用混序管理策略管理在线学习中的学习社群，可以重塑在线学习社群组织结构，充分发挥混沌与秩序相结合的作用，保证大规模在线学习的动力和质量。

一、在线学习混序管理策略的选择

　　传统组织的等级制度明确且森严，职责划分相对固定，从上至下的管理机制就像一座金字塔。在传统组织内部，只有达成了组织目标才能实现个人目标，且目标收益取决于个人所处的层次，而不是个人的贡献程度，学习者能做的只有按等级一步步升迁。从管理的角度来看，一方面这种中心化的组织结构极不稳定，一旦中心领导者决策失误，整个组织都会濒临崩溃；另一方面组织成员间摩擦较多，时常发生凸显自己、推卸责任、贬低同级、排除异己的现象。传统的中心化组织已经不适合智能时代在线学习的要求了，其管理形式难以在大规模在线学习

---

　　① 迪伊·霍克. 混序：维萨与组织的未来形态. 张珍, 张建丰, 等译. 上海：上海远东出版社，2008：1-129.

中实施。由于在线学习很难重现真实课堂学习的组织性，建立在教学管理系统化组织基础上的学校教育模式在网络环境下难以发力。[①]在线学习过程中，教师不再是把控全场的权威者，更多需要学习社群内成员的自我组织、自我管理。如果缺乏适当的在线学习的组织和管理方法，就容易使学习共同体的师生之间因社会性交流缺失而产生学习孤立和情感疏离[②]，本应呈现有序组织下的成员良性竞争因缺乏组织性的管理而呈现消极与颓废。因此，我们需要寻求适合在线学习的社群组织和管理策略，转变组织形态，创新管理方式。

学习社群强调去中心化，这恰好与混序管理中混沌所代表的自组织、去中心化的自我运作小团队相契合。混序的本质特征强调管理必须分散，管理者不得控制任何层次的任何决定或结论。混序管理下的学习社群是没有等级制度的，为了彼此共同的利益，通过少量的条约与规则而联结，任何成员都有权在任何时候以任何规模进行自我组织、自我管理，从形式和功能上不断进行自我调整，从而增强自身的竞争力和实力，进而帮助整个社群提升适应力和创造力。甚至混序管理下的学习社群强调成员自由竞争，成员可以对任何观点提出看法和质疑，在不断的思维碰撞中达到互助学习、共同提高的目标。在大规模在线学习中引入混序管理策略，能够在运行与管理上实现"混"与"序"的机制创新。"混"负责释放人的感性思维，让原始的欲望带领团队成员去创造；"序"则管理人的理性思维，遵守已建立的规则，扼制原始的欲望，以谋求共同的目标。"混"解决的是创造的问题，让事物从无到有，创生出更优的事物；"序"是人为的规则和制度，负责对已经创造出的事物进行规范，通过各种规则来管理日渐扩大的组织。任何具有自组织、自适应、非线性的复杂系统都具有混沌和秩序的特性。因此，混序具有三个特质：①混序提倡自组织、去中心化；②混序不等于无序，有一定的组织形式；③混序是"秩序"与"混沌"的结合，通过秩序不断提高内在的协同效率和资源的有效配置，通过混沌进行创新创造。

面临大规模在线学习的组织转型和管理创新的迫切需求，选择在线学习混序管理策略，可以为更快、更有效地开发和培养复合型人才提供组织上的管理方法，解决层级组织内控制与活力、制度与创新、秩序与自由、守成与开拓的矛盾。

二、在线学习混序管理策略的设计

大规模在线学习社群实质上是由大量学习者组成的团队，因此，根据著名管

---

① 余胜泉，王慧敏. 如何在疫情等极端环境下更好地组织在线学习. 中国电化教育，2020（5）：6-14，33.
② 余胜泉，王慧敏. 如何在疫情等极端环境下更好地组织在线学习. 中国电化教育，2020（5）：6-14，33.

理学家布鲁斯·塔克曼团队发展的五阶段理论来进行混序管理策略的设计，具体包括组建阶段、激荡阶段、规范阶段、执行阶段和休整阶段。①每个阶段都有维持社群运行的要求，这些要求会在一定程度上规范社群中学习者的行为，但并不控制学习者的一举一动，学习者在遵循规范的基础上完全可以自由发展。①组建阶段会进行成员分配，同一学习社群的学习者通过一段时间的磨合，消除忧虑与困惑，建立互信关系，达成共识；②激荡阶段需要构建能让社群中的学习者依赖的学习环境，以供学习者沟通交流，解决问题；③规范阶段确立奖惩制度，促进学习者自我管理，形成团队精神、凝聚力、合作意识和责任感；④执行阶段搭建问题支架，供社群中的学习者参与讨论，生成群体智慧；⑤休整阶段开设新话题，抛出学习者感兴趣的话题，使社群中的学习者对该社群保持持续关注状态。此外，混序管理下的学习社群的构建框架要从"秩序"和"混沌"两个方面考虑，秩序代表框架组织，即学习社群构建和运行的各项硬性要求，混沌代表自组织团队，即社群中的学习者内部的自由发展，受秩序影响却不由秩序控制，由社群学习者内部自我管理和协调。我们设计了混序管理建构框架（图6-2）。

图 6-2　混序管理建构框架

（一）组建阶段—成员分配

组建阶段因缺乏清晰的目标，社群中的学习者大多持观望的态度，加之学习者间互不熟识，交流存在问题，角色定位不明确，部分学习者还会产生忧虑。因此在组建阶段，团队负责人应通过公示或沟通的方式，明确团队发展目标，确定

---

① Tuckman B W, Jensen M A C. Stages of small-group development revisited. Group & Organization Studies, 1977, 2（4）: 419-427.

学习者职责，规定工作范围，以消除学习者的困惑与忧虑，确保学习者之间能建立起互信互助的工作关系，通过设想美好的前景来达成共识和激励团队成员。

（二）激荡阶段——环境构建

经过组建阶段，学习者获得发展信心，但各种观点的激烈碰撞，使得社群中出现人际冲突和分化。比起倾听或细读其他成员的观点和想法，学习者更想展现自己，以至于常常表露出对角色定位和工作范围的不满。学习者间、团队与环境间、新旧观念间都会出现矛盾，团队负责人的权威也会被质疑。因此团队负责人应提高解决冲突和处理问题的能力，创造出一个积极向上的工作环境。

（三）规范阶段——制度确立

规范阶段的学习者间已经建立起了互信互助的合作关系，个人的工作技能也已得到提高，社群发展重新进入学习者视野，成为学习者关注的重点。此阶段的学习者开始关注目标和任务，并且有意识地关心彼此的合作，积极解决问题，以实现团队的和谐发展。在这一阶段建立规章制度，社群学习者在做事时就能做到有章可循，同时能对团队负责人的行为起到一定约束作用。团队的稳定发展、团队成员凝聚力与合作意识的形成都得益于规章制度的建立与实施。规章制度讲究恩威并施，除了激励和表彰制度外，约束和惩罚也是必不可少的辅助手段。

（四）执行阶段——支架搭建

执行阶段的团队应用规范化的管理制度与标准的工作流程进行沟通、化解冲突、分配资源，团队中的学习者自由地分享观点与信息。对于执行阶段的团队，团队负责人应集中精力关注事关全局的大事，其他事情应授权管理；要根据社群发展需要，随时更新工作方法与流程，推动经验与技术的交流，提升管理效率，集中团队智慧，作出科学有效的决策，鼓励学习者集体努力追求团队绩效，最终使个人的认知得到建构。

（五）休整阶段——内容吸引

团队运行到一定阶段，完成自身的目标后，就会进入休整阶段。休整阶段的团队有三种结果：一是解散；二是组建新的团队；三是团队整顿。以项目或工作小组形式成立的临时团队，一般在项目或工作完成后，团队会解散或组建成新的团队。常规团队在发展到一定阶段时，可能会因表现不佳而需要撤销、调整或重组。因此，休整阶段开设新话题，抛出学习者感兴趣的话题，可以使社群中的学习者对该社群保持持续关注状态。

三、在线学习混序管理策略的实施

以"泰州师说"第四期为例，针对"泰州师说"的运行和管理，为实施混序管理策略，我们设计了"大序"和"小序"两套方案。"大序"方案具体如下：在成员分配环节，按照社群成员的执教学段分组；在环境构建环节，则以主题进行学习意向划分，构建成员精神依赖的环境；在制度确立环节，通过对无意义发言、重复发言和重复发帖进行提醒和删除，约束社群成员的参与行为；在支架搭建环节，抛出问题支架，吸引社群成员相互讨论，提高个体认知；在内容吸引环节，设置专家答疑，并抛出探讨未来期望的新话题，吸引社群成员保持持续关注。"小序"方案具体如表 6-1 所示。"泰州师说"第四期从泰州市众多学校中选取了 3 所学校，即 D 校、H 校和 F 校，形成了全组织、半组织、无组织的 3 种由强到弱的管控状态①，并对其派发活动指南。

表 6-1　学习社群运行"小序"方案

"序"的设计	D 校	H 校	F 校
成员分配	必须分组	建议分组	可以分组
环境构建	本校、实名 （彼此熟悉）	主题讨论区 （学习意向相投）	主题讨论区 （学习意向相投）
制度确立	集中	集中	自行
支架搭建	问题支架	问题支架	问题支架
内容吸引	实践转变	在线答疑、未来计划	在线答疑、未来计划

给 3 所样本学校派发的活动指南不尽相同：D 校必须线下集中观看 8 门课程的视频，线上讨论必须分组，且要在 QQ 群中进行；H 校只需线下集中观看 4 门课程的视频，线上讨论建议分组，讨论可以在课程论坛或百度贴吧中进行；F 校组织所有教师参与线下培训，可以分组，督促教师自行观看课程视频，讨论可以在课程论坛或百度贴吧中进行。3 所样本学校的组织强度从强到弱依次是 D 校、H 校、F 校。将 3 所样本学校的活动指南按照混序管理下学习社群建构框架进行归类，其结果如表 6-2 所示。

---

① 王帆，王珣，祁晨诗，等. 不同组织形态下"在线学习"品质比较实证研究. 电化教育研究，2018（12）：37-43.

表 6-2　3 所样本学校活动指南按照混序管理下学习社群架构框架分类

学校	线下观看 组织形式	线下集中观看 视频数量要求	线上讨论 分组要求	线上讨论 平台要求
D 校	集中观看	8 门课程	必须分组	QQ 群
H 校	集中观看	4 门课程	建议分组	论坛或贴吧
F 校	自行观看	无要求	可以分组	论坛或贴吧

（一）成员分配环节

D 校必须按照年级或者教研室等分组，且必须在分组 QQ 群内实名讨论，旨在跳过社群中学习者间彼此磨合的阶段，缩短磨合时间，最好能直接进行知识的交流，尽快从社群中学习者的分享中获益。H 校则是可以按照年级或者教研室等分组，希望学习者在集中观看完课程视频后，进入"泰州师说"全员参与讨论的课程论坛（实名）或者百度贴吧（匿名）中发言。不跳过学习者间彼此磨合的阶段，一方面，能够促进同校教师的相互熟悉；另一方面，能够激发其他学校的教师在校内甚至校际建立联系和彼此熟悉。F 校建议按照年级或者教研室等分组，但不硬性要求学习者集中观看视频，学习者在课程论坛或百度贴吧参与讨论。

（二）环境构建环节

D 校需按照规定在学校组建的分组 QQ 群内进行交流与合作，基于本校教师的社群在一定程度上已有可以彼此依赖的环境与氛围。H 校与 F 校则进入课程论坛或百度贴吧讨论，两个平台同时开设相同的课程主题讨论区，当学习者对"学习活动设计"这门课程有想法时，就可以进入#学习活动设计#主题讨论区进行交流，也可在#学习活动设计#话题自主发帖发表观点。虽然参与这两个平台交流的学习者来自不同的学校，但能在同一个主题讨论区交流就说明学习意向相同，有一定的精神依赖。

（三）制度确立环节

规章制度的建立与实施，既有利于团队稳定发展，也有利于团队成员形成凝聚力和合作意识。我们给 QQ 群群主、课程论坛及百度贴吧管理员安排了任务：首先，鼓励他们积极发言和提出建议，通过与其他成员的沟通与合作，感觉到社群的发展与自己休戚相关；其次，授权给群主和管理员，激发他们的责任心；最后，对好的观点、好的帖子进行置顶或加精以示表扬和奖励。

（四）支架搭建环节

"泰州师说"平台的管理员根据课程内容以提出问题的形式设置支架，形成一期培训、8 门课程和每门课程 5 个主线问题的完整结构，引导学习者进行思考，以期实现主题交流的节奏性、高效性和发展性目标。在交流过程中，学习者可以在遵循主线的基础上自由地分享观点与信息，并循序渐进，逐步深入知识内容的核心。

（五）内容吸引环节

社群运行到一定阶段后，学习者会因信息更新缓慢、信息无法满足需求等原因而渐渐失去对社群的兴趣，此时社群发展进入休整期。D 校是基于 QQ 群的学习社群，在讨论培训内容之余，学习者还可以针对自身教学中的问题向其他教师请教。在培训结束之后，利用这些话题与活动加强社群之间的交流，使社群中的学习者能够对社群保持持续关注，并重视执行阶段对学习者成长的促进作用。H校和 F 校是基于课程论坛和百度贴吧的学习社群，可能会出现在线学习任务结束学习者不再涉足这两个平台，使学习社群面临解散的问题，因此，我们安排了项目管理员以及部分专家在线答疑，并积极引导学习者开展讨论。

四、在线学习混序管理效果的分析

"泰州师说"学习社群强调专业人员在社群中所进行的学习，以促进专业人员的发展与成长，我们借鉴霍德的专业学习社群模型，对学习者在参与社群学习过程中的个人成长以及群体成长进行分析。霍德在对一系列案例研究进行整合的基础上，提出了专业学习社群的五大特质：共享领导、支持条件、共同愿景、合作学习、个人实践。[1]考虑到混序管理下的学习社群相比普通学习社群多了约束力，我们在保留原有五个维度的基础上增加了社群规则：①结合混序管理下学习社群架构框架，将成员分配到不同的学习社群并建立起互信关系，成员之间所达成的共识可对应共同愿景。②环境构建旨在构建成员可依赖的学习环境供他们交流，可依赖的学习环境需要共享领导、软硬件条件的支持。③制度确立则可促进成员更好地自我管理，这需要依赖社群规则的执行力度。④支架搭建以供群体讨论生成智慧，对应合作学习。⑤保持内容吸引力，使成员持续关注；学习社群内可通过个人实践分享吸引成员的注意力；个人实践伴随平时行动产生，可作为长久讨论的资源。

---

① 转引自曾晓瑾. 美国教师专业学习共同体实践模式研究. 上海师范大学，2012.

我们采用问卷调查法在"泰州师说"平台收集数据，从学习社群运行效果的6个维度出发设计题目，采用五分量表法获取学习者在参与社群学习过程中的个人与群体行为分析的主要数据，表 6-3 是调查问卷维度及具体陈述。我们先利用SPSS 24.0 软件对搜集到的数据做正态分布检验，结果皆呈正态分布；再对 3 所样本学校进行单因素方差分析，进行差异比较。

表 6-3　调查问卷维度及具体陈述

维度	具体陈述	非常赞同	赞同	不确定	不赞同	非常不赞同
共享领导	我们小组的成员都有发言的欲望，都想主导讨论					
	我们小组的话题发起人经常鼓励我们发挥各自的影响力，给其他教师提供指导					
	我们小组的讨论氛围和谐，能够增进教师间感情，消除独立学习的孤独感					
支持条件	本次培训所提供的视频具有较强的专业性，有利于我们的专业发展					
	学校为了让教师能更好地参与到"泰州师说"中，协调了教师工作和学习的时间					
	本次培训所选择的讨论平台的功能满足了我的需求					
社群规则	学习过程中分组参与讨论，有利于我们在合作中学到知识					
	我觉得按年级/教研室分组的方式十分合理					
	我觉得学校安排的各门课程的学习时间十分合理，有利于规划自身学习					
共同愿景	我希望通过参加培训可以提升自身的教学能力					
	我希望通过参加培训可以加强同事间的交流，提升凝聚力					
	我希望通过参加培训可以提升学校所有教师的专业能力水平					
合作学习	我经常与其他教师共同讨论问题，积极表达自己的观点与想法					
	我经常听取其他教师的观点与想法并给予反馈					
	我提出的问题经常能得到其他教师的回答或解释					
个人实践	通过"问题设计"的学习，我意识到问题设计的重要性并积极进行尝试					
	通过"学习活动设计"的学习，我尝试对某些课程的教学活动进行修改并与其他教师共享我的教学实践					
	通过"走班管理"的学习，我尝试与其他教师交流走班管理的思想，探讨学校实施的可能性及局限性					
	通过"留守儿童的故事"的学习，我开始重视留守儿童的心理发展					

（一）共享领导行为分析

D 校和 H 校的教师在共享领导维度上的差异显著，即相较于 D 校教师，H

校的教师认为自身学习讨论的氛围更为和谐，认可度更高。进一步对3所学校教师对共享领导维度的认可度进行统计，结果如图6-3所示，F校是3所样本学校中最有发言欲望的，但在课程论坛上只收集到15条F校的发言数据，表明教师内隐的发言欲望和其外在的行为表现存在差异。D校对氛围和谐的认可度最低，可见QQ群的讨论氛围不如课程论坛或百度贴吧和谐舒适。3所样本学校教师在发言欲望上的认可度普遍不高，说明虽然小组内氛围和谐，话题发起人一直在鼓励大家积极发言，但教师的发言欲望仍有待提升。

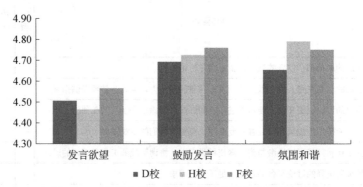

图6-3　3所样本学校教师对共享领导维度的认可度

（二）支持条件行为分析

在支持条件维度上，我们发现3所样本学校教师的认可度没有显著性差异。我们进行了如图6-4所示的进一步统计，以期更深入地了解3所样本学校教师对支持条件维度的认可度，发现D校教师在教与学时间协调上的认可度最低，H校教师的认可度最高。D校建议教师用5天时间学习一门课程，时间自由且足够完成学习，但没有引导，导致教师比较盲目，时间安排不合理；H校则安排教师利

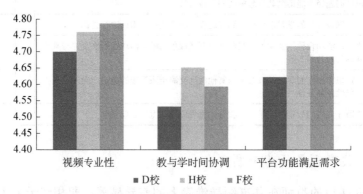

图6-4　3所样本学校教师对支持条件维度的认可度

用每周一下午的业务学习活动时间进行学习，既明确了具体学习时间点，又避开了教师的上课时间。由此可见，时间的自由程度与学校统一建议的学习时间点非常重要。D 校教师在平台功能满足需求上的认可度最低，D 校选择的讨论平台是QQ 群，H 校和 F 校则是课程论坛和百度贴吧，QQ 群在一对一的交互方面不如论坛和贴吧方便，难以看出回复内容是针对哪条留言的。

（三）社群规则行为分析

通过对 D 校和 H 校、F 校在社群规则维度的表现进行比较分析后，发现 3 所学校教师在分组讨论方面有显著性差异，D 校和 H 校教师在各门课程学习时间上相差较大。进一步对 3 所样本学校教师对社群规则维度的认可度进行统计（图 6-5），D 校在分组讨论上认可度最低，可见教师并不觉得参与 QQ 群讨论有利于在合作中学到知识，相反，参与论坛讨论的教师觉得该讨论能帮助他们知识构建；D 校教师在各门课程学习时间上的认可度最低，说明时间宽泛、自由度高反而让教师无所适从，指定学习时间点更有利于教师的自我管理。

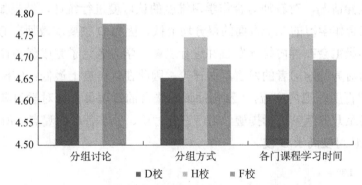

图 6-5　3 所样本学校教师对社群规则维度的认可度

（四）共同愿景行为分析

在共同愿景维度上，D 校和 F 校的教师在提升自身能力和提升凝聚力上均有显著性差异。进一步对 3 所学校教师对共同愿景维度的认可度进行统计，结果如图 6-6 所示，F 校在共同愿景维度的 3 个方面的得分均最高，结合 F 校后测成绩，发现经过在线学习后，F 校确实提升了自身能力和学校整体竞争力，但 F 校在提升凝聚力上是最低的，F 校还需注意此方面的提升。

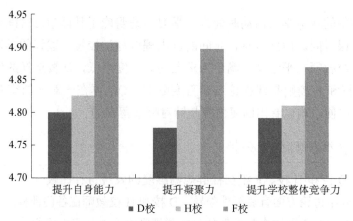

图6-6　3所样本学校教师对共同愿景维度的认可度

（五）合作学习行为分析

经过分析得出，D校和H校的教师在合作学习维度上的差异表现在积极听取建议上，并且3所学校在提问得到回复上具有显著性差异。根据3所样本学校数据反馈的差异情况，对教师对合作学习维度的认可度进行统计，结果如图6-7所示，D校在合作学习的3个方面的得分均最低，因为D校要求教师在QQ群内交流，每个年级组会在群内统计发言并进行表彰，学习者为了完成任务往往选择观点分享，而对其他学习者的发言不做评论，因此在认可度上最低；H校和F校在课程论坛和百度贴吧内交流，"泰州师说"平台的管理员会针对学习者的疑问进行解答，甚至开辟新帖进行提醒学习者进行讨论、分享各自的观点，所以H校和F校教师的认可度高于D校。

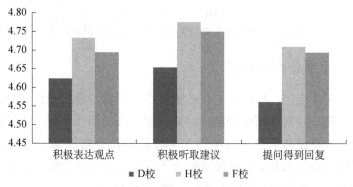

图6-7　3所样本学校教师对合作学习维度的认可度

尽管D校教师在合作学习维度上的认可度最低，但实际操作中其合作学习成效是最好的。我们将D校按年级分为6个组，各年级教师在群内交流学习，发现

D 校已经在交互中形成了十几个领导者类的中心性人物，其中 6 个是年级组组长，组员大部分的发言主要是回复组长抛出的问题，还有一部分是组员间的交流。H 校教师在合作学习维度上的认可度最高，如图 6-8 所示，图中的深色方块为话题中心人物，浅色方块为中心人物所辐射的普通成员，除"泰州师说"平台的管理员外，H 校的陈×、丁×、王×林、袁×云、吴×红老师（图中用下划线标出）也成为话题中心人物。由此可见，H 校作为"种子学校"，起到了调动全员积极性、引领话题展开的作用。

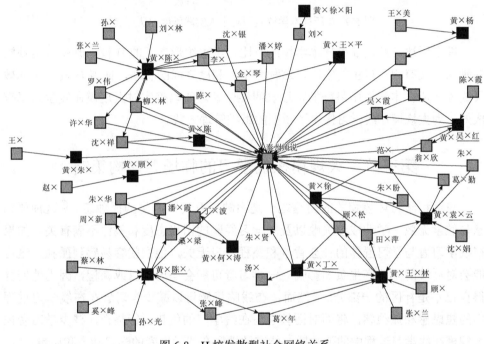

图 6-8　H 校发散型社会网络关系

（六）个人实践行为分析

问题设计、学习活动设计、走班管理与对留守儿童的关注是个人实践维度的四个方面。经过分析发现，D 校和 H 校的教师在个人实践维度上的显著性差异表现在学习活动设计方面。进一步对 3 所样本学校教师对个人实践维度四个方面的认可度进行统计，结果如图 6-9 所示，D 校教师在教学实践四个方面上的认可度最低，研究者需要加强对该校教师在教学实践维度的后续追踪与调查，并设计相应的干预策略以提供支持，让教师把所学到的理论知识真正地运用到教学实践中。

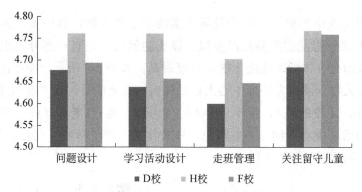

图 6-9　3 所样本学校教师对个人实践维度的认可度

综上所述，经过 3 所样本学校的对比，半组织形态下的 H 校，既受一定规则的制约，又有相对自由的空间，这种介于混和序之间的状态，使得 H 校的总体效果成为 3 所样本学校中最好的，这表明混序管理策略确实对大规模在线学习卓有成效，为大规模在线学习提供了新型的组织管理方式。

第三节　大规模在线学习的临场感建构策略

与远程学习环境相关的问题之一是由缺乏互动而产生的孤独感。[1]这种孤独感与教学无效、学业成绩失败以及对学习经验的消极态度和整体不满有关。如果在线学习者与学习群体的社会背景和课程本身无关，他们就容易感到孤独，这可能会对后续的学习产生负面影响——学习者可能会退出项目或课程，因为他们觉得自己不是社区的一部分。[2]然而，在线临场感可以减少学习者在在线学习过程中的焦虑感和孤独感，将面对面教学与在线学习的优势进行整合，减少学习者在大规模在线学习过程中的孤独感，能有效提升在线学习者的学习动力和质量。

一、在线学习临场感构建策略的选择

在线学习由于学习者数量庞大且背景复杂、学习时间自由灵活、学习空间开放且不受限制等因素，其情况复杂多变。受传统教育因素影响的学习者可能并不适应这种环境，因为该环境要求学习者能够自律地与其他学习者进行知识交

---

① Bennet S，Priest A M，Macpherson C. Learning about online learning：An approach to staff development for university teachers. Australian Journal of Educational Technology，1999，15（3）：207-221.

② De Vries Y E. The interactivity component of distance learning implemented in an art studio course. Education，1996，117（2）：180-185.

互。[①]在线学习者如果没有较高的元认知能力或自主学习能力，将很难持续学习。[②]相较于实际物理空间中的面对面学习来说，在线学习中的学习者与教育者、学习者与学习者之间存在地理空间上、时间上和情感上的分离，即存在物理与心理的准分离状态[③]，这种分离状态导致学习者在虚拟的在线学习空间中社会性支持不足、即时互动性不强，容易产生焦虑感、孤独感和无助感。这也导致在线学习效果并不乐观，如社会网络结构松散，紧密度低，学习者参与度出现两极化现象等。社会学习理论认为，高阶学习的发生需要学习者进行更多的互动以及富有成效的反思，学习者对新知识的反思越多，他们就会应用得越多。所以，面临诸如“如何降低在线学习者在虚拟学习社区中的焦虑感、孤独感，或提升在线教与学的真实感、归属感？如何增强在线学习的社会互动？”等社会性属性缺失的现实问题时，我们需要选择一个行之有效的策略。

在线临场感（online presence）最早是由国际第三代远程教育的代表人物加里森等在 1999 年提出的探究社区（community of inquiry，CoI）理论框架中提出并详细介绍的[④]，主要包括教学临场感（teaching presence）、社会临场感（social presence）和认知临场感（cognitive presence）三种临场感形式，其中教学临场感是探究社区中最基本的临场感，是探究社区的建立基础；社会临场感是创造认知临场感和激励深度学习产生的必要条件；认知临场感与高阶思维的形成和深度学习的发生密切相关。三者在支持个体学习者合作与反思交流、支持群体活动与社会互动中起着重要作用。[⑤]在线临场感可以帮助学习者在在线学习环境中建立自身存在的关系，不仅涉及学习者在线学习过程中的心理体验，还体现了学习者与同伴之间在情感、环境、行为、动作、认知等方面的相互作用过程，为在线学习提供了同面对面教学一样的临场感，让学习者拥有更多机会同教育者、同伴进行人际交流。因此，将在线临场感运用在大规模在线学习中，不仅可以有效缓解学习者因时空分离产生的孤独感，还可以为学习者提供一种归属感、支持和认可。

---

① Mackness J，Waite M，Roberts G，et al. Learning in a small，task–oriented，connectivist MOOC：Pedagogical issues and implications for higher education. International Review of Research in Open and Distance Learning，2013，14（4）：140-159.

② 张文兰，俞显，刘斌. 引领式在线学习活动的设计、实施及成效分析. 电化教育研究，2016（10）：42-48.

③ 李文，吴祥恩，王以宁，等. MOOCs 学习空间中在线临场感的社会网络分析. 远程教育杂志，2018（2）：96-104.

④ Garrison D R，Anderson T，Archer W. Critical inquiry in a text-based environment：Computer conferencing in higher education. The Internet and Higher Education，1999，2（2-3）：87-105.

⑤ 李宝敏，宫玲玲. 教师混合式研修中教学、认知、社会临场感的关系研究——以信息技术应用能力提升项目为例. 教师教育研究，2020（5）：59-68.

二、在线学习临场感构建策略的设计

随着信息技术的快速发展及其与教育教学的深度融合，在线临场感的内容得到深度发展，相关研究呈现出多元化态势，如已有研究证实在线临场感与学习者的认知参与度、学习满意度、学习感知度、在线讨论深度、社会网络密度、高阶思维能力等具有密切联系。可以说，在线临场感是研究学习者在在线环境下社会、情感、认知等方面变化的有力工具，对构建在线学习社区具有重要的指导价值。同时在线临场感关注学习者如何在时空分离的虚拟学习社区中构建自身的存在关系、社会关系以及认知建构过程，是研究大规模群体在线学习体验的重要工具和把手。

（一）在线临场感的内部组成

1. 教学临场感

教学临场感被定义为"设计、促进和指导认知和社会过程，以实现个人有意义和教育上有价值的学习成果"[①]。由于教育机会和教育选择的扩大，学习的范围由传统的单一知识获取扩展到在线的多元互动、资源选择和活动开展，每个学习者都有发言的权利，传统意义上的教师逐渐转变为"活动的设计者"和"旁观的指导者"，学习者也能在互动过程中发挥知识传播的作用。鉴于此，我们需要重新思考如何在在线学习背景下进行教学。根据定义，加里森等将教学临场感主要划分为三部分，即设计与组织（design & organization）、促进对话（facilitating discourse）和直接教学（direct instruction）（表 6-4）。教学临场感是学习者对在线学习设计与组织、促进对话和指导过程的体验。因此教育管理者的第一个责任是设计课程内容、学习活动和时间表；第二个责任是监测和管理有目的的协作和反思；第三个责任是通过诊断需求和提供及时的信息和方向，确保学习者达到预期的学习成果[②]。

表 6-4　教学临场感的相关内容与指标

类别	指标示例
设计与组织	课程设计和方法
促进对话	建设性意见交换
直接教学	聚焦和解决问题

① Anderson T，Liam R，Garrison D R，et al. Assessing teacher presence in a computer conferencing context. Journal of Asynchronous Learning Networks，2001，5（2）：1-17.

② Garrison D R，Clevelandinnes M，Fung T S . Exploring causal relationships among cognitive，social and teaching presence：Student perceptions of the community of inquiry framework. Internet and Higher Education，2010，13（1）：31-36.

2. 社会临场感

社会临场感被定义为"在社会和情感上，参与者作为'真实'的人（参与者的全部人格），通过使用交流媒介，在社会和情感上展示自己的能力"[①]。社会临场感是合作和批判性话语的重要先导。建立关系和归属感对在线学习者的社会交互过程是很重要的。当然，社会临场感也并不意味着支持一种"病态的礼貌"，即学习者因为担心会伤害别人的感情或破坏一段关系，而不会怀疑或批评他人所表达的观点。[②]社会临场感意味着创造一种支持和鼓励探究问题、秉持怀疑态度和更多解释性观点的氛围。研究表明，社会临场感有三大指标[③]：个人/情感（personal/affective）、开放式交流（open communication）和群体凝聚力（group cohesion），如表 6-5 所示。社会临场感首先侧重群体身份的确立；然后是确保群体内自由和公开交流的条件，只有这样，才能为群体凝聚力的形成奠定基础；最后允许随着时间的推移自然增进人际关系，以进一步加强开放式沟通和凝聚力。如果人际关系受制于开放式沟通，那么人际关系就可能限制开放式交流，这就要求研究者必须重点关注建立在开放和自由交流环境中的群体认同和群体凝聚力。因此，社会临场感是学习者在社区中表达自己，收获情感和社会关系的一种能力体现，这种能力体现需要前期课程设计提供强大的支持和引导。

表 6-5 社会临场感的相关内容与指标

类别	指标示例
个人/情感	自我投射/表达情感
开放式交流	学习氛围/无风险表达
群体凝聚力	群体认同/协作

3. 认知临场感

认知临场感具体指"共同体中的学习者在持续反思与对话中建构知识、获得意义的程度"[④]。从本质上说，认知临场感是一种高阶思维和学习条件，而且在很大程度上是杜威关于反思思维内容的派生。[⑤]安德森指出，实践探究模型包括

① Rourke L，Anderson T，Garrison D R，et al. Assessing social presence in asynchronous text-based computer conferencing. The Journal of Distance Education，1999，14（2）：50-71.

② Anderson T. E-learning in the 21st Century：A Framework for Research and Practice. London：Routledge Falmer，2003：50.

③ Garrison D R. Assessing social presence in asynchronous text-based computer conferencing. Journal of Distance Education，1999，14：50-71.

④ Garrison D R，Anderson T，Archer W. Critical thinking，cognitive presence，and computer conferencing in distance education. American Journal of Distance Education，2001，15（1）：7-23.

⑤ Dewey J. How We Think. New York：Dover Publications，1997：1-214.

四个阶段——触发事件（triggering event）、探索（exploration）、整合（integration）和解决（resolution），一般描述教育情境中的认知临场感，特别是针对在线学习，这些阶段是描述和理解认知临场感的核心[①]，也是评估认知临场感的工具模型。触发事件最好是一个困境或问题，这样学习者可以从他们的经验或以前的研究中获得启发，如制定问题框架，并引出学习者看到或经历过的疑问或问题。探索则意味着首先了解问题的性质，然后寻找相关信息和可能的解释。整合是进入一个更集中、更结构化的意义建构阶段，即学习者通过整合个体与他人的思想，并与他人共同创造社会秩序，产生新的策略成果。解决困境或问题，是通过构建有意义的框架或者通过发现特定背景的解决方案来降低问题的复杂性。根据这四个阶段，认知临场感的相关内容和指标也跃然纸上，如表 6-6 所示。

表 6-6　认知临场感的相关阶段与指标

阶段	指标示例
触发事件	困惑感
探索	信息交换
整合	想法连接、整合
解决	应用新思想

（二）在线临场感的构建原则

加里森等认为在线临场感有 7 条实践原则：制订开放交流和信任的计划、制订批判性反思和对话计划、建立社区和凝聚力、激发探究动力、维持尊重和责任、持续探究和解决问题、确保评估与预计过程和结果一致。这 7 条原则中的前四条侧重于与设计协作过程和学习体验相关的社会临场感和认知临场感问题，第五条和第六条涉及与直接教学需要相关的社会临场感和认知临场感需求，最后一条是关于评估的，应渗透到所有的临场感之中。据此，我们认为在线临场感的构建原则包括以下几条。

1. 设置清晰的课程资源结构

课程设计与组织关乎课程的开展实效，影响着认知目标、情感目标的实现，并且是教学临场感的重要组成部分，所以设置清晰的课程资源结构是构建在线临场感的首要原则。从创造开放与信任的交互环境角度来说，清晰的课程资源结构也有利于学习者快速了解和掌握功能资源，更好、更快地适应学习环境并产生归

---

① Anderson T. E-learning in the 21st Century: A Framework for Research and Practice. London: Routledge Falmer, 2003: 58.

属感和自信心。

2. 创建开放的社会交互环境

开放的社会交互环境是发挥社会临场感中介作用的关键条件，也是在线教学临场感中"促进对话"要素落实的重要基础，更关乎以社会化为特征的认知建构的效果。因此，创建开放的社会交互环境是构建在线临场感的重要原则之一。从常规的学生、教师和内容三个要素分析，存在学生与学生、学生与内容、内容与内容、教师与学生、教师与内容、教师与教师六种交互类型，在线学习中的交互环境其实就是媒介环境，必须有利于促进各种交互的发生，如尽可能包含知识境脉呈现、学习内容管理、视频等资源交互、人员交互等功能。[①]所以，较高的交互支持程度是促成和维持个人或群体批判探究和意义建构的关键。

3. 维持持久的社区探究动力

社区探究动力即社区群体动力，不管是对于当前大规模在线学习辍学率高、交互持续性低的现状来说，还是对于构建认知临场感，促进学习者批判性思维发展来说，持久的社区探究动力都至关重要。认知临场感隐含着批判性思维发展的实践探索的四个阶段（触发事件、探索、整合和解决），而现有研究发现学习者难以进入整合、解决这些高阶认知阶段，当然一个阶段的提升难度也在增强。[②]这就要求在构建在线临场感时，提供学习"脚手架"来引导学习者循序渐进，维持持久的社区探究动力。在社会化学习时代，持久的群体动力的作用既体现在社会临场感的关系建立与维系、情感表达上，也体现在认知临场感的高阶认知目标的追求与实现上。

4. 明确可行的质量评估指标

前面三条原则可能在一定程度上对教学临场感、社会临场感、认知临场感的构建存在侧重点，而明确可行的质量评估指标是对全局效果的测评。明确可行的质量评估指标其实就是明确构建的具体方向和最终实效，对照量表逐项进行量化或质性评估能够明显增强在线学习质量的监督与执行效益。所以，构建在线临场感需要一套明确可行的质量评估指标，可参考已有评估标准，修改或创新出符合特征的测量指标体系。

---

① 刘述，单举芝. 在线学习平台视频教学交互环境现状与未来发展. 中国电化教育，2019（3）：104-109.

② 白雪梅，顾小清. 在线学习中教学临场感子维度对认知临场感各阶段的影响机制研究. 现代远距离教育，2021（6）：38-46.

（三）在线临场感的构建框架

经过对在线临场感的内部关系以及构建原则的探讨，我们可以发现，环境是构建在线临场感的基础，既支持着学习者的社会性开放交流，也关系着学习者的在线学习体验；课程资源结构的清晰度是引导学习者进行学习活动的首要要素，体现了课程设计与组织的有效性。同时，榜样的力量可以引领学习节奏与发展态势。为了维持持久的社区探究动力，学习者需要"脚手架"的支撑。国内学者黄茜在调查课程论坛交互现状的基础上，从促进课程论坛三种临场感均衡发展的角度出发，提出"创设良好氛围、教师持续关注、促进生生交互、教师引导与促进……"等五大策略。[1]另外大量研究表明，促进临场感的发生只有互动是不够的，还需有一定策略的干预[2]，如角色扮演[3]、"脚手架"[4]、教师领导[5]等是构建在线临场感的有效策略。

根据上述分析，我们有针对性地提出了构建大规模在线学习临场感框架的三大策略：结构化策略、问题支架策略、精英引领策略，以三轮驱动的形式促生大规模在线学习的在线临场感，提升在线学习质量，图 6-10 为在线临场感构建策略框架。

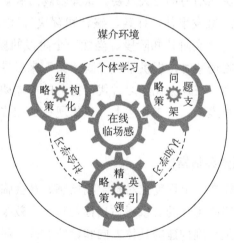

图 6-10　在线临场感构建策略框架

①　黄茜. 促进课程论坛交互策略的研究——基于三种存在理论. 远程教育杂志，2015（5）：97-106.

②　Garrison D R，Cleveland-Innes M. Facilitating cognitive presence in online learning：Interaction is not enough. The American Journal of Distance Education，2005，19（3）：133-148.

③　张婧鑫，姜强，赵蔚. 在线学习社会临场感影响因素及学业预警研究——基于 CoI 理论视角. 现代远距离教育，2019（4）：38-47.

④　Gašević D，Adesope O，Joksimović S，et al. Externally-facilitated regulation scaffolding and role assignment to develop cognitive presence in asynchronous online discussions. The Internet and Higher Education，2015（24）：53-65.

⑤　Aragon S R. Creating social presence in online environments. New Directions for Adult and Continuing Education，2003（100）：57-68.

该框架包含三个部分：内核轮（在线临场感）、驱动轮（构建策略，包括问题支架策略、精英引领策略、结构化策略）、外围圈（媒介环境）。其中在线临场感的核心是学习体验，关注学习者的过程感知。三大构建策略形成驱动环，重点关注教学、社会、认知等方面，连接成线，相辅相助，联合构建大规模群体学习的在线临场感。外围圈是媒介环境，它是在线学习的重要支撑，也是时空分离状态下学习者交互的空间，能够增进学习者与学习内容的交互联系，记录学习者痕迹。

在这个框架中，学习者会经历三种学习过程，分别是个体学习、社会学习和认知学习。个体学习是学习者独立获取知识的过程，大致会产生浏览、观看、独立标记等行为，属于学习者与内容之间的交互。社会学习是群体之间进行信息交换、"礼尚往来"的过程，也是集体智慧产生的过程，学习者通过发帖、跟帖、点赞、引用等社会性行为与同伴产生联系，分化出不同的角色，属于学习者与学习者之间的交互。认知学习是尊重知识传播与知识生产双重属性的认知网络形成的过程，是新内容创生的高发阶段，推动认知发展进程，加快了知识建构的速度，属于学习者与学习者、学习者与内容、学习者与教育者等的多元交互。

在线临场感构建策略框架是结合理论与实际提出的实践措施框架，具有针对性和系统性，下面对这三大策略进行逐一介绍与解读。

1. 结构化策略

在在线学习环境中，学习者的学习过程存在时间和空间的分离状态，容易造成学习者的无助感和迷失感，久而久之就会缺乏归属感和产生焦虑感，尤其是新进入体验的参与者表现得更为突出。为了避免这种情况发生，在课程设计与组织时必须从学习者的学习体验角度出发，创建学习导航格，设置资源搜索、功能查找等各项功能。因此，结构化策略主要包含以下几项内容：一是设计资源地图，将课程视频、材料、公告、链接等内容分块或者分表呈现，学习者进入学习界面后能够进行有方向性的知识搜索与学习，快速获取需要的资源。二是提供功能导航，帮助学习者快速定位功能按钮，推进学习进程。简单易懂的功能导航结构也将提升学习者对平台的感知有用性和易用性，从而满足学习者的个性化功能需求与选择。三是做好活动规范，明确规定活动目标、活动内容、活动期限、活动评价指标以及注意事项等。以课程公告的形式在活动开始之前进行通知，以确保大规模群体能够清楚活动的流程与预期结果，这也是在线教学临场感的一种重要体现形式，是课程设计与组织的一项重要内容。四是话题标签，在大规模群体学习中，课程论坛通常会出现发帖混乱无序、问题得不到及时反馈的交流状态①，而且很多高质量的帖子会被数量庞大的信息埋没。若在每个话题前增设主题标签，通过检索功能便能快速定位和查找自己感兴趣的话题，然后参与其中。从另外一个角度来看，话题标签也很好地将复杂多样的内容进行了分类整理，有利于促进课程论坛的有序交流。

2. 问题支架策略

维果斯基以最近发展区理论为基础，提出支架式教学（scaffolding instruction）理论，倡导通过提供学习"脚手架"来帮助学习者理解知识、建构意义。②科斯塔也提出了三级提问方法：首级是提出事实层面的问题；第二级是涉及解释和分析的问题，第三级则为更高层面的问题，逐层推进，引导学习者进入深层次的思考和学习。③从支架式教学理论和三级提问法受到启发，问题支架策略强调以问题为交流情境、以会话为交流方式、以搭建"脚手架"为形式、以促进同伴协作和意义建构为交流目的，依据课程内容进行问题设计，使学习者的学习进度与交互节奏相互匹配。问题支架策略通过三条途径促进知识交互，分别是初期情境创设、及时明确导向和适时优化结构。④因此，问题的设计必须分类型、分层次，问题的抛出必须分时段。问题设计的分类依据是4MAT模式中采用的"四何"问题分类法⑤，即是何、为何、如何和若何。四类问题所指代的知识类型也大不相同，对交互对话的影响也存在差异。此外，安德森等将知识分为四类：事实性知识、概念性知识、程序性知识和反省性知识⑥，恰好回答了"四何"问题，而且契合了布鲁姆的认知目标层次分类。

布鲁姆将认知目标分为知道、领会、应用、分析、综合和评价六个层次。⑦后来，安德森（Lorin W. Anderson，布鲁姆的学生）进一步更新了认知目标分类体系，该体系反映了21世纪新时代工作所需要的能力目标。安德森将认知过程分为记忆、理解、应用、分析、评价、创造六个层次，如图6-11所示。从在线学习的角度来说，记忆和理解层次对应的是对课程材料的吸收情况，回答的是"是

---

① McGuire R. Building a sense of community in MOOCs. Campus Technology，2013，26（12）：31-33.

② 何克抗. 建构主义的教学模式、教学方法与教学设计. 北京师范大学学报（社会科学版），1997（5）：74-81.

③ Costa A L. Developing minds：A resource book for teaching thinking. Anesthesiology，1991，82（5）：2-355.

④ 郝祥军，王帆，汪云华. 问题支架促进在线知识交互的途径假设与验证. 中国远程教育，2019（3）：34-42.

⑤ 胡小勇，祝智庭. 教学问题设计研究：有效性与支架. 中国电化教育，2005（10）：49-53.

⑥ L. W. 安德森，等. 学习、教学和评估的分类学——布卢姆教育目标分类学修订版（简缩本）. 皮连生主译. 上海：华东师范大学出版社，2008：25-28.

⑦ Liu C. J，Yang S C. Using the community of inquiry model to investigate students' knowledge construction in asynchronous online discussions. Journal of Educational Computing Research，2014，51（3）：327-354.

何"类问题；应用是对所学知识的运用和演绎，也可体现对课程论坛中的问题情境描绘，回答的是"如何"类问题；分析和评价的过程往往是紧密联系在一起的，在比较和剖析事物本身的内涵和价值的基础上，才能从本质上评价事物的方方面面，回答的是"为何""如何"类问题；创造是对碎片化知识整合创造的过程，学习者通过深度加工产生"人工制品"，反映了最高水平的认知学习结果，通常与"如何""若何"类问题呈显著相关。

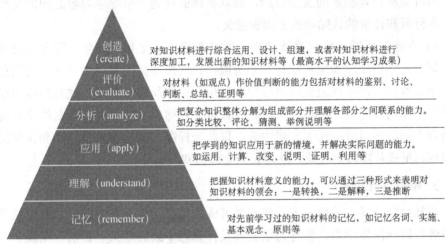

图 6-11　安德森的布鲁姆认知目标层次分类①

以往，在线课程论坛的设置基本呈现"一筐式"的整体抛出，这种形式的抛出常导致论坛出现发言混乱无序、反馈缺乏等现象，并且不能循序渐进地推进学习者的认知发展。所以，问题支架应该根据问题的类型或层次分时段逐步搭建，这个过程就像构造房屋的架构一样②——打地基、建立柱和架房顶。

1）在课程初期，创设交互基础。课程初期一般都是导入环节，目的是帮助学习者快速进入学习和交流状态。此阶段的交流不宜设置过高难度要求的问题，重点可以放在问题情境创设和基础概念掌握方面，并且这是为学习者交流营造开放、信任、共享的交互环境的关键时段。在线情境的创设，既可以用提问的方式调取学习者的经验场景，也可以用语言描述课程资源中的设定情境及假设情境。有研究中指出，要创造能够促进学习者深层次学习的真实情境，让学习者在真实

---

① L. W. 安德森，等. 学习、教学和评估的分类学——布卢姆教育目标分类学修订版（简缩本）. 皮连生主译. 上海：华东师范大学出版社，2008：25-28.

② 郝祥军，王帆，汪云华. 问题支架促进在线知识交互的途径假设与验证. 中国远程教育，2019（3）：34-42.

的体验中进行学习①。

2）在课程中期，明确交互导向。基于初期情境的铺垫，学习者开始进入状态，能够关注兴趣话题所在，并开始表达自己的观点和想法。然而，学习者长期进行同类型、同层次问题的讨论容易产生交流的倦怠感，可能出现敷衍式交互。这时，为了激发学习者更深的交互欲望，引导深层学习的生成，应关注程序性知识，在前期课程的基础上增加问题难度，形成认知挑战。从认知临场感角度思考，该阶段应该是探索的重要时期，要以具体的问题去引导学习者之间的交互方向，在分析和评价的认知维度上探索意义。

3）在课程后期，优化整体结构。学习者的在线交互一般会经历观点发散、信息聚合、知识联结和建构迁移几个阶段，在问题支架的层层引导下，到课程后期，学习者的认知层次应提升至应用创新层，关注反思性知识，注重知识的迁移运用和实际问题的解决。这个阶段往往设置"若何"类问题，基于在线交互信息的整合，回到学习者的现实背景中去，以此来提高在线学习质量，达到认知层面的目标，形成从实践到理论、从理论到实践的双向循环。

3. 精英引领策略

在社会学习理论的启示下，观察学习成为重要的学习方式之一，通过观察，学习者可以向同伴学习，榜样力量能够发挥意想不到的效果。目前，在线学习存在三种组织形态，即全组织、半组织与无组织，其学习品质存在明显差异，研究发现在半组织形态中，学习者的学习效果最佳。②这意味着，在线学习管理者既要保持学习者在在线社区中的自主性和社会性，也要给予其任务进行驱动和引领。自组织形式的弊端表现为学习者之间的互动程度不够、对共同体的认识深度欠缺。单靠网络课程的实施来构建网络实践共同体是极其困难的，应有领导者的介入或者产生意见领袖。③因此，我们结合理论指导，设计了精英引领策略，以解决大规模在线学习中学习者自主性太强而导致的交互有限、交互深度不够、社交性不强等问题。精英引领策略主要分为赋予角色、赋予任务、区域协作三个步骤。

该策略的第一步是赋予精英成员重要的角色或头衔。赋予角色主要有两个目

① Czerkawski B C. Designing deeper learning experiences for online instruction. Journal of Interactive Online Learning，2014，13（2）：29-40.

② 王帆，王珣，祁晨诗，等. 不同组织形态下"在线学习"品质比较实证研究. 电化教育研究，2018（12）：37-43.

③ 王诗蓓，王帆. 基于价值创造理论的教师网络实践共同体价值创造研究. 中国远程教育，2017（3）：59-66，76.

的：一是通过荣誉角色的授予，增强学习者的自信心和责任感；二是被赋予荣誉角色的同时往往意味着要承担相应的责任和义务，这就为给精英成员赋予任务奠定了基础。第二步是赋予任务，角色作用的发挥在一定程度上需要任务驱动，并在具体的活动中得以凸显和展现。同时任务设计要从两个方面考虑：一是可操作性；二是可评价性。由此保证被赋予角色的学习者能够有目标、有方向、有能力地落实每一项程序，又能够对成员的任务完成度和投入度进行测量和评价。第三步就是实现由点带面、点面结合的区域协作的学习态势。精英成员起着榜样的作用，通过运用个体智慧、散发社交魅力，吸引大规模群体中的同伴进入自己的核心讨论区，在探索的过程中不断将碎片化的观点或知识进行整合和联结，凝聚成集体智慧，形成实际问题的解决方案。多数在线学习者在缺乏真实感、认同感的网络空间中，渴望与其他人建立可靠、稳定的社交关系，而表现出很强的依赖性。因此，精英成员的重要作用就是促进志同道合的学习者聚集在一起，形成区域协作关系。

三、在线学习临场感构建策略的实施

以"泰州师说"第六期的课程为例，实施大规模在线学习临场感策略并分析其效果。

（一）结构化策略实施

结构化策略是为学习者设计一个有效的学习框架，规范学习者的行为、指导学习者的活动开展，为学习者有组织地、系统地学习创造条件。[①]张婧鑫等进一步指出，结构化策略可以从课程内容、课程规范、问题标签等处着手，且要做到整体性和结构性。因此具体的结构化策略实施从视频内容与知识呈现类型两方面展开。

1. 视频内容贴近生活

视频学习内容是学习者丰富理论性和实践性知识的有效载体。课例在一定程度上代表着参与者的共同价值追求，其基于参与者拥有的共同学科基础知识与背景，能激发参与者共同的兴趣点，激发参与者贡献智慧、丰富知识和提高技能的渴望。为了能够紧贴生活，"泰州师说"第六期的视频资源一直以学习者为主体，以高校专家为指导，两者紧密联合。因此，从内容上看，"泰州师说"第六

---

① 张婧鑫，姜强，赵蔚. 在线学习社会临场感影响因素及学业预警研究——基于 CoI 理论视角. 现代远距离教育，2019（4）：38-47.

期课程视频既有踏实落地的课堂教学实录，又有明辨洞析的专家点评。以学习者为主的课堂实录是帮助学习者创设真实问题情境、刺激情感共鸣的重要载体，正如情境认知理论认为的，基于现实世界的真实情境是学习者学习的基本条件，任何脱离特定情境或场合的知识都是毫无意义的。专家点评则能够帮助学习者从客观的角度清晰认识和反思日常教学中的问题，为日后教学实践提供理论指导和理念启发。

2. 资源呈现分类型

通过与技术人员的协商，"泰州师说"第六期设计为菜单式资源列表导航和学段资源的模块化呈现。菜单式的课程内容呈现方式结合模块化的学段资源分类，不仅赋予了学习者弹性化的选择权，还为共建共享、自由自主的成长模式奠定了基础。此外，系统还有记忆功能，能够方便学习者在发生意外情况停止学习时快速找到之前的学习起始点；系统还能够记录学习时长，实时监测学习者的学习进度。给学习者提供课程规范指导，让学习者有清晰的时间期限概念，明确在特定时间的特定动作，如整体课程的关键节点、问卷的填写说明、论坛发帖的规范等。另外，最初，"泰州师说"就明确了课程的考核方式（学时考核、客观题考核、主观题考核等），并附有相应的合格标准，以便学习者能有目标性和针对性地进行内容学习，这是一种反向的评价激励机制。课程旨在调动学习者的主动性和社会性，鼓励学习者在课程论坛自主发起主题讨论。"泰州师说"以话题标签进行识别，设置了九大课程（表6-7）。这样做的目的是在话题讨论过程中形成有效的话题分类以及人员的交互分流，多数学习者会聚集在自身感兴趣的话题讨论区中，从而促进大规模群体分化形成区域性探究协作。

表 6-7　话题标签

课程	具体话题
STEM 课程	在班上，你可以怎样渗透 STEM 课程？
设计教学	在幼儿园，你是如何设计一节优质语言教学活动的？
名课解读	你从名课解读中学到了哪些对你有帮助的知识？
名著导读	除了专业书籍外，你还读了哪些对你的成长有帮助的书？
学习方法	在幼儿园，你是如何选择适宜的学习方法开展语言教学活动的？
学习习惯	在幼儿园，你是如何引导孩子们养成良好的学习习惯的？
教师的一日一月一年	教师的一日一月一年
理论之光	如何将教师的思维品质与语言教学相融合？
PISA 测试	在幼儿园，你是如何提升孩子们的阅读素养的？

（二）问题支架策略实施

问题探讨促进学习者从对视频内容的感性认识过渡到对真实问题的理性思考，从而满足自身阐述问题和解决问题的需要。在线学习不再仅仅停留在概念性知识的学习和理解上，而逐渐走向社交化的学习模式，越发关注群体动力下的知识交互态势、知识网络属性等。问题是促进思考和反应的重要方式，为在线学习社区搭建问题支架是刺激群体社交属性的关键突破口。有研究表明，问题支架对促进在线知识交互具有重要作用。①问题支架依据知识点分解课程内容，不仅能够为学习者提供合理的交流支点，使具有相同想法的学习者聚合在一起，还能够为学习者把握主题内容结构和有效完成知识体系建构提供"脚手架"。

1. 专家助力问题设计

在课程启动之前，我们邀请了 5 位负责课程内容开发的专家为每个主题设计了 5 个讨论题，并要求尽力覆盖"四何"问题，按照理解、应用、评价、分析、创造的层次，围绕主题重难点逐渐推进。STEM 课程主题的问题设计如表 6-8 所示，每一个问题都在前一个问题的基础上进步深入，形成了一个主题体系架构。由点到面的引导方式能够帮助学习者深入理解 STEM 课程的重难点，并推动学习者思考具体可操作的实践路径。

表 6-8　STEM 课程主题问题设计

题号	讨论题	问题类型	认知层次
①	STEM 课程是一门将科学、技术、工程和数学相结合的课程，与常规课程有什么不同？其核心特征是什么？	是何	理解
②	有很多文献都在强调 STEM 课程的重要性，请问为什么 STEM 课程能够促进学生全面发展？	为何	分析
③	通过本期主题的学习，你认为应该如何开展 STEM 课程？	如何	创造
④	你实践过 STEM 课程吗？请谈谈实践中应该注意的问题有哪些？	若何	应用
⑤	请简要分析 STEM 教育与创客教育之间的关系	是何	评价

2. 支架分步分层搭建

问题的设计是分类型、分层次进行的，问题支架的搭建则采取分时段、分步的方式，逐步增强学习者的交互程度。"泰州师说"第六期只有 6 周培训时间，后两周还需要分离出部分时间对学习者进行考核，所以 5 个讨论题尽可能在前四周就适时抛出，这样一方面能够及时推进交互节奏，另一方面能够帮助学习者维

①　郝祥军，王帆，汪云华. 问题支架促进在线知识交互的途径假设与验证. 中国远程教育，2019（3）：34-42.

持持久的探究社区动力。例如，STEM 课程主题第 1 个和第 2 个讨论题中是有密切联系的，可在同一时间连续抛出，如图 6-12 所示。

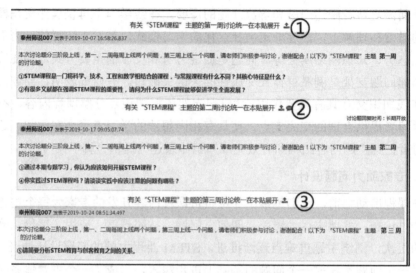

图 6-12　STEM 课程主题问题支架截图

（三）精英引领策略实施

网络环境下的学习群体多元、知识资源丰富、学习方式自由灵活，这对学习者有积极的影响，但也有不足之处，即受传统教育影响的学习者可能并不适应这种环境，如果他们没有较高的元认知能力或自主学习能力，则很难在没有外部引导措施的情况下持续学习。①然而，榜样的示范将能很好地引导同伴开展群体学习，产生良性的社会促进效应。

1. 人员构成

"泰州师说"第六期将第四期选取出的 59 位卓越教师作为精英成员，多数成员拥有学科带头人、教学能手、优秀教育工作者、特级教师后备人才等荣誉称号。在性别构成上，基本平衡；在职称上，拥有高级教师职称的占 56%，拥有一级教师职称的占 32%；在教龄上，基本都在 10 年以上教龄，其中具有 25 年以上教龄的有 12 人。因此从人员构成上，精英成员具备一定的代表性和权威性，能够发挥带头、引领的作用。

---

① 张文兰，俞显，刘斌. 引领式在线学习活动的设计、实施及成效分析. 电化教育研究，2016（10）：42-48.

2. 任务驱动

课程组赋予精英成员角色的同时，也制定了学习、联结、引领任务，其中学习任务是基本前提和要求，作为榜样示范人物必须掌握主题知识。联结任务是在主题论坛中发起讨论，吸引其他同伴参与。引领任务是加强对碎片化知识的总结与凝练，在发散、聚集、联结、迁移的过程中逐步引发个体智慧，联结知识，凝聚成集体智慧，充分体现了引领式任务驱动的作用和以点带面、统筹推进机制的优势。

【精英成员任务设计】

☞ 学习任务时间：10 月 10 日—11 月 21 日

1）自主学习网络课程，参与对课程资源视频的评价。

2）参与课程论坛设定的问题讨论，每周贡献信息量 15 条以上。

3）参与学前调查。

☞ 联结任务时间：10 月 10 日—11 月 21 日

1）根据课程主题，在论坛原有问题的基础上，依据每个主题自主创建 1—2 个讨论题，吸引群员参与交流，运用自身智慧使每个讨论题的回复量在课程结束时达到 200 条以上。

2）每周参与 5 位其他成员发起的讨论题，解答同伴的疑问，形成有效联结，在自己感兴趣的话题下至少形成 5 次循环对话。

3）选择自己认为是高质量的内容进行回复或点赞。

☞ 引领任务时间：11 月 10 日—11 月 21 日

1）根据课程主题，提前拟定本期自己最关注的实际教学问题，提交至问卷中，该项引发的参与量可计入联结任务。

2）在课程结束时，提交对该问题的总结（500 字），总结中必须实名引用 5 位以上同伴提供的观点。

3. 学前调查

研究者希望精英成员能够结合任务要求，逐渐成为课程学习交流的"先锋模范"，承担教学者的角色重任，协调学习交流的节奏，增强学习者的在线临场感和群体凝聚力，生成集体智慧。为了解精英成员发挥的实际作用，课程组从内在目标取向、学习自信心、任务价值认同、个体调节努力和协作学习能力五个方面进行了调查，问卷的设计参考了相关学者的学习动机策略调查[①]和协作学习能力

---

① Pintrich P R，Smith D A F，Garcia T，et al. Reliability and predictive validity of the Motivated Strategies for Learning Questionnaire（MSLQ）. Educational and Psychological Measurement，1993，53（3）：801-813.

测量①。我们利用网络实施问卷的发放与回收，其中有效问卷回收率为 89.8%。

调查结果显示，精英成员为角色和任务做好了充足的心理准备，愿意承担解决任务过程中出现的困难的责任，配合课程需要发挥自身作用：内在目标取向上，倾向于获得具有挑战性、激发好奇心的知识，并渴望与同伴产生交互关系；学习自信心上，相信自己的能力且具有面对困难的自信心；任务价值认同上，普遍认为任务对知识实践化和能力的提升具有很大帮助；个人调节努力上，均表示会克服课程中出现的各类困难，合理规划时间，有效完成任务；协作学习能力上，均有主动交互的倾向，并积极向群体贡献个人智慧。

四、在线学习临场感构建效果的分析

大规模群体学习在线临场感的构建主要集中于对学习者的个体学习、社会学习、认知学习过程进行干预，以增强学习者的在线学习体验和感知，以此来构建在线临场感策略。所以，我们将从在线临场感水平（密度）方面进行策略实施效果分析，对"泰州师说"第六期成员在线交互的内容进行编码，并配合问卷调查结果进行相互验证。调查问卷包含 34 个问题，覆盖了教学临场感、认知临场感和社会临场感。采用 SPSS 23.0 软件进行数据处理，Cronbach's α 系数为 0.979，三大在线临场感测量模块分别为 0.952、0.951 和 0.945，信度较好；利用 KMO 检验得出其系数为 0.947，大于 0.5，且 $p<0.05$，表明该问卷结构效度很好，有明显的区分度。在课程的后两周通过问卷星向全体学习者发放问卷，有效问卷回收率为 94.1%。我们在论坛上选择了 4 个主题（名著导读、设计教学、STEM 课程、理论之光）的交互内容，对其进行编码。并确定计算在线临场感水平的公式为：在线临场感水平=相关编码总量/（发帖量+回帖量）。

下面将从教学临场感、社会临场感和认知临场感三个方面详细分析。

（一）教学临场感水平分析

教学临场感主要包括课程设计与组织、促进对话和直接教学。课程设计与组织关注的是在线课程的顶层设计环节，注重的是教学情境与课程规范的建立，以及降低学习者在虚拟的网络空间中的迷失感，为活动开展指明方向和制定规则；促进对话是站在教学者的角度阐述的，教学者应站在权威性高度为学习者答疑解惑、肯定认知和建立联系，这是构建在线学习信任的关键所在；直接教学是对学

---

① Hwang G J，Shi Y R，Chu H C. A concept map approach to developing collaborative MindTools for context-aware ubiquitous learning. British Journal of Educational Technology，2011，42（5）：778-789.

习者的直接指导，教学者总结众人的观点，为学习者提供更多有价值的信息和资源等。教学临场感的产生不仅依靠教学者，也依靠学习者自身的角色转化，发挥示范引领的作用，精英引领策略的用意之一也在此。

1. 课程设计与组织

调查采用利克特五分量表，对选项进行 1—5 的赋值（"非常不同意"=1，"非常同意"=5），取其均值进行数据统计。结果表明，参与调查的学习者认为课程清楚地阐述了学习目标，提供了较为明确的活动指导，尤其在活动时限和内容主题上感受相对强烈，均值都在 4.5 以上。这相较于课程前期的实况调查，有了很大提升。

进一步对 4 个课程讨论区的帖子进行编码，结果如表 6-9 所示。学习者之间的交互并未涉及很多关于设计与组织的话语，尤其在设置课程和建立期限两个指标上，有关设置课程和建立期限两个指标的发帖数量来源多是课程组织者，其他指标的数字略高，是因为部分学习者自主发起了相关讨论，这表明课程设计与组织层面的教学临场感的建立依然有赖于课程开发人员。所以，这就要求在线课程的开发必须把握顶层设计环节，抓住关键问题，为营造类似真实的物理课堂学习体验而发力。

表 6-9　4 个课程讨论区帖子编码统计　　　　　　　　单位：个

课程	设置课程	设计方法	建立期限	利用介质	建立规范
名著导读	3	11	3	20	15
设计教学	3	5	5	15	12
STEM 课程	7	3	3	12	17
理论之光	4	9	3	16	23

此外，有学习者在视频评价功能区对这期课程设计与组织做出了相应的评论，他们从不同角度肯定了这次课程设计、内容等多方面的价值和影响。因此可以说，结构化策略抓住了优化顶层设计的要点，从众筹主题开始就让学习者有了参与感，并以最佳的呈现方式减轻了平台的技能负担，带给学习者较好的教学体验。

2. 促进对话

参与调查的学习者对课程在鼓励概念探索、保持有效对话、发展群体意识上均有明显感知，均值达 4.5 以上，说明构建策略的综合使用明显让学习者感受到课程的用意在于打造以自主、合作、探究为特征的在线开放式课程，鼓励学习者保持沟通、探索新知，构建学习共同体。

进一步对 4 个主题的讨论情况进行编码，得到图 6-13。整体来看，教学临场感中促进对话的指标表征明显，对话中的语言特征侧重于确定分歧、寻求共识、引发讨论和评估有效性，同时此处的肯定贡献是从课程教学者的角度来定义的，若从同伴角度来讲，可在社会临场感中得到进一步体现。另外，需要说明的是，学习者的这些特征较多来自精英成员行为的刺激与影响，侧面肯定了构建策略的效果。

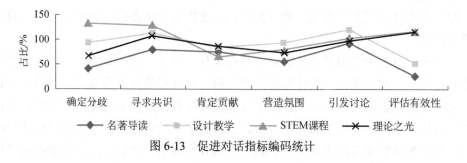

图 6-13　促进对话指标编码统计

3. 直接教学

教学临场感最初的定义是站在在线教育者的立场制定的，目的是给予在线学习者"真实"的教学体验或感知，正如其内涵所说的"设计、促进和指导认知和社会过程，以实现个人有意义和教育上有价值的学习成果"，教学临场感的强弱似乎直接影响着学习者最终的学习成效和意义收获，但对于高达数万人的学习群体来讲，师资往往存在一定的条件限制，因此，应用结构化策略、问题支架策略和精英引领策略把控关键环节，以学习干预的方式促生更多的教学临场感。调查问卷从问题讨论、反馈意见和反馈时效三方面进行了调查，高达 97% 以上的参与调查者给予了认可，这说明课程的设计与开发得到了学习者的普遍认可，学习者在促进思考、学习反馈上有很好的体验。

4. 教学临场感密度

在具体分析调查中，基于教学临场感的学习者自我报告数据和论坛交互内容编码统计值的基础，我们可以基本判断在结构化策略、问题支架策略、精英引领策略的作用下，学习者得到了较强的教学体验与感知。我们对教学临场感的项目指标进行码值归总，利用在线临场感密度计算公式，得出在论坛交互中学习者的教学临场感密度值为 0.355—0.612（表 6-10），处于一个中等水平，可见学习者对教学临场感的感知度很高。而且可以看出在实践性较强的课程中，学习者的教学临场感相对突出，而在理论性课程中，学习者的教学交互感受偏低，这可能是因为"经验之谈"更具有说服性和认可度。

表 6-10　教学临场感密度值

课程	教学临场感密度值
名著导读	0.355
设计教学	0.445
STEM 课程	0.612
理论之光	0.407

（二）社会临场感水平分析

社会临场感是促生认知临场感的必要条件，它强调学习者之间各类社会性的交互体验，以及在网络环境中真实地表达自己的能力。建立开放、信任的沟通环境是在线临场感构建的一个重要环节，而要建立信任则需要更多的情感交流。所以，分别从个人情感、开放式交流和群体凝聚力三个方面对社会临场感的水平进行分析。

1. 个人情感

调查问卷从归属感、同伴印象、社交方式三点上对个人情感进行了体验征询。对归属感的感知其实侧面反映了学习者在课程交流过程中的亲切感和无拘束感程度，是否能够犹如在信任的环境中表达自己；对同伴印象的反馈则体现了学习者的记忆感知，无论好坏都是一种社会性体验；社交方式反映了学习者是否对在线交流保持一种戒备心理，而不敢释放自己的真性情。调查结果如表 6-11 所示，96%以上的调查参与者在这三点上给予了"同意"或者"非常同意"的答复，表明他们在参与课程的过程中形成了一定程度的归属感，也给同伴留下了深刻印象。此外，他们认为在线交流是一种很好的社交方式，这表明互联网时代下的网络课程并未让多数人产生不信任感。

表 6-11　"个人情感"项目调查　　　　　　　　单位：%

题目选项	非常不同意	不同意	不确定	同意	非常同意
了解课程的其他参与者给了我一种归属感	0.22	0.32	2.59	41.57	55.30
我对一些课程参与者形成了深刻的印象	0.20	0.26	1.98	41.33	56.22
在线或基于网络的交流是一种很好的社交方式	0.25	0.24	1.34	39.98	58.20

注：由于四舍五入，加总可能不是 100%，余同

社会临场感中个人情感的形式包括情绪表露，即运用不同的文字表达方式，如加大字号、连续重复标点符号或改变字体颜色，使用幽默语言调节社交氛围以及自我表露问题三种方式。在课程论坛中搜索确实发现存在这类表达方式的案

例，如利用文字编辑器改变文字颜色、加大字号、多种颜色交错、字体加粗和添加底纹等多种形式。这类学习者有着很强的表达意愿，通过追求非同寻常的展示手法，以引起其他参与者的关注，这也是在线交流有温度的一面。

进一步对 4 个课程的论坛交互内容中关于个人情感指标的相关帖子进行数量统计，发现关于情感表露、幽默用语、自我表露的评论并不多，尤其是幽默用语非常少。这也证实了在线交互中更多的是对知识、概念的探讨，而且基于异步文本的交流给予了学习者更多的文字编辑时间，正如加里森等所言，"使用基于文本的交流与实现更高层次的学习目标之间可能存在联系"[①]。另外，学习者可能会考虑过分幽默或讽刺的言语会引起其他参与者的不适甚至反感，加上论坛采用实名制，故不能完全释放自己真正的情绪或态度。从这方面来分析，情感表达的频次比较符合真实情况。

2. 开放式交流

开放式交流是直接反映学习者对信任的沟通环境的体验感的关键维度。问卷从在线交流的舒适度和意愿上进行了调查，发现 96% 以上的调查参与者认为在线交流有足够的舒适感，且与其他课程参与者的交流非常舒服，课程设计的环境和策略并未引起他们的不适，这在一定程度上肯定了课程开发的效果，说明开放式交流为营造舒适、开放的交互氛围贡献了力量。而且开放式交流中的恭维性话语未过 100 条，发布较少。学习者之间的交流往往"引经据典"，做到有理有据，他们在言论中会综合多方观点和权威理论，以增强自身想法的合理性和说服性。此外，学习者之间不吝啬认同感的给予，会对高质量内容进行直接肯定或点赞。

3. 群体凝聚力

群体凝聚力是个体对自身与群体关系的定位。问卷从信任感、认同感、协作感 3 个方面对学习者的感知体验进行了调查，结果如表 6-12 所示。参与调查的学习者绝大多数（97% 以上）表示即使与其他课程参与者意见不一致，也会保持信任感，做到"求同存异"。在激烈的研讨中，学习者往往更能够协作探讨，集众人之智加速对自身关注问题的理解。有 6.26% 的人不确定自己的观点是否得到了同伴的认可，这说明学习者之间的交互并不是一味地恭维或赞赏，在一定程度上避免了"病态"的礼貌性社交现象，而是朝着鼓励探究、允许分歧的协作研讨方向迈进。综合可知，大规模在线学习中的学习者共建意识良好，在交互中保持着信任感、认同感和协作感。

---

① Garrison D R, Anderson T, Archer W. Critical inquiry in a text-based environment: Computer conferencing in higher education. The Internet and Higher Education, 1999, 2 (2-3): 87-105.

表 6-12　群体凝聚力调查结果　　　　　　　　　单位：%

题目选项	非常不同意	不同意	不确定	同意	非常同意
即使与其他课程参与者意见不一致，也会保持信任感	0.24	0.25	1.90	42.40	55.21
我觉得我的观点得到了其他课程参与者的认可	0.21	0.25	6.26	41.22	52.06
在线讨论帮助我培养了一种协作探究感	0.24	0.2	1.63	42.24	55.68

　　分析论坛中学习者的言语特征，统计他们的社交性话语的频次，也可进一步分析大规模在线学习中学习者的融入意识和共建意识。[①]在策略的干预下，学习者在交互中出现的寒暄问好类话语并不多，因为学习者参与课程学习与交流更多关注知识本身而不是社交性联谊。然而，使用人称代词的情况较为普遍，他们的观点表述或评论中经常出现第一人称代词"我们""我们青年幼师"等，这说明学习者能够将自己的认知融入群体，并站在集体角度进行思考。同时学习者在进行交流讨论时直呼他人姓名或使用第三人称代词，这种表现和用词正是一种社会性交往的体现，象征着很强的群体意识和凝聚力。

4. 社会临场感密度

　　社会临场感作为教学临场感与认知临场感之间的中介力量，其水平一方面能够代表教学临场感的构建效果，另一方面也暗示着认知临场感的促进程度。通过以上对社会临场感的项目指标逐点分析可知，学习者在大规模在线学习的交互中使用客套用语的情况非常少，建立在研讨问题的基础上的社会交互更多体现了在线交互"有温度"的一面，同时也说明学习者之间开展问题研讨也会采用"动之以情、晓之以理"的方式。统计所有相关指标数计算研究样本主题的社会临场感密度值，结果如表 6-13 所示。4 个具有代表性的课程在论坛中的社会临场感密度值均在 0.538 以上，处于中等偏上水平，说明学习者基本解决了大规模在线学习中的社会情感互动不密切、归属感缺失、群体凝聚力较弱等问题。

表 6-13　社会临场感密度值

课程	社会临场感密度
名著导读	0.615
设计教学	0.562
STEM 课程	0.823
理论之光	0.539

---

① 王诗蓓，王帆. 基于价值创造理论的教师网络实践共同体价值创造研究. 中国远程教育，2017（3）：59-66，76.

（三）认知临场感水平分析

在认知临场感诞生之初，加里森等就认为评估认知临场感的最终价值取决于批判性思维模式（即实践探究）的使用及其反映教育实践的能力，并且要清楚认知临场感关注的是更高层次的思维过程，而不是特定的个人学习结果。[①]认知临场感是指学习者在批判性探究共同体中通过持续的反思和会话进行意义建构的程度。[②]最终他们认为应该运用实践探究模型所涵盖的触发事件、探索、整合、解决四个阶段来测量，下面将逐一阐述各阶段的情况。

1. 触发事件

对触发事件的调查主要有学习内容、论坛问题设计和课程活动三点，因为这三点是在线课程学习的关键组成部分，获取学习者对这三点的感知情况将为课程设计和组织提供更多反馈。详细调查数据显示，98%以上的调查参与者表示自己具备探索学习内容相关问题的动力，并且认为课程论坛中的问题能够激发他们的兴趣，同时课程活动引起了他们的好奇和注意。当然，认知的触发并不局限于论坛的参与，为进一步探析有痕迹的认识发展过程，需要回归论坛加以验证。在线学习中的"触发事件"指标数量如表 6-14 所示。学习者的认知触发大多基于问题支架或精英成员发起的讨论题，学习者的交互呈现出"参与式"特征，说明他们发现和认识问题的主动性较弱。

表 6-14　"触发事件"指标数量　　　　　　　　　单位：个

课程	认识问题	困惑感
名著导读	46	50
设计教学	14	72
STEM 课程	26	54
理论之光	11	23

2. 探索阶段

就整个课程而言，学习者在问卷调查中对探索阶段的反馈是非常积极和肯定的。大多数人肯定了论坛讨论的价值，认为可以帮助他们理解和吸纳不同的观点、解决与课程相关的困惑，这种体验一般是默会性的，这也解释了为何课程论坛的浏览量比回复量要高。

---

① Garrison D R, Anderson T, Archer W. Critical thinking, cognitive presence, and computer conferencing in distance education. American Journal of Distance Education, 2001, 15（1）: 7-23.

② Garrison D R. Cognitive presence for effective asynchronous online learning: The role of reflective inquiry, self-direction and metacognition. Elements of Quality Online Education: Practice and Direction, 2003, 4（1）: 47-58.

研究样本课程在探索阶段的编码统计情况如表 6-15 所示，"跳出结论"类发帖在各主题中的占比均非常少，这说明学习者在交互研讨过程中基本围绕中心话题阐述观点，很难跳出定势并提出新颖的观点；"信息交换"类发帖占比较高，说明学习者在交互中更多的是进行信息的发布和交换，这类帖子基本指向学习者共享自己的观点或信息，以期能够与其他参与者交换意见。此外，理论性的强弱决定了学习者的探索程度：理论性强的课程中，在探索阶段的发言量相对较高；实践性较强的课程，在探索阶段的发言量相对较低。其中，STEM 课程兼具理论性与实践性，既需要掌握 STEM 的学理知识，又需要培养在实践中设计 STEM 课程的能力。所以最终呈现的程度就如图展示，这与前面在认知学习过程中对主题间认知层次特征分析的结论是一致的。

表 6-15　探索阶段指标编码统计

课程	产生分歧	思维发散	信息交换	提出质疑	头脑风暴	跳出结论
名著导读	167	242	363	210	224	96
设计教学	93	121	134	86	113	74
STEM 课程	146	120	279	112	205	101
理论之光	297	426	498	269	349	163

3. 整合阶段

整合阶段体现了学习者个体对外界信息的吸收和归纳能力，所以它的可操作性指标定义在意见趋同、观点收敛、信息连接、创造方案等方面。可见，此认知阶段确实处于高阶层次，对学习者有较大的挑战力，考验其是否能够通过前面的一系列问题触发和探索，适时地对同伴的信息进行整合归纳，回归到解决问题的最终目的上。经调查，97%以上的学习者认为研究样本课程的学习帮助他们构建了相关问题的解决方案，而且通过浏览或主动整合集体信息解答了个人的课程问题，同时他们对课程内容进行了积极的讨论和反思，促进了他们对基础概念的理解。此外，在问题总结中，学习者观点清晰、逻辑严密，能够对同伴提供的信息进行透彻分析和合理引用，这正是学习者在整合阶段最好的认知体现。整合阶段各项指标的编码统计如表 6-16 所示，总体来看，水平都是比较高的，说明任务驱动和活动干预卓有成效。

表 6-16　整合阶段指标编码统计

主题指标	意见趋同	观点收敛	信息连接	创造方案
名著导读	458	372	363	128
设计教学	672	462	566	296

续表

主题指标	意见趋同	观点收敛	信息连接	创造方案
STEM 课程	559	378	329	135
理论之光	277	286	284	93

4. 解决阶段

解决阶段是认知发展的最高阶段，该阶段注重实践方案的创生与应用，处于问题解决层面。在"泰州师说"大规模在线学习中，解决阶段意味着学习者可以通过在线学习凝聚集体智慧，生成问题解决方案，以实际应用来实现所提出的解决方案或检验假设。该阶段的结束很大可能会产生新的触发事件，从而进入认知发展的新循环。这一阶段的问卷调查信息回复如图 6-14 所示，从自我报告的情况来看，总体情况良好，对解决阶段项目调查的题目内容描述表示不同意的人数在合理的范围之内，毕竟问题解决方案的构建存在一定的挑战性。

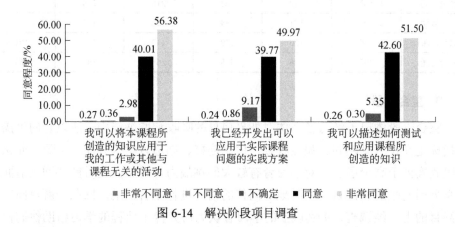

图 6-14　解决阶段项目调查

从选取的主题样本数据来看，实践性较强的课程（设计教学）帖子相对较多；而 STEM 课程帖子极少，可能是因为这类主题近几年才推广落地，普及度不够，一线老师对此还存在一定的理论与实践盲区，因此不能"有底气"地发表评论。加里森等在其研究中追问"为什么整合（特别是解决问题）的频率如此之少"[1]，他们认为对大多数学习者来说，整合似乎比探索更具挑战性，整合需要时间进行反思以综合信息，提供试探性解决方案或假设的风险也可能更大，因为方案或假设可能被拒绝。

---

① Garrison D R，Anderson T，Archer W. Critical thinking，cognitive presence，and computer conferencing in distance education. American Journal of Distance Education，2001，15（1）：7-23.

5. 认知临场感密度

让学习者获得认知临场感是课程所追求的最终目标，也是教学临场感和社会临场感的最终价值导向。它的水平直接关系着学习者对知识学习的掌握程度，即知识建构水平，但是就触发来讲，学习者的参与缺乏一定的发现和认识问题的主动意识，所以跳出结论类发帖较少。如表 6-17 所示，4 个主题的认知临场感密度值均高于 0.981，说明学习者在课程中的知识学习处于共享和探索的认知阶段。虽然帖子的层次不同，但其本质上依然围绕学习内容本身展开。学习者基本解决了前期课程中存在的进入高阶认知阶段较难、知识交互缺乏循序渐进的过程，以及学习者的反思与创新思维水平不高的问题。

表 6-17　认知临场感密度值

课程	认知临场感密度
名著导读	0.985
设计教学	0.997
STEM 课程	0.992
理论之光	0.982

综合以上分析，可见大规模在线学习在线临场感策略的构建取得了良好效果，提升了"泰州师说"第六期学习者的学习动力和质量。其中，结构化策略的实施有效地助力了课程活动的顺利开展，减轻了课程组织者的过程性负担；精英引领策略切实发挥了群体内部成员的智慧，实现了以点带面，从线到面，逐步形成区域大协作的目标，以朋辈引领的学习交互形式创新了在线教学形式的先进性与互动性；问题支架充当学习"脚手架"，以三级提问之法逐步刺激学习者的认知发展，增进了交互内容的深度，维持了协作探究的持续过程。

第四节　大规模在线学习的多元评估策略

在线学习评估是对学习过程、学习结果的评价，也是一种事实判断的形式，学习者通过在线学习评估获得创生性发展。评估学习者的方式直接影响学习者的后续学习，并决定学习者的学习方式，最终影响学习者的学习体验质量。技术的迅猛发展促使低成本、高时效的大规模在线学习成为智能时代学习的新常态，越来越多的学习者加入在线学习的行列中。因此，科学地评估大规模在线学习者的学习质量是不容争辩的。

一、在线学习多元评估策略的选择

随着在线学习的不断发展，在线学习评价强调走出片面重视结果、重视教师评价的单向度取向，以过程-关系思维重新审视评价的主体、方法、内容及节奏，让师生在一种协作性的信任关系中共同进行个体的、相互的评价实践，强调评价对学习的帮助。①在信息技术的支持下，学习评价的规模化、过程化、精准化等都已取得较大的进步，但是还面临以下问题。例如，评价对象数量大、覆盖范围广，增加了数据采集与分析的难度；大规模在线学习评价多是对学习者的知识技能、课业负担等显性内容的评价，对学习者的综合素质以及学习能力的评价稍显不足。②在如今的时代背景下，学习评价的内容、呈现形态、技术手段等都在发生重大变化，传统的评价手段和线上单一的评价方式已不适用大规模在线学习，在线学习评估需要寻求一种更为全面、科学、深入的评估方式。因此，在面对大规模在线学习中新的评估挑战时，如何评价个体学习过程、精进在线学习评价、找到学习者学习的内在机理以及提升学习效果，成为当前在线学习评价的需要解决的问题。

多元评估中的"元"指的是不同的价值尺度，可以多层次、多角度对学习者进行全面的评价，这符合当前大规模在线学习追求过程性评价以及综合素养测评的要求。多元评估方式充分体现了"互联网+"思维，在数据收集、分析方法、分析内容等方面更加科学、合理。一方面，其体现了多元评估本身是一种手段，而不是目的。评估过程坚持发展性原则，强调在线学习的文化氛围和学习质量。另一方面，多元评估以目标达到为依据。因此，选择多元评估策略可以为学习者提供全面的评价反映，促使学习者不断对自我学习状况进行调整，最终取得较好的成绩。

二、在线学习多元评估策略的设计

促进学习的评估主要包括引导学习者清楚预期学习目标、评估与教学过程密切配合、引入多元评估主体、采用多元评估方法、重视评估结果的反馈。③明确、可行的质量评估指标有助于对全局效果进行测评，指向构建的具体方向和最终实效，能够明显增加监督与执行效益，最终促进学习动力和质量的提升。

---

① 魏善春. 学习评价的过程性阐释. 现代教育管理，2021（3）：68-75.
② 黄涛，赵媛，耿晶，等. 数据驱动的精准化学习评价机制与方法. 现代远程教育研究，2021（1）：3-12.
③ 祝新华，廖先. 国际视域下构建"促进学习的评估"新体系. 教育发展研究，2012（Z2）：14-20.

（一）在线学习多元评估策略设计概述

1959 年，威斯康星大学的柯克帕特里克教授（Donald L. Kirkpatrick）提出柯氏四级评估模型，即柯氏评估模型。该模型强调从反应层、学习层、行为层、成效层四个层次对项目效果进行衡量。如今，柯氏评估模型已成为世界上应用最为广泛的评估模型，在评估界有着不可撼动的地位。因此在"泰州师说"第三期的评估中，我们采取了柯氏评估模型，从反应层、学习层、行为层及成效层对大规模在线学习者的学习效果进行评估，具体设计如下。

1. 反应层：学习者反应

在学习项目结束时，向学习者发放满意度调查问卷，调查学习者对在线学习的反应和感受。问卷中问题的设置多从以下几方面着手：①学习者对教师的反应；②学习者对学习内容的反应；③学习者对学习教材的反应；④学习者对学习组织的反应。学习者在学习过程中，可以主观感知到在线学习对自身的助益，通过对这几方面问题的分析，在线学习的决策者可了解学习者对在线学习的满意度。这一层次的评估未涉及在线学习实际产生的效果，但是如果学习者对在线学习持有较高的满意度，也能促使其更高效地吸收学习内容。这一层次的评估被称为在线学习效果的"晴雨表"。

2. 学习层：学习效果

检验在线学习者的学习效果，就是要测验学习者通过在线学习学到了哪些知识、技能，以及对学习内容的态度，也就是要得到"学习者学习到了什么？"的答案。这一层次的评估需要通过对学习者学习前后知识、技能、态度的对比进行测量，以此来了解学习者通过在线学习的所得；同时也是对在线学习目标的审视，以此来确定在线学习是否达到了预定的学习目标。但是，这一层次的评估体现的仅仅是学习者对识记性知识的习得，无法体现学习者将学习所得知识或技能应用于实际工作的效果。

3. 行为层：行为改变

这一层次的评估体现的是学习者经过在线学习是否将所学知识、技能应用于实际工作中，进而影响其行为，即在线学习在多大程度上改变了学习者的行为。这一层次的评估需要通过对学习者正式和非正式的学习进行测评，就是要解答"学习者是否将在在线学习中学到的知识、技能运用在实际工作中，进而改变行为了吗"这一问题。这一层次的评估的难度很大，因为评估数据往往难以被获取。这一层次的评估意义重大，因为只有学习者将所学运用于实践，培训的目的才能达到，新一轮在线学习课程的开展才有意义。

4. 成效层：产生的效果

这一层次的评估不单单讨论学习者，更上升到组织的高度来评估在线学习为组织带来的效益和改变。这一层次的评估就是要得到"学习项目为单位带来了什么利益"这一问题的答案。此处的利益可以是经济上的，也可以是精神上的，如企业文化的彰显、团队合作能力的提高等。这一层次的评估所需的时间和经济费用是四个层次中最高的，但评估结果对决策者意义最为重大。

在实施过程中，四个层次的评估难度是从易到难，其开销也是由少到多。在具体评估实施过程中，研究者可根据实际情况决定评估的深度和层次，以达到最好的评估效果。

（二）在线学习评估方案的主要内容

评估在线学习效果的目的，不仅是了解在线学习取得的成效，也是为后期的学习项目服务，使学习计划更加符合学习者的需求，使在线课程更具有适切性，使学习过程更具可操作性。在线学习评估方案的内容设计将为评估工作的实施提供依据和指导，使评估更具目标性。

评估要成功，需依赖合适的评估模式。[①]我们依据柯氏评估模型，同时根据在线学习的特点以及"互联网+"时代的特色，充分考虑在线学习和学习者的特点，依据可操作性、全面性的原则选取维度，在深入分析在线学习流程、理念、目标的基础上，最后确定学习者在线学习评估方案，从而对在线学习的效果进行测量。

1. 反应层评估内容

反应层主要评估的是学习者对在线学习的反应情况，并未涉及在线学习的直接效果，但是能反应学习者对在线学习的接受度和认可度，而对在线学习的接受度和认可度将直接影响学习者的知识获得效果。因此，学习者对在线学习的态度对学习结果有着最直接的影响，其结果能够为后续学习活动的实施和策划提供参考和指导。[②]考虑到"泰州师说"是面向教师的在线学习平台，评估内容需要从教师培训的角度出发。张慕华认为，反应层评估应该从培训主题、网络培训课

---

① 戴锡莹，王以宁. 柯氏成效评估模式对教师信息技术培训评估的启示. 电化教育研究，2003（12）：55-57.

② 古斯基. 教师专业发展评价. 方乐，张英，等译. 北京：中国轻工业出版社，2005：61.

程、网络辅导教师、网络培训组织四个方面进行。[①]任佩佩认为，对培训的满意度应该从总体感受、课程设置、内容安排、教学方式、经验交流、授课者和考核方式这几个方面进行评判。[②]武丽志和吴甜甜认为，反应层评估应从参训教师参与在线学习的积极性、对网络课程的满意度、对学习支持服务的满意度、对在线项目设计和实施的满意度，以及对在线学习的整体反应五个维度进行衡量。[③]根据以上学者的观点，同时结合现阶段我国中小学教师在线学习的特点，反应层评估应从学习内容、师资、学习形式三个维度进行衡量。

在中小学教师在线学习中，学习内容质量的高低直接影响着在线学习的最终效果。学习内容质量主要体现在学习内容是否能够满足学习者的需求、是否能够提高学习者的专业素养、是否能够解决学习者在实际教学中所遇到的问题、是否能够激发学习者学习的兴趣、是否能够顺应时代的发展。因此，学习内容应该从五个方面进行衡量：学习内容的需求性、学习内容的实用性、学习内容的有效性、学习内容的乐趣性、学习内容的时效性。然而在学习项目进行之初，一般会进行大范围的需求调研以确定所需开发的在线学习课程的主题，因此，仅选取实用性、有效性、乐趣性、时效性作为评估学习内容的维度。

不仅学习内容对在线学习效果产生最为直接的影响，师资对在线学习效果也有显著影响。基于在线学习的特点，教师与学习者无法像面对面学习那样进行及时的互动，往往通过在线学习共同体进行交流和讨论，这种交流方式可能造成教师与学习者之间的情感交流阻滞，这种情形下，学习者对教师的满意度也将在很大程度上影响学习者的学习效果。在线学习过程中，主讲教师的工作态度、知识水平、教学能力与沟通能力是影响学习顺利开展的重要因素。[④]学习主题被确定后，主管部门将依据学习主题选取相关领域内经验丰富、具有一定知名度、专业发展较好的教师或者专家作为主讲教师，所以主讲教师一般有足够的知识储备，因此，在实施反应层师资评估时，从教学能力、教学态度、沟通能力三个方面进行。教学能力主要表现在主讲教师是否能够简明扼要地呈现教学内容，教学态度表现在主讲教师是否认真严谨，沟通能力表现在主讲教师是否能够调动学习者参与在线学习的积极性。

学习形式是否恰当，是否得到学习者的认可，是影响在线学习效果的又一关

① 张慕华. 中小学教师教育技术能力网络培训效果评估研究. 陕西师范大学，2011.
② 任佩佩. "中小学教师全员远程培训"的实效性研究. 西南大学，2013.
③ 武丽志，吴甜甜. 教师远程培训效果评估指标体系构建——基于德尔菲法的研究. 开放教育研究，2014 (5)：91-101.
④ 龙彦. 中小学教师教育技术能力（中级）培训效果评估研究. 首都师范大学，2009.

键要素。龙彦的研究发现，对教师培训形式（学习形式）的反应，应该从学习安排、学习条件、学习方式、学习资源等四个维度进行衡量。①学习安排和学习条件主要针对传统面授学习而言，对于网络学习而言，应对学习平台、学习任务量、学习评估、学习组织等加以考虑。因此面向以教师为主体的在线学习者，在评估他们对学习形式的满意度时，应从学习时间、学习方式、学习资源、学习平台、学习任务量、学习考核、学习组织等几个方面进行。学习时间体现在学习项目何时进行，历时多久上；学习方式体现在学习者对在线学习课程知识的学习途径和方法的满意程度上；学习资源体现在在线学习视频的制作水平，以及在线扩展资源的全面性、可用性、丰富性上；学习平台体现在在线学习平台的易用性、操作的流畅性上；学习任务量体现在学习者需要完成的任务指标上；学习考核体现在在线学习考核的形式和类别上；学习组织体现在学习过程的组织方式上，包括学习视频的组织形式、在线学习共同体的组织形式。

2. 学习层评估内容

学习层主要考察学习者通过在线学习取得的学习收获，包括原理性知识、事实性知识、操作技能等，既能够直接反应学习效果，也能够为下一个评估层次——行为层取得良好效果打下基础。这一层次的评估是对学习者在线学习效果的直接考察，最能够体现学习者通过在线学习所获得的知识、技能等。在传统的学习者评估中，学习层的评估一般通过课堂演示、试卷考核、随堂作业等形式来进行，但是在在线学习中，课堂演示以及随堂作业两项显然已不能作为评估依据，而对学习者在互联网中留下的数据进行合理的分析，是学习层评估的关键。学习者在线学习过程中，通过平台观看课程视频，则观看时长能在一定程度上体现学习者的学习状况。在传统的课堂学习中，学习者可以与其他学习者或者辅导老师进行面对面的交流讨论，然而在在线学习中，在线学习的组织者会为在线学习者提供交流讨论的平台，促使学习者组成在线学习共同体。在共同体中，学习者可相互交流心得体会，促进知识建构。这些数据能够反映学习者的学习进度和学习深度。对这些过程性数据进行合理的分析，能够使学习层的评估更加全面、合理。同时，不论依据何种理论或理念，作为终结性考核形式的考试都是必不可少的。

（1）视频学习

在线学习过程中，学习者通过观看课程视频进行课程内容的学习。为在线学习者制作的视频分主题或分课时呈现，有利于学习者有计划、有步骤地观看以完

---

① 龙彦. 中小学教师教育技术能力（中级）培训效果评估研究. 首都师范大学，2009.

成知识的学习。在整个学习过程中，学习者学习视频的次数及时长能够在一定程度上反映学习效果，因此，将学习者观看课程视频的时长数作为衡量学习者学习层效果的一个维度。

（2）在线学习共同体交流

有学者建议对学习共同体中的数据采用质性分析的方法进行处理，反对评价的"管理主义"倾向，让教育评价成为协商、对话、相互理解及合作建构教育意义的过程。[1]言语是学习者个体参与学习的外在表征形式，学习者在在线学习共同体中利用文字与其他学习者进行交流、讨论。不断地利用言语进行互动的过程，就是学习者参与学习共同体的过程，也是促进个体知识内化、完成知识建构的途径。知识建构是学习者个体参与的最终目的，知识建构后又能助推个体参与。因此，在对学习共同体数据进行分析时，需遵循图 6-15 的逻辑结构。

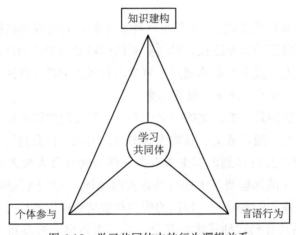

图 6-15 学习共同体中的行为逻辑关系

首先，言语行为是基础。随着语言学的发展，1955 年英国哲学家奥斯汀（John L. Austin）将言语行为作为一种理论提出。随后，美国哲学家塞尔（John R. Searle）在此基础上对言语行为进行了更深入的研究和探讨。塞尔根据说话人的言语行为目的，将言语分为断言行为、指令行为、承诺行为、表态行为和宣告行为。然而，在以获取知识、信息为目的，且能够与其他学习者相互交流讨论，促进知识建构的在线社区中，言语类型有其自身独有的特点，与自然状态下人们的言语类型不尽相同。在在线学习共同体中，教师大多会根据学习内容为学习者设置某些主题供学习者交流，即以内容为中心的学习形式，针对性较强，但主要

① 李雁冰. 论教育评价专业化. 教育研究, 2013（10）：121-126.

目的还是知识的建构。为了探究学习者在在线学习共同体中言语行为的本质，需要将论坛中毫无规律的质性言语数据进行量化处理，进而分析学习者的过程性学习效果。有学者利用 BBS 平台开设了一门大学课程，将学习者的交互类认知策略分为提问、回答、支持、共识、澄清/阐释和社会交互等类型。[1]还有学者研究了 BBS 平台中话语的意义建构，将话语分为提问、回答、澄清、解释、冲突、维护、建立共识、判断、反思、支持、其他等 11 种类型。[2]有学者从知识建构的视角出发，指出在线对话中的言语行为可分为说明、提问、比较、要求、冲突、支持和达成共识等 7 种类型。[3]还有学者认为在进行语言分析时应从以下五个方面进行：①分享或者比较信息；②探究信息的失调；③知识的重构；④重构信息的测验或矫正；⑤赞同或者应用。我们根据已有研究成果，同时结合在线学习共同体的特点，将虚拟社区中学习者的言语行为分为陈述、提问、回答、表态和反思五类。[4]

其次，个体参与是关键。[5]参与是一种基本的行为表现和精神需求，是人们发展自己、表现自己的重要途径。参与要素结构将参与划分为行为、认知两个关键部分，并借鉴上一段中专家的观点，将学习共同体中学习者的认知参与分为评价、提问、解答、支持、冲突、反思六类。

最后，知识建构是目的。建构主义认为，学习者的知识是在一定情境下借助人与人之间的交互，通过意义的建构而获得的。因此，社会建构主义者强调把学习的焦点从内容本身转移到内容生成有关的学习活动及人与人之间的交互活动上，且对学习意义的理解要基于社会性建构的过程。[6]为了探寻学习者在在线学习共同体中知识建构的本质——知识的传递与意义的建构过程，需要对在线学习共同体中的首帖及互动跟帖等进行量化。有学者指出，对发布内容进行编码量

---

① Pena-Shaff J，Martin W，Gay G. An epistemological framework for analyzing student interactions in computer-mediated communication environments. Journal of Interactive Learning Research，2001，12（1）：41-68.

② Pena-Shaff J B，Nicholls C. Analyzing student interactions and meaning construction in computer bulletin board discussions. Computers & Education，2004，42（3）：243-265.

③ Eryilmaz E，van der Pol J，Ryan T，et al. Enhancing student knowledge acquisition from online learning conversations. International Journal of Computer-Supported Collaborative Learning，2013，8（1）：113-144.

④ Durairaj K，Umar I N. A proposed conceptual framework in measuring social interaction and knowledge construction level in asynchronous forum among university students. Procedia-Social and Behavioral Sciences，2015 176：451-457.

⑤ 赵秋锦，王帆. 教学应用型微博社群中的学习参与实证分析——以新浪"新媒体研究"课程微群为例. 电化教育研究，2015（11）：37-45.

⑥ Brown J S，Adler R P，王龙. 点燃思维之火：开放教育，长尾理论和学习 2.0. 现代远程教育研究，2009（5）：54-60.

化，可以分析群体知识的建构过程。[①]我们在 Ioannou 与 Stylianou-Georgiou 开发的编码体系基础上[②]，借鉴 Onrubia 与 Engel 的编码系统[③]，根据在线学习共同体成员关系的平等性、共同体活动的合作性和成果的分享性等特点，将学习共同体中的知识建构分为内容分享、意义协商、深入加工和达成共识四个阶段。

此外，考试作为一种人才选拔形式，从古延续至今，早已化身为人们的价值判断、思维方式、行为方式以及社会人才选拔机制。[④]从广义上来讲，考试泛指人类社会一切测量和甄别人的身心各个方面的差异的活动。从狭义上讲，考试是对某个教育目标的检验，是一种社会活动，考试对教育领域的作用不言而喻。考试的教育功能主要体现在检验教育目标、引导教育过程和评价教育结果等方面。[⑤]因此通过考试对在线学习的结果进行考察是一种不可或缺的学习评估方式。

3. 行为层评估内容

行为主义认为，行为是有机体对外界环境刺激下作出的应答。在线学习过程中，学习者受到学习内容这一外界的刺激，将产生消极或者积极的态度，同时由于内在动机的作用而产生主动、自愿的选择，其行为将发生变化。那么经历了在线学习后的学习者，其行为将发生怎样的变化呢？需要从哪些方面来衡量这些变化呢？变化是朝着怎样的方向发展的呢？行为层的评估就是要对学习者经过在线学习后的行为变化进行评价，看其是否朝着预设的目标发展。行为层的评估是学习层评估的进一步延伸和深化，同时也是学习者对知识转化情况的体现，在整个评估中占据重要的地位。行为层评估的是学习者经过在线学习后将所学知识运用在工作中的情况，以及教学工作态度的改变，而学习者在学习后引起行为的改变需要一定的时间，所以行为层评估一般在学习结束一段时间后进行。

对于中小学教师而言，在线学习的主要目的是提高教学实践能力和教育科研能力。蒋元斌认为，教学实践能力是教师在教授知识、技能和学生学习知识、技能的共同活动中为了高效地完成教学任务，而具有的教学专业技能的集合体，包括学习和运用教育教学理论的能力、领会课程标准大纲和把握教材的能力、优化

---

① Chi M T H. Quantifying qualitative analyses of verbal data: A practical guide. The Journal of the Learning Sciences, 1997, 6 (3): 271-315.

② Ioannou A, Stylianou-Georgiou A. Mashing-up wikis and forums: A case study of collaborative problem-based activity. Educational Media International, 2012, 49 (4): 303-316.

③ Onrubia J, Engel A. Strategies for collaborative writing and phases of knowledge construction in CSCL environments. Computers & Education, 2009, 53 (4): 1256-1265.

④ 王中男. 考试文化研究. 华东师范大学, 2012.

⑤ 郑若玲. 考试与社会之关系研究. 厦门大学, 2006.

教学设计的能力、组织调控教学活动的能力、实施有效教学的能力、教育教学研究能力、自我审视与自我调控能力、语言文字表达能力等。[1]廖嗣德认为，教师教学实践能力是在具体的教学活动中体现出来的综合能力，主要包括正确分析教材、进行课堂教学设计、选择教学内容与方法以及组织教学活动等。[2]在教育信息化高度发展的今天，时代对教师的教学实践能力也提出了新的要求，教育技术能力成为教师专业发展过程中需要具备的一项基本能力，同时也成为各级教育部门在组织教师在线学习、开发在线课程时所考虑的一项内容。因此，结合时代特色以及研究者的观点，教师在教学实践方面的行为改变，可以从信息技术、教学组织、教学评价、教学管理等四个层面进行衡量。

中小学教师的教育科研能力是推动教育、教学工作卓有成效地进行的有力保证。[3]孙珏指出，教师教育科研能力主要指教师研究学生及教育教学实践，从事校本教研的能力，包括使用现代化技术设备开展实验、调查、查阅资料、与同事协作进行研究、自我反思等方面的能力。[4]教育科研能力作为一种综合能力结构，是与教育科研活动紧密相联的，它的形成和发展是在教育科研活动中实现的。因此，从教育科研活动对学习者自身能力素质的要求来看，中小学教师教育科研能力主要包括选择教育科研课题的能力、设计教育科研方案的能力、组织教育科研活动的能力、动手操作的能力、处理教育科研信息的能力、表达教育科研成果的能力、评价教育科研成果的能力等。[5]根据以上观点，同时结合中小学教师在线课程实际学习状况，我们认为中小学教师在线学习后的改变主要体现在教育科研的行为改变上，可以从项目实施和课程开发两个层面进行衡量。

4. 效果层评估内容

对效果层的评估需要上升到组织的高度，即判断学习者在在线学习后，其教学工作是否有所改善，并且改善的情况应该从多个角度进行考察和衡量。鉴于此，该层次的评估将借鉴360度考核法。360度考核法又叫作全方位考核法，是常见的考核方法，是指通过员工、上司、同事、下属、顾客等不同主体来了解考核者的工作绩效。中小学教师接受在线学习并进入工作岗位后，与其有直接关联的是同事、校长、学生及家长，引入360度考核法后，员工对应学习者自身（中小学教师）、上司对应学习者所在学校的校长、同事对应学习者所在学校的其他

① 蒋元斌. "三课活动"对提高中小学教师教学实践能力的对策研究. 西南大学, 2008.
② 廖嗣德. 中小学教师教育教学能力结构研究. 辽宁教育研究, 2000（6）：48-51.
③ 李天鹰, 祁立刚. 谈中小学教师教育科研能力的培养. 中小学教师培训, 1993（11）：17-18.
④ 孙珏. 中小学教师科研能力的重新审视与编辑对策. 当代教育理论与实践, 2010（3）：14-17.
⑤ 刘本剑. 中小学教师教育科研能力及其培养微探. 沧桑, 2009（4）：224-225.

教师，下属对应学习者所教授的学生，顾客则对应所教授学生的家长。效果层评估将评估对象扩展得更加广泛，即从学习者在线学习后的所有受益者的收益情况来考察在线学习的效果。

在线学习的最终目的是促进学习者的专业发展，因此，学习者自评应从学习者自我感知的专业发展情况来进行。学校是知识获取和传授的场域，当学校师资水平提高时，校长对其的认可度和信任感随之提升，因此，以校长为评估对象对在线学习教师学习效果进行评价时，应从校长对教师的信任感方面进行；学习者参与在线学习后，会重新回到与其他同事构成的正式或非正式的学习共同体（正式的为各科教研组，非正式的为教师之间随意的工作交流）中，通过共同体成员之间的互动、交流与协作解决有意义的实质性问题。[①]因此，在评估经过在线学习后的教师对学习者同事的影响时，应该从同事间的活动分享、教研效率以及整个教师学习共同体的组织气氛三个方面进行。主管部门组织在线学习是为了提升以教师为主体的学习者的教学能力，进而提高教育质量，而教育质量的提高则体现在学生的整体素质上，学生的整体素质一般应从德、智、体、美、劳五个方面进行综合考量，但是德、体、美、劳四个方面的发展状况短时间内不会太明显，进而不易衡量，因此，在评估经过在线学习后的教师对学生的影响时，应从学生的学习成绩、学习氛围以及对学习的态度三个方面进行。在线学习结束后，学习者将学习内容转化为教学行为，从而改变教学成效，进而可能会引起家长对学校认可程度的提高和信任感的提升，因此，在评估经过在线学习后的教师对学生家长的影响时，应从家长对学校的认可度和信任感两个方面进行。

三、在线学习多元评估策略的实施

以"泰州师说"第三期为例，依据柯式评估模型，对全员在线学习效果进行评估。具体实施流程如图 6-16 所示。

（一）反应层评估实施

反应层的评估是整个评估工作的开端，本层的评估方式是利用调查问卷收集数据。最终问卷回收的有效率为 99.9%。问卷涉及的样本容量较大，且包含不同性别、地区、学段、学科、职称、学历、年龄和教龄的中小学教师，样本的选取较为全面、合理，能够较准确地支持和呈现反应层评估的结果，保证评估实施的科学性和严谨性。

---

① 张兰. 教师实践共同体建构研究. 西南大学, 2010.

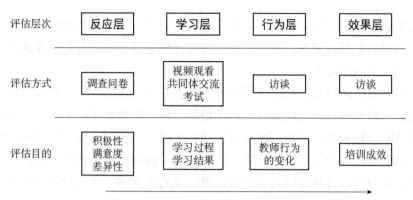

图 6-16　评估实施流程

1. 培训平台的登录情况

我们对接受调查的学习者（参训教师）的平台登录频率进行统计，来了解学习者在线学习时的整体状况以及积极程度。统计结果如图 6-17 所示，发现每天多次登录学习平台的学习者达 60%，每天登录一次学习平台的达 31%，即每天登录学习平台进行在线学习的人数超过 90%，因此可以得出，学习者能够积极参与在线学习，学习热情高涨。查看后台数据，发现大部分学习者的学习时长为 1 小时以上，说明学习视频对学习者有相当高的吸引力，学习者能够较长时间保持注意力。

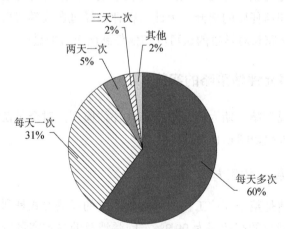

图 6-17　参训教师平台登录频率统计

2. 学习共同体参与情况

对于在线学习而言，学习者不能与教师面对面交流，且学习者之间的互动也无法像集体面授学习那样顺利地展开，此时，在线学习共同体成为学习者交流、互动的重要形式，同时也为学习者的知识建构提供了路径。因而，对学习者参与学习共同体的状况进行分析，有助于了解学习者交流互动的详情。从图 6-18 中可以看出，接受调查的学习者中有 98% 的学习者能够参与到学习共同体中与其他学习者进行互动或者浏览学习共同体内的信息，仅有 2% 的学习者从不参与学习共同体。

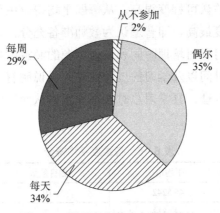

图 6-18　学习共同体参与情况统计

学习者参与学习共同体的类型可以分为两类：参与互动和浏览。在学习共同体中，参与互动的学习者就是学习共同体中知识的"生产者"，仅仅产生浏览行为的学习者则是知识的"消费者"。进一步了解图 6-19 中 98% 的参与学习共同体的学习者的参与类型，从图 6-19 中可知，学习共同体中 52% 的学习者参与互动，而 48% 的学习者只浏览了其他学习者发表的言论。换言之，在学习共同体中，有约一半的学习者成为知识的"生产者"，另外约一半的学习者成为知识的"消费者"。

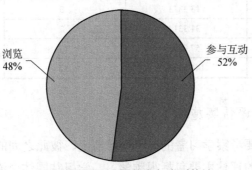

图 6-19　学习共同体参与类型统计

3. 问卷描述性分析

描述性分析能够直观地了解各维度的分布情况和集中趋势，如表 6-18 所示。其中，实用性、时效性、有效性与乐趣性描述的是学习内容。接受调查的学习者对在线学习的各个方面均较为满意，每题平均得分均在 4.5 分左右。通过对比各维度的平均值可以发现，学习者对培训内容的满意度最高，次之为培训形式，表明学习者对培训内容的认可程度很高。从每题平均得分中可以发现，学习者对教师的教学态度的满意度最高，即普遍认为教师准备充分，教学认真、严谨。其次是时效性。然而，学习者对培训时间和培训资源的满意度相对较低。培训时间主要表现为学习的开始时间以及学习的过程性时间，说明有一部分学习者认为培训开始时间设置得不太合理，且学习总时长不理想，从而给学习者带来了过多的负担，造成了压力。

表 6-18　各维度平均得分

维度层面	平均值	题目数量	每题平均得分
实用性	45.5242	10	4.5524
时效性	4.5813	1	4.5813
有效性	4.5172	1	4.5172
乐趣性	4.5419	1	4.5419
培训内容	59.1644	13	4.5511
教学能力	13.6728	3	4.5576
教学态度	4.5894	1	4.5894
沟通能力	9.1188	2	4.5594
培训师资	27.3809	6	4.5635
培训时间	8.8527	2	4.4264
培训平台	4.4683	1	4.4683
培训资源	13.3373	3	4.4458
培训组织	31.3312	7	4.4759
培训形式	57.9895	13	4.4607
培训整体满意度	144.5349	32	4.5167

（二）学习层评估实施

学习层评估主要考察学习者的课程学习情况、彼此之间的交流情况、考试情况，所以对学习层的评估主要包括视频学习、学习共同体交流对话情况、最终考试成绩三个方面。因此，本层的评估方式是通过搜集视频学习的相关数据、学习共同体中的交流数据、考试数据等考察学习者的学习过程与结果的。

1. 视频学习分析

在整个在线学习过程中，学习者需要通过平台完成课程的学习，而视频是整个在线学习过程中的学习材料。考察学习者的视频学习时长能够在一定程度上反映学习者的学习状况。"书读百遍，其义自现"，读书的数量能够决定学习者学习的结果，对应到在线学习中，学习者观看视频的数量也是其学习结果的表现形式。学习者视频学习时长是反映学习者视频学习状况的一个方面，借助平台数据，统计学习者视频学习时长，结果如图 6-20 所示。

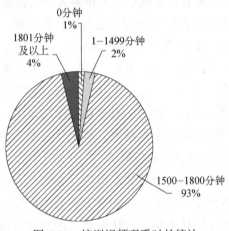

图 6-20　培训视频观看时长统计

学习者视频学习时长大于 1500 分钟则表明合格。因此从图 6-20 中可以看出，视频学习时长的合格率为 97%，其中，有 93%的学习者能够按照考核要求，完成学习任务；有 4%的学习者能够在原有任务的基础上，进行多次学习，超额完成视频观看时长。这说明学习者参与在线学习的态度十分积极，能够按要求完成相关任务。同时，学习者在学习过程中，遇到困难或难题能够重复、多次地观看视频，进而达到更好的学习效果。但仍有 3%的未合格学习者，其中有 1%的学习者未观看学习视频，有 2%的学习者未达到学习时长的要求，说明部分学习者对在线学习存在消极倦怠的情绪或者对学习考核要求不够熟悉。总体而言，大部分学习者能够积极主动地进行视频学习，对在线学习有较高的热情，仅有一小部分学习者存在消极怠慢的情绪。

2. 学习共同体分析

在在线学习过程中，学习者之间以及学习者与教师之间无法像传统面授学习那样即时交流沟通，因此，在学习共同体中，言语是学习者过程性学习成果的重要体现，对其意义的深层分析，有助于了解学习者学习过程中知识建构的情况，进而了解学习者的知识学习情况，这也是过程性评价的重要体现。学习者参与线上讨论，主要以在主题讨论区发帖和回帖为主，在不断的发帖和回帖中实现知识的获取，深化对问题的认识。根据已有的相关成果，结合教师在线学习的特点，将参训教师在在线学习中的参与分为行为参与和认知参与。

行为参与是学习者参与学习课程的主要形式，根据学习共同体的特点，本次研究将学习者的行为参与分为论坛访问、成为会员（即论坛的核心参与者）、论坛签到、论坛交流。经过调查，发现学习者在各方面的表现均较好。

认知参与是学习者在行为参与过程中采用的认知策略，是实现行为参与的具体途径。根据已有研究，将在线学习共同体中的认知参与分为评价（A）、提问（B）、解答（C）、支持（D）、冲突（E）、反思（F）六种类型，每种类型下又细分为三个不同的认知参与层次，如评价（A）包括浅层评价类（A1）、中层评价类（A2）和深层评价类（A3）。根据学习者认知参与类型，结合中小学教师的在线学习特点以及在线学习共同体参与特点，确定认知参与层次编码体系，为中小学教师积极参与在线学习共同体奠定基础。

我们对中小学教师在线学习的认知参与进行编码，并对编码体系的有效性进行验证后，采用从整体到细节的方式，对学习共同体中学习者的认知参与形式进行分析，首先分析学习共同体中学习者认知参与的整体状况，继而对整个学习过程中学习者的认知参与变化进行分析。我们对 4464 条发帖及回帖信息进行统计，发现评论类认知参与的占比最高，其次为解答类认知参与，而冲突类认知参与的占比最低。说明学习者在学习共同体中的认知参与以评价类和解答类为主。对于以学习知识吸收和消化为目的的在线学习共同体而言，学习共同体的管理员需要为营造浓厚的学习环境而努力。在此背景下，管理员需对整个在线学习过程中学习共同体的内部话语进行设计和指导，因此，学习者的认知参与呈现出了上述特点。为了更好地分析各类型认知参与的数量特征，对认知参与类型的各维度数量进行了统计，其结果如表 6-19 所示。

从表 6-19 中可知，在所有认知参与类型中，浅层评价类（A1）、连接思路类（C2）、简单阐述类（C1）和中层评价类（A2）的占比较大。说明在培训过程中，学习者更愿意对他人的观点进行评价以及回答其他学习者提出的问题，但是从各类认知参与的层次来看，其参与的深度不够，有待提高。另外，学习者的详细说明反对理由（E3）、提出良构问题（B2）、详细说明支持理由（D3）和单纯提出反对理由（E1）四类认知参与数量较少，说明学习者在学习共同体中多以发表自己的观点为主，而对于他人的观点关注度较低，与其他学习者的交流较少，学习共同体的整体凝聚度不高。同时，学习者提出的良构问题较少。

表 6-19 各类型认知参与数量统计

认知参与类型	数量	占比/%	认知参与类型	数量	占比/%
A1	1084	24.28	D1	397	8.89
A2	504	11.29	D2	78	1.75
A3	141	3.16	D3	14	0.31
B1	436	9.77	E1	16	0.36
B2	14	0.31	E2	26	0.58
B3	55	1.23	E3	8	0.18
C1	634	14.20	F1	94	2.11
C2	731	16.38	F2	63	1.41
C3	141	3.16	F3	25	0.56

注：A1、A2、A3 分别为评价（A）的浅层、中层和深层；B1、B2、B3 分别为提问（B）的提出咨询类问题、提出良构问题和对所提出问题进行思考三个层次；C1、C2、C3 分别为解答（C）的简单阐述、连接思路和获得答案；D1、D2、D3 分别为支持（D）的提出支持立场、陈列支持理由和详细说明支持理由；E1、E2、E3 分别为冲突（E）的单纯提出反对理由、产生分歧和详细说明反对理由；F1、F2、F3 分别为反思的自我反思、认识新事物及其重要性、反思新事物在群体中的作用

为了更加清楚地了解学习者在线学习过程中的发帖行为，我们以周为时间节点，对学习者每周线上学习认知策略的使用情况分别进行了统计，结果如图 6-21 所示。

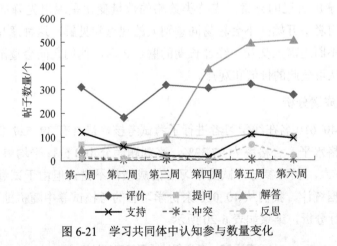

图 6-21 学习共同体中认知参与数量变化

每一类认知策略的变化趋势可以反映出学习者在整个参与过程中使用认知策略的变化差异，在整体参与过程中以评价类的认知策略为主，说明学习者在学习共同体中擅于对他人观点发表意见立场并进行具体的评价。而冲突类认知策略的数量始终持低迷状态，表明虽然学习者的认知方式有了较大转变，但认知参与层

次仍然处于中级水平，缺乏对自身的深入批判性反思，并且不擅于通过与他人的辩论来佐证自己的观点。

从时间上看，前两周，各类认知策略的变化呈现出混乱状态，说明不同的学习者受其固有惯性思维以及学习方式的影响，在不同的认知策略选择上有所偏重。因此，在第三周，学习者尝试在管理者的引导之下，运用不同的认知策略进行学习。从第四周开始，各类认知策略的变化趋势基本上是一致的，呈现出一种自然生长的态势。同时，在整个在线学习过程中，所有认知参与数量在第二周都较低，而第三周成为一个关键所在。结合具体的情况我们发现，尽管学习共同体中分享了许多的资源，但是这些资源似乎远离学习者的实际教学，远离在线学习的具体课程。因此，在第二周时，学习者的参与情况并不理想。为了扭转这一局势，第三周开始，我们不断在学习共同体中抛出问题，引导学习者进行回答。针对具体的问题，学习者参与的学习共同体主要集中在这些问题之中，故第三周成为了一个明显的"分水岭"。

从细节上看，解答类数量呈上升趋势，说明学习者更加乐意于通过贴吧互相解决彼此的疑问和困惑。提问类数量始终维持在相对稳定的水平，而解答类数量却不断上升，这说明在学习共同体之中，针对同一个问题，会有不同的学习者给予不同的解释和回答。这说明学习者能够针对具体问题发表自身的见解，给出自己的解释，拿出自己的方案。支持类策略的数量变化呈现出先降低后上升的趋势，表明学习者最开始并不会轻易同意别人的观点和见解，这种意见相左的情形有利于他们不断地深入交互，经过长期的磨合之后，他们之间会逐渐形成一定的共识，互相认可彼此的价值和观点。

3. 考试成绩分析

我们对 40 610 名在线学习者进行了考试考核，最终有 39 527 名学习者的总成绩达到合格水平，合格率为 97.33%。客观题满分 100 分，平均得分为 83 分，满分有 4457 人，表明参与考试的学习者的成绩都不错。但由于试卷数量过大，难以进行数据统计。我们从 40 000 余份学习者的考核试卷中随机抽取了 5000 份作为样本进行分析，结果如表 6-20 所示。

表 6-20　各课程试题正确率统计表

课程主题	客观题		主观题	
	数量	正确率/%	数量	合格率/%
课堂教学评价	10 210	95.16	1231	91.23
好课赏析	2 845	94.67	612	96.24

续表

课程主题	客观题		主观题	
	数量	正确率/%	数量	合格率/%
课例研究	3 419	94.77	871	94.49
校本课程开发	3 867	93.47	391	89.77
大阅读推进	4 532	94.62	296	90.54
新媒体应用	11 438	96.88	513	96.69
心理健康教育	21 002	95.58	451	94.46
课程研究	8 795	95.93	436	93.81
一位状元的成长故事	3 892	96.43	199	93.97

从表 6-20 中可以看出，在客观题方面，学习者对"新媒体应用"方面的知识掌握得最好，正确率最高；其次是"一位状元的成长故事"方面的知识，说明学习者对这一社会性话题关注较多；同时，"课例研究"方面试题的正确率也颇高，说明教学实践类知识容易激发起学习者的学习兴趣，此结果与学习者主观感觉的学习效果相符。在主观题方面，学习者在"新媒体应用""课例研究""心理健康教育"方面的课程上更容易表达自己的观点，说出自己的实际感受。但学习者在"校本课程开发"这类学理性较强的课程中，则容易出现答题字数较少甚至抄袭现象，最终导致考核不合格。

（三）行为层评估实施

行为层是考察学习者参与在线学习后，其具体教学及科研行为的变化情况。本层次的评估方式是利用电话访谈，深入了解学习者在科研与教学实践方面的具体行为变化。

1. 学习者科研行为分析

对于"泰州师说"第三期的在线学习而言，与教师科研方面相关的在线课程有课题研究和校本课程开发。因此，在分析学习者科研行为改变情况时，应从课题研究和校本课程开发两个角度进行衡量。课题研究方面，受访学习者中，有 25%的学习者正在参与课题研究，表示对课题研究的认识更加深入；有 15%的学习者表示自己都了解课题研究的相关内容，所以此次学习对其没有太大的影响，也无法在行为上体现；有 40%的学习者表示经过学习，对课题研究的认识更加深入，有机会申请课题进行研究；有 20%的学习者表示，没有申请课题的打算，表明这些学习者还没有将知识转化为行为的意识和想法。校本课程开发方面，受访的学习者均表示经过学习，获得了更多校本课程方面的知识，且对其认识更加深入。有 60% 的受访学习者表示在条件允许的情况下，愿意独立或与同事合作进行校本课程的开发；有 15% 的受访学习者所在学校正在积极组织教师进行校本课程开发，这些学习者表示想参与开发，以达到学以致用；另外 25% 的学习者有一定的校本课程开发经验，但仍表示学习后，其观念得到了更新。

通过以上两项分析可知，80% 的学习者能够意识到在线学习内容的重要性，并有强烈的意愿将所学知识在实践中加以应用，进而引起行为的变化；另外 20% 的学习者对在线学习内容不敏感，没有将培训知识转化为行为的意识和动力，从而在行为上也不会发生改变。

2. 学习者教学实践能力行为分析

对于"泰州师说"第三期的在线学习而言，与教师教学实践能力相关的知识涉及课堂教学评价、好课赏析、课例研究、大阅读推进、新媒体应用、心理健康教育、一位状元的成长故事七个主题。在访谈时，我们随机选择两个主题，对每位学习者对这两个主题的知识转化情况进行提问，发现学习者能够将 64% 的学习知识转化为自身的教学实践，从而引发教学行为的改变。其余 36% 的知识则没有转化为教学行为，这一方面是因为学习者在学习这部分内容时还停留在"学"的层面，未转化为"用"；另一方面是因为这部分知识对学习者作用不大，从而无法实现从知识到行为的转换。访谈结果表明，在所有的内容中，教师对课堂教学评价知识的转化效果最好，原因在于这部分知识的实践性最强，学习者可以边进行在线学习，边将知识应用于自己的日常教学。其次为新媒体应用知识，学习者经过在线学习后，在检索教学材料时能直接应用这部分知识。然而，提高学习者的阅读能力，进行大阅读推进并不是一朝一夕就能完成的事情，学习者要想将所学知识应用于实际教学需要一定的时间，不能一蹴而就，课例研究也是如此。

总体上，实践性越强的知识，转化为行为的机会和概率越高，所需时间越短。对于课例研究、大阅读推进等知识的行为转化，还需要更多的时间才能实现。

（四）效果层评估实施

效果层是考察学习者在在线学习结束之后的实际行为变化。本层次的评估方式同样是采用电话访谈，以学习者自评、同伴互评和校长评价来追踪学习者将所学知识应用于实践的情况。通过对学习者自评进行统计，发现大部分受访学习者都表示，此次在线学习让他们学到了很多新的知识和内容，促进了自身的专业发展。同伴互评则主要从活动分享、教研效率和科研热情三个方面进行衡量，旨在向受访学习者同事了解受访学习者学习后的效果。受访学习者随机选取一部分的内容进行访谈。关于"活动分享"的受访学习者为 7 位，关于"教研效率"的受访学习者为 7 位，关于"科研热情"的受访学习者为 4 位。绝大部分学习者表明经过在线学习后，在活动分享、教研效率和科研热情三个方面都得到显著提高，只有极少数学习者表示变化较少。通过与校长访谈来了解受访学习者整体的教学意识和积极性。受访校长普遍指出，通过在线学习后，学校教师的教学意识和积极性都有显著提高。例如，卢校长指出"教师的学习意识和积极性都得到了很大提高"。黄校长指出"教师的认识得到提高，但转化为行为的情况还需继续跟进，短时间内看不出来"。韦校长指出"培训能提高教师课堂教学、教学评价、校本课程开发、课题研究方面的能力，教师掌握这些能力是很有必要的"。

四、在线学习多元评估实施的结论

（一）反应层评估结论

1. 在线学习主动积极

学习者在线学习过程中，通过观看视频学习知识。从上文图 6-18 可知，学习者参与在线学习的积极性高，在视频学习的过程中能够保持高涨的学习热情，注意力较高。观看视频是信息的单向传输过程，学习者获取知识的程度与其是否能将信息以言语的形式与其他学习者进行交流、讨论，完成知识的建构和升华有关。根据调查，有 98% 的学习者能够完成在线学习任务，且能够以参与互动或浏览的形式参与到学习共同体的言语互动中，最终实现知识的建构。从总体上讲，学习者无论是观看视频还是在学习共同体中交流，积极性都较高，能够以话语为工具展开讨论，为知识的建构和生成带来无限可能。

2. 在线学习的整体满意度较高

学习者对师资、学习内容、学习形式的满意度都相当高，每个题项的均值都在 4.5 分左右，尤其是对教师的教学态度和学习内容的时效性满意度最高，由此可知，学习者普遍认为教师具备认真、严谨的教学态度，能够很好地完成视频的教学；教学内容时效性高，则表明主管部门在开发在线课程之初，进行了大量的调查，选择了适合学习者且能够充分体现时代特色的学习内容。

3. 学习平台用户体验需优化

在为期 42 天的在线学习中，学习者需不定时登录学习平台进行视频学习。在巨大的带宽负荷压力下，平台常常出现视频观看不计时、掉线、无法登录等诸多状况，对学习者的学习积极性造成了一定的抑制作用。

（二）学习层评估结论

1. 学习者能够超额完成学习任务

在在线学习整个过程中，学习者完成观看视频时长的要求，是知识进一步构建和升华的基础。97%的学习者能够达到或者超过所规定的视频观看时长，说明学习者在在线学习过程中，能够认真学习视频，为在学习共同体中以言语形式参与交流和互动，进而达到更深层次的知识建构做好铺垫。

2. 学习共同体中的言语更具目的性

学习者在学习共同体中的言语颇为丰富，学习者在逐渐掌握了规则之后，在共同体中的言语会更具有目的性，如发表某一言语是为了评价，评价则为该言语的目的。其中值得注意的是，在所有下降类的言语目的维度中，对学习主题进行评价的言语目的维度下降，恰好能够反向证明学习者对课程内容体系安排的认可度在不断提升。他们认同此次在线学习的主题安排和设置，同时说明学习者对这些主题方面的知识是有需求的，此次在线学习正好满足了他们的这一需求，因此对主题的评判并不多。

3. 学习共同体中的认知参与有待提高

在整个学习过程中，关于"评价类"的认知参与数量最多，且学习者能够采取不同的认知策略进行评价，一方面反映出学习者对他人的态度表示肯定并予以评价，另一方面也说明学习者质素较高，只要稍加引导，看待问题的方式和解决问题的方法就会有很大的提升。但通过分析不难发现，冲突类数量始终比较少，说明虽然学习者认知方式有了很大的转变，但仍存在对他人观点盲从，缺乏深入思考问题的现象。因此，在个体参与学习共同体认知活动时，管理员需进行积极引导，以提高学习者在学习共同体中的认知参与。

4. 试卷考核成绩优异

在线学习结束后，通过试卷对学习者进行考核，最终合格率达到97.33%。说明学习者对识记类知识掌握得较好，同时，通过对试卷的分析，发现学习者对教育实践类知识的掌握状况明显优于对科研知识的掌握状况。

（三）行为层评估结论

通过访谈发现，学习者在教学实践能力和教学科研能力方面均有了不同程度的提升，进而也引发了或多或少的行为改变。也就是说，学习者在学习结束后的一段时间里能够将学习内容进行转化，进而引起行为的改变。其中与教学实践能力相关的学习内容更易引起教师的行为转变，如主题教学评价课程内容是直面一线教师的，可以说是为在职教师量身打造的培训内容，课程中会运用大量的实例，邀请知名学校中小学教师现身说法，促使学习者很容易地理解学习内容的使用范畴，从而在实际教学中应用得更加得心应手。然而，教学科研能力并不是一朝一夕能够培养的，需要通过不断的知识扩充和实践，才能有所成，因此，学习者将所得知识转化为科研行为的比例较低。例如，理性较强的校本课程内容，主要学习的是理论知识，而真正开发一门校本课程，要比识记"什么是校本课程，校本课程开发应进行哪几方面的设计"难得多，理论与现实操作是两种不同的思路，且开发一门校本课程需要花大量时间，短时间内往往很难衡量学习者行为的改变，因此受访学习者在科研行为方面的变化偏少，需要更长时间的跟踪调查才能发现。

（四）效果层评估结论

效果层评估是学习效果评估的重要部分。在学习者的自我发展方面，学习者对在线学习于自身发展的影响持肯定态度。从对几位校长的访谈内容中可知，参与网络课程对学习者的正面影响较大，能够提高学习者教学科研的主动性、积极性，促进学习者的专业发展，使得校长对本校的学习者更加信任。家长的认可和满意、学生学习成绩的提高是学校办学的动力和基础。在评估过程中，发现学习者经历过在线网络课程学习后，家长主观感觉自己孩子有了明显的正向变化，因此，对学校及教师的满意度明显增强。当学习者作为旁观者对同事的学习效果进行衡量时，学习者间的协作交流活动明显增多。

第七章 大规模在线学习的转型升级：
走向高质量

明者因时而变，知者随事而制。

——《盐铁论》

《中华人民共和国国民经济和社会发展第十四个五年规划和 2035 年远景目标纲要》确定了"建设高质量教育体系"的战略任务，打开了我国迈向高质量教育发展之路的新篇章。高质量发展成为教育发展的主基调，因此大规模在线学习也要向高质量发展转型，挖掘传统教育优势，提升学习质量。前文总结了大规模在线学习现存的不足，从动力和质量两个方面探析了提升在线学习价值和绩效的方式，并结合"泰州师说"开展了实践探索。基于前文的研究，本章认为大规模在线学习高质量发展要在动力上突出发挥自主价值，在质量上突出产生长远价值。结合以往实践经验，我们创新性地提出以工作坊作为高质量大规模在线学习的一种实践形式。工作坊特有的教学形式、组织方式、运行机制为开展高质量大规模在线学习提供了设计思路和实践路径，有助于促进大规模在线学习产生持续动力，实现高质量发展。

我们以"泰州教育生活云"为实施场域，进行深入的实践分析，总结经验，提出不足，为教育高质量发展贡献理论和实践经验。

第一节 大规模在线学习走向高质量发展

作为一种新的发展理念，高质量发展从提出到实践再到落地见效，有大量复杂乃至艰巨的工作需要每位研究者去探索与实践。随着信息化、智能化的发展，教育发展面临着挑战和机遇并存的局面，大规模在线学习走向高质量发展也成为提升学习效能、促进学习变革的必经之路。

一、什么是高质量大规模在线学习

教育是国民经济和社会发展的重要领域，也是"十四五"规划和 2035 年远景目标中不可或缺的一环。《教学与学习：实现高质量全民教育》（Teaching and learning：Achieving quality for all）一文从教学和学习的角度切入，将主题再次聚焦质量，引发了人们对教育质量的深度关注。[1]人们对高质量学习的认知不断更新，追求有质量的教育成为社会认同。正像著名学者拉姆斯登等认为的，在冗杂繁复的各种研究成果组成的枝蔓之中，高质量学习的追求是贯穿于该领域的一条永恒的思想主线。[2]

有学者认为，高质量学习要利用深层学习方法，让学习者能够批判性地分析新的观念，在新学习的材料和先前知识之间建立联系，并在新的或者其他情境中进行迁移和应用，进而提升思维能力。[3]高质量学习不仅仅追求学习方法上的改进，更是学习者在基础性学习饱和条件下的自然"溢出"，是一种水到渠成的自然现象。由此可以看出，高质量学习强调学习者是否能够形成深度的学习思维和优质的学习结果。那么，高质量大规模在线学习是什么？强调产生什么样的结果和效益？如何才能达到高质量？

大规模在线学习是在社会性软件的支持下，人们基于网络开展大范围协作，利用资源、技能、人力和知识等实现群体知识的共享、协作和聚合的过程，是一种有前景的、快速的知识共享和创建方式，也符合社会高速增长时期教育发展的时代诉求。

上文从动力和质量两个层面分析了大规模在线学习，在动力层面，我们从内部的学习体验和外部的知识流动出发，进行思考，从学习群体内部挖掘集合的对话、认知、协作等要素，来塑造学习者的学习体验。不仅如此，通过构建外部知识网络环境来进行知识传递，能够激发学习者进行知识建构的意愿和动力。不管是激发内部体验还是塑造外部知识网络，都是扎根于学习者内在的个性化学习需求进行的，任何为学习者提供的支持服务都需要从学习者的学习需求出发。有学

① United Nations Educational，Scientific and Cultural Organisation（UNESCO）. Teaching and learning：Achieving quality for all. Education for All Global Monitoring Report，2014.
② 转引自吕林海，孟克，李颖. 追求高质量的大学学习——高等教育大众化背景下大学学习、教学与课程的一些核心观念. 远程教育杂志，2011，29（2）：19-24.
③ 转引自吕林海，孟克，李颖. 追求高质量的大学学习——高等教育大众化背景下大学学习、教学与课程的一些核心观念. 远程教育杂志，2011，29（2）：19-24.

者从组织结构、学习角色、内容管理、角色 4 个角度分析了 14 个不同领域的大规模在线学习案例，如 Wiki、Digg、Answer 等，认为成员加入社区的机制、成员是否扮演学习角色、治理社区的方式以及是否能够对知识和信息进行有效管理是大规模在线学习能否成功的关键要素。[①]其中，着重强调成员从事不同活动的方式、层级、权利，以及成员之间建立相互关系的方式也都是增强和促进大规模在线学习的重要方式[②]，可以看出寻找一种激发大规模在线学习群体潜能的组织结构十分重要。

在质量层面，与传统的报纸、杂志和书籍等不同，通过互联网和社交媒体传播的知识的质量不受监管，如果任由其发展的话，当涉及规模协作时，就可能产生虚假信息或错误引导，从而对大规模在线学习的过程与结果产生不利影响。在线共享的知识和材料的数量庞大，因此识别高质量的知识内容是一项严峻的挑战。在大规模在线学习过程中，对建构的知识进行过程性评估十分重要，这有利于促进高质量学习。同时，常态化是学习发展的趋势，要注重大规模在线学习的可持续性，使学习者能够在很长一段时间内养成持续投入学习的习惯。结合上面的分析内容，本节从动力和质量两个层面来论述高质量大规模在线学习的"高质量"体现在哪里。

（一）动力层面：突出发挥自主价值

1. 学习需求是高质量内部动力的根本源泉

如今我们所处的时代，联结、协作和创新创生出更多的社会价值和教育价值，在学习方面，则要更加尊重人的主体性，激发人的创造性，重视人与人交际和合作的教育观念和学习方式，坚持回归人的主体性，让学习的重点从"如何学"走向"我要学"，即走向"自主学"。归根到底，学习者的一切动力来源于学习者的学习需求。学习需求既包括知识需求、能力需求、学习方式需求等，也包括现实需求、价值需求等，它既是促进学习者发挥自主效能的关键因素，也是促进学习者产生内生动力的根本原因，因此，利用新技术充分挖掘和满足学习者的学习需求十分重要。新技术的发展变革为学习环境、学习方式的更新以及如何充分挖掘学习者的潜力提供了机会，使学习者由内而外迸发出学习动力，主动参与到学习的活动和任务中，从知识的接收者转变为学习的贡献者、设计者、管理者

---

① Zamiri M，Camarinha-Matos L M. Organizational structure for mass collaboration and learning//L. M. Camarinha-Matos，J. Martins，4th Doctoral Conference on Computing，Electrical and Industrial Systems. Springer，Cham，2019：14-23.

② 蒋亦璐，王迎. 开放大学多样化学习支持服务探究——基于学习者的学习需求调研. 中国远程教育，2018（6）：12-18，27，79.

和优化者，真正做学习的主人。

2. 组织结构是高质量发展的外部动力决定因素

组织结构是为提升大规模群体的有效性和效率性而设计的，建立组织结构能够更快地响应学习者的内在需求，促进组织内的学习者之间产生协作动力。前文谈到知识流动为学习者提供了外部学习动力，使学习者在社会性知识网络中成为知识的贡献者和获得者，与其他学习者和知识产生相互作用，从而建构协作知识。但知识流动也存在速度不快、广度不够以及发展不充分的问题，建立组织结构能够帮助学习者建立有序的、富有层次的社会性知识网络。组织结构决定了如何定义、控制、协调权利和职责以实现组织目标，同时规定了知识、信息和数据等在不同组织级别之间流动的方式。每个组织或社区都需要建立组织结构，且成员的位置与组织结构要适配。大规模在线学习是一种分散、自主的学习方式，相较于传统结构，扁平化结构能够精简组织结构，打通沟通和协作的渠道。这种方式既能够将原有的大量学习者按照专业、需求、目标等集中在一起，也能够集合不同类型的学习者完成不同的任务。大规模在线学习具有人员多、知识和资源储备量大等特点，建立扁平化结构组织，能够发挥子组织的作用，通过采取适当的激励措施形成外部动力，从而为学习者持续赋能。

（二）质量层面：突出产生长远价值

1. 知识评估是高质量外显发展的重要环节

网络技术孕育了数字化的学习方式，改变了人类的思维和生活方式，学习资源似乎也变得"唾手可得"。过去，我们忽视了学习过程中的知识评估。将评估视为衡量学习者为组织或社区增加价值的程度，或是取得的成就是否达到规定的一种标准。在大规模在线学习中，知识建构是在社区环境中产生的，表现为产生、检测或持续改进知识或观点的过程。在这种情况下，知识是通过学习者所处的情境产生的，分布在知识网络中。一方面，这种知识是可靠的；另一方面，也存在片面的、不可信的知识。因此，要重视对生成性知识的评估，本质上，这是一个多维的挑战。质量在维基百科中被确定为8个主要标准：准确性、全面性、稳定性、优质性、无争议、符合维基百科的标准、具有适当的风格以及具有适当的图像。此外，还有一些确定质量的流行评估方法，如同行评审、阅读反馈和声誉等。面对产生的大量生成性资源，包括生成的各种问题、知识、反思、工具等，都要采用过程性评估对其进行整合，以突出高质量的学习成果。

2. 持续常态是高质量内隐发展的关键标准

在学习过程中，学习者的内在认知会随着学习进程的加深而加深，这种变化会促使学习者持续学习，并逐步提高认知能力，因此，持续常态成为高质量内隐发展的一个关键标准。在《汉典》中，"常态"是指一种平常的、正常的状态。①"常态化"就是指事物正常运行后，长期处于可持续、生活化、稳定的状态。传统儒家教育思想崇尚以人为中心，主张学习者养成自我教育的能力，认为教育是一个"加日悬久，积善而不息"的持续过程，其中便蕴含着常态化学习的思想。高质量发展要突出大规模在线学习的常态化，体现在学习者能够形成持续的自主动力，在学习环境中能够形成自动运转的外部机制，最终外部的运行规则能够在学习者的心中默化，形成学习者的学习习惯。在"泰州师说"项目运行过程中，我们发现鲜有学习者能够长期保持活跃的状态，连续几年持续投入到大规模群体学习中，但这也是当前大规模在线学习研究鲜少关注的一个方面。因此，我们需要探索如何建立常态化的运转机制，促进大规模在线学习走向高质量发展。

二、大规模在线学习走向高质量路径探析

传统大规模在线学习以社交性、动态性、草根性为主要特征，存在学习动力不足、组织管理效率不高、集体学习效益没有发挥最大化等问题。针对这些问题，学者提出要从更加注重结果向更加注重过程转变，如从单一的学习空间转向多维、多形态的学习空间②，持续关注学习者体验的高阶临场感③，提供更多学习支持和学习工具④，更加丰富学习者的角色，社会管理走向高效联结治理⑤等一系列优化策略。

综合已有研究，我们尝试采取一种优化组织方式——工作坊模式，以其独特的教学形式、组织方式、运行机制促进大规模在线学习者产生持续动力和提升学习质量。工作坊的概念起源于西方，最原始的含义是指从事艺术、建筑创作和生产的学习空间。在欧洲和北美，工作坊有着悠久的历史，工匠大师和学徒之间利

① 汉典. 常态的解释|常态的意思|"常态"词语的解释[EB/OL]. [2022-08-17]. https://www.zdic.net/hans/%E5%B8%B8%E6%80%81.

② 艾兴, 曹雨柔. 在线学习的核心要义与转型路向. 课程·教材·教法, 2020（11）：59-65.

③ 刘和海, 程程, 戴濛濛. 自主学习何以可能："学习强国"启示下的平台学习之策. 电化教育研究, 2021（4）：61-67.

④ 黄荣怀, 虎莹, 刘梦彧, 等. 在线学习的七个事实——基于超大规模在线教育的启示. 现代远程教育研究, 2021（3）：3-11.

⑤ 郝祥军, 王帆, 缪晶晶. 大规模在线学习中"社会治理共同体"的构建研究. 现代远距离教育, 2020（4）：51-62.

用工作坊进行技术或艺术的教学，工作坊提倡师徒之间交流建议、帮助与批评，并负责学生长年教育期间的发展。从 20 世纪德国包豪斯教育开始，工作坊就作为设计教学的基本单元流行起来。随着现代主义和功能主义思想的发展，包豪斯式传统工作坊教学逐渐演变成为更结构化的教学设计系统。

工作坊能够促进生成大规模在线学习动力。传统的工作坊教学具有诸多特点，其中师徒制是工作坊最大的特点。首先，在实际运行中，工作坊是根据学生要掌握的技能来划分作坊的，不同主题的作坊不仅在单一的作坊中单独运行，而且作坊之间也能够形成交叉合作的网络结构，形成相互协同的效应。其次，工作坊中有特定的任务分工，包括师傅、技工和徒工，师傅由手工师傅和形式师傅共同组成，技工和徒工通过学习可以晋升为师傅。随着现代技术的发展和迁移，在在线学习中，教师和学生已经突破传统教与学的关系，形成平等的交流合作关系。学习者根据在具体的学习任务中获得的学习体验，建立角色认同和群体认同，从而生成良好的学习动机，投入到大规模群体学习之中。

"工作坊"能够提高大规模在线学习的质量。工作坊教学要求学习者不能只侧重创意，还需要具有一定的实践能力，以践行"知识和技术并重、理论与实践同步"的人才培养理念。工作坊具有较强的实践性特征，注重教、学、做的有机结合，突出学习者自主能力和实践能力的培养，以提升学习质量。不仅如此，工作坊采用传帮带的方式进行教学，即高年级学生带领低年级学生进行基础培训，低年级学生又会成为高年级学生，周而复始，促进工作坊教学的持续发展。在线学习中，要充分发挥学习者之间的相互帮扶作用，集合每个环节、每个层次学习者的个人力量，互相协作，从而使连续的学习培养持续循环作用于学习者，使学习质量得到不断提升。随着工业化的发展，以学徒制为特征的工作坊逐渐发展，并形成了一套系统的教学制度，使更多的学生参与到规模化学习中。[①]以工作坊形式开展大规模在线学习有助于促进学习动力和质量的提升，基于上文的分析，高质量大规模在线学习转型路径主要体现在以下四点。

（一）聚焦个体需求，凝结内部动力

大规模在线学习的本质属性是社会性，存在学习者人数较多、投入度不高、学习被动、积极性不高、学习意愿不持久等问题，学习者的参与意愿相差较大。大规模在线学习的外部学习环境和条件固然重要，但决定性因素是学习者是否能发挥主体性作用。因此，大规模在线学习要从学习者的个体需求出发，才能激发

---

① Cret P. The École des Beaux-Arts: What its architectural teaching means. Architectural Record，1908，23：367-371.

和凝聚内部动力，从而获得高质量发展。高质量大规模在线学习在倡导多样化和智能化的学习模式和方式的同时，要回归学习者本身，扎根学习者内在需求进行挖掘、提炼和总结，这样才能保障学习者拥有更多自主时间和自主空间进行主动学习、自主学习和独立思考。

高质量大规模在线学习强调将线上学习场景和线下学习场景结合起来，从而将线上学习的目标需求、资源问题和线下实践融合起来，以一种学习生活的方式使个体和群体获得可持续性发展，扎根学习者的日常生活，从学习者的实践经验和实践问题出发，聚焦满足学习者的日常实际需求，激发其自主活力，增强学习者与在线学习空间的黏度。首先，学来源于用，在线学习的内容一部分来源于生活实践中的问题；其次，学依托于用，在线学习是在实践情境中开展的，围绕具体实践产生问题解决方案；最后，学反馈于用，在线学习内容能够被迁移到真实环境中解决实践问题。

学习的本质是学习者在知识世界中学会生存和成长，大规模在线学习也反映着学习者在社会网络中的社会生存价值和意义。随着社会环境复杂化，学习者自主性应更加被重视。学习者学习自己真正需要的内容，解决自己的实际问题，才更能激发自主意志，充分体现个性学习特点和主观能动性，真正实现由"他律"到"自律"的转变。高质量大规模在线学习是将学习者的日常生活和线上学习结合起来，不断激发学习者的主观能动性，以提升整体学习质量。

（二）开展分化协调，发挥外部动力

过去，对大规模学习者的组织，往往采取一种统整、粗犷的方式，因此要满足每个学习者的个性化发展需求，需要采取分化协调的方式将大规模学习群体组织起来。例如，按照专业方向划分为不同的工作坊，如艺术设计专业的玻璃艺术工作坊、陶瓷艺术工作坊、漆艺工作坊等。通过独立设置工作坊，形成以各个工作坊为基本框架的工作坊群，进而形成一个相互关联甚至呈网络状分布的教学机构。工作坊均以个案教学为特征，既有独立研究的方向，又注重不同学科之间的相互渗透，具有融合性、开放性、互动性和可选择性等特征。各坊之间既相互联系，又各具特色，以此实现坊群之间的分化协调。

首先是群体分化，提升不同群体间的协调能力。高质量大规模在线学习将学习者分化到不同的小群体中，小群体之间、学习者之间能够开展协同合作。社会系统具有复杂性、动荡性、开放性、自组织性等特征，通过不同群体开展层级性的联动。

其次是角色分化，提升不同学习者之间的协调能力。大规模在线学习中的学习者是以单一身份投入群体中的，高质量大规模在线学习赋予学习者多元的身份和角色。工作坊打破了传统的教学模式，采用自由民主的教学方式，实行双导师制。导师分为形式大师和作坊大师两类。形式大师由社会上具有相当学术影响力及很高学术地位的专家担任，作坊大师则由技术精湛的技师担任，这种双导师制对当今教育也产生了影响。随着大规模在线学习的发展，学习者在协作过程中是平等建构的，是互为人师的。社会角色理论认为，现实社会中每个人有其特定的角色定位，并受自身社会地位或社会身份的影响。个人履行社会角色义务的过程，就是个人与社会发生关系，体现人生意义的过程。[①]角色分化是协作的基础，有利于学习者明确自己在学习活动中的角色和职责，从而从外部激发学习者的学习动力。每个学习者都应该在在线学习环境中有其特定的地位及身份特征[②]，正是这种角色分工，帮助学习者确立个人动机、目标，并影响后续一系列学习行为。在高质量大规模在线学习中，学习者在明确的角色、任务和目标的驱动下，会经历更深刻的生命体验，焕发更强的生命活力与学习动力。

（三）实行成员互助，促进显性质量

传统工作坊会开设一系列基础课和专业课，并专门为学习者提供实践的机会，促使学习者之间相互赶超与进步，从而在实干过程中学有所成。不仅如此，工作坊还强调学习者要在实践中有所感悟。在这个过程中，富有天分的学习者能够脱颖而出，得到更多的实践机会，接触到更高阶的学习技巧，并充分发掘自己的天赋。并且这种工作坊具有高度的实践性，学习者要运用学习的理论知识和实践技能反思自己实际操作的不足，在同侪协作、互惠互利的基础上建立起一种认知学徒关系，即认知学徒制。认知学徒制是由美国认知心理学家柯林斯、布朗和纽曼提出的，他们认为作为一种教学模式，认知学徒制强调学习者通过解决复杂的学习任务，从而掌握更为重要的隐性知识。[③]在解决真实问题的情境中，学习者作为认知学徒，由专家确定和构建学习环境，通过持续性观察、联系、尝试、交流、反思、概括、总结、应用等方式进行学习，从而提升技能。

认知学徒制对提升学习共同体成员的参与性和专业性有重要的指导意义。传统认知学徒制重视导师的指导，学习者在固定的学习环境、学习情境和学习任务中开展系列的认知学习。事实上，一方面，随着认知学徒制的演化，有学者更加

---

① 朱力，肖萍，翟进. 社会学原理. 北京：社会科学文献出版社，2003：90.

② 彭景阳. 网络条件下成人学习者的社会角色意义、角色冲突及解决. 现代远距离教育，2008（1）：26-30.

③ Brown J S, Collins A, Duguid P. Situated cognition and the culture of learning. Educational Researcher, 1989, 18（1）：32-42.

注重学徒制中的协作设计；另一方面，开展社会化协作是大规模在线学习的主要特征。因此，我们提出在大规模在线学习中建立成员互助机制，强调以指导者、合作者和学习者为主，围绕学习知识进行共商共建，并将协商的知识迁移到其他任务情境中。首先，在成员互助过程中，指导者为学习者初步搭建学习环境，提供学习主题、任务、资源和相应的学习支架，从原先指导与被指导、模仿与被模仿的关系走向引导、沟通与互助的关系。其次，认知学徒制强调学习者能够自主设立学习目标，开展合作协商，在同侪互助的过程中解决问题，实现成长。最后，针对大规模在线学习学习者相互生成大量知识碎片、缺少合理的评估手段对知识进行整合的问题，借助成员互助机制能够在协商过程中将碎片化知识进行挖掘整理，进而形成高质量的学习成果。

（四）革新激励手段，提升内隐质量

高质量大规模在线学习应该利用运行机制对学习进行调控，使学习者逐渐养成持续、长久的学习习惯，从而促进学习者群体内隐质量的提升。其中重要的一个环节是建立合理、有效的激励机制，将学习激励贯穿于日常的学习过程，以产生"1+1>2"的组织效益，做到因事而化、因时而进、因势而新，以促进学习者建立相互交流、相互学习、相互促进的长久稳定、和谐发展的学习关系。激励机制将线上常规学习和线下实际奖励相融合，促进学习者将线上学习逐渐转化成工作、生活中的常规活动。将量化考核和责任驱动等方式结合起来，能够促进学习者形成常态化学习，从而提升群体内隐质量。

第二节　从"实践探索"到高质量"实践升级"

《中共中央国务院关于全面深化新时代教师队伍建设改革的意见》提出全面提高中小学教师质量，建设一支高素质专业化的教师队伍。开展中小学教师全员培训，转变培训方式，推动信息技术与教师培训的有机融合，促进教师终身学习和专业发展。本节结合"泰州教育生活云"教师研修项目开展高质量大规模学习的实践升级进行论述。该项目针对泰州市教师实施区域化网络研修，是集合远程协同教研和数据驱动精准教研为一体的大规模在线学习方式。截至2022年，"泰州教育生活云"已走过3个年头，形成了区域化、协同化和常态化的高质量研修学习样态。

一、高质量"实践升级"的应有要义

基于"泰州师说"多年的组织和实施经验，2019 年，"泰州教育生活云"教师研修项目开启。"泰州教育生活云"紧密结合泰州市教育教学一线实际，积极推进"互联网+研修"，服务于高质量教师队伍建设。我们总结了"泰州师说"项目的不足之处，提出新理念、新管理、新手段，开启"泰州教育生活云"实践升级之路，其重要性和必要性主要体现在以下三点。

（一）打破集中培养壁垒，实现面向人人，灵活学习

原有的"泰州师说"项目采取对大范围学习者统整、集中式的培养，虽然能够集合个体的需求开展集体活动，但是较难满足学习者个体的具体需求。未来教育的样态一定是在技术手段支持下的"面向人人、适合人人"的新样态，学习者能够在学习过程中满足个性化的学习需求。不仅如此，学习也应该存在于人们的家庭、生活、社会的每时每刻中，逐渐走向生活化、泛在化和终身化。首先，"泰州教育生活云"秉承"面向人人、适合人人"的理念，重视学习者的个体需求，为学习者提供发声的渠道，帮助解决个体问题，供给个性化的学习支持服务。其次，"泰州教育生活云"将线上学习和线下实际的工作、生活联结在一起，激励学习者转变思路，将线下的需求、问题等移到线上，开展灵活的泛在学习。

（二）改变固态组织手段，实施同伴帮扶，动态组织

多年来，"泰州师说"一直采取固定组织的方式，由管理者和设计者结合学习者学习需求开展"自下而上"的内容设计，学习者只能按照固定的学习内容开展学习。事实上，随着学习的推进，学习者的学习需求、学习目标会发生变化，而持续满足学习者的动态需求是真正激发学习者持续内在动力的根本。"泰州教育生活云"打破原有的常规模式，重视优化学习过程，促进学习动态发展。首先，"泰州教育生活云"突出同伴帮扶的特色，动员全体学习者互帮互助、相互协商满足学习者的动态需求。其次，"泰州教育生活云"将"自下而上"和"自上而下"结合起来：一方面，在学习过程中鼓励学习者将学习需求、学习问题等表达出来，通过同伴帮扶、资源推荐、专家解答等方式为学习者提供学习支持；另一方面，管理者和设计者将学习者的需求集合起来，抽丝剥茧，提取共性，并基于此共性开展新一轮学习内容设计，持续让学习内容与学习需求产生适配。教师的学习必须是一个持久的、主动参与和自我更新的过程。"泰州教育生活云"正是一个促进教师共同互动、彼此结合、同甘共苦、休戚与共并富有生命意义的

学习平台。

（三）转换重视实效理念，走向体验养成，持续发展

学习价值具有结果导向，直接指向学习者的认知、实践能力等是否得到提升，事实上对于真正的高质量学习来说，学习并不是一蹴而就的，而是在潜移默化中养成学习习惯，逐步深化认知，养成持续学习的习惯，达到知、情、意的统一。以往，"泰州师说"重视学习实效，尤其体现在评估环节中，注重对学习者的学习成果进行评估。"泰州教育生活云"秉持可持续性发展的理念，首先为学习者提供长时间的学习，为学习者设立不同的学习角色，以任务驱动等方式，激发学习者的合作意识，促使学习者生成学习体验。其次为学习者引入管理员和专家，提供常态化指导，开展常态化活动，促进学习者持续发展。

二、高质量"实践升级"的实施过程

目前，"泰州教育生活云"已实现远程协同教研与数据驱动教研相结合，学习者通过电脑端或移动端均可观看视频直播，分享观点，提出疑惑和建议，提高了学习者的参与感与获得感，实现了跨场景、跨空间、跨区域的参与体验。"泰州教育生活云"设有电脑端（http://wlyx.tze.cn/）和移动端（泰州教育生活云App），如图 7-1、图 7-2 所示，支持学习者随时随地开展大规模在线学习，与跨区域的同侪教师共同研修，共同成长。"泰州教育生活云"以分享、互动、生长为教育理念，鼓励学习者通过打开分享通道，提高互动成效，提升生长品质，推动大规模在线学习逐渐走向高质量发展。

（一）打开分享通道

分享是高质量实践升级的基石。大规模的学习者来自不同学科、区域，他们的学习目标和需求也不同，要积极促进学习者打开分享通道，主动投入到集体的学习中，分享自己在学习和工作上的困惑。

如何才能让学习者主动敞开心扉，主动分享呢？不管是线下教研还是网络研修，以传统理论讲座为主的研修方式已渐渐式微，基于教育现场、真实课堂开展案例观摩、现场诊断、解决具体真实问题的研修方式逐渐兴起。因此可将线下的研修场景挪移到线上，将线上和线下两个研修场景相互融合，增强学习者在线上观摩的获得感和线下实际观摩的临场感，使媒介不再仅是一种传输手段，而是成为"真正的现实"。

图 7-1　"泰州教育生活云"电脑网页版界面截图

(a)　"泰州教育生活云"App学习页面示意图　　　(b)　"泰州教育生活云"电脑端学习页面示意图

图 7-2　研修教师利用移动端

1. 开展实时研讨

"泰州教育生活云"平台为研修教师提供观看视频直播与回放的功能，以及实时评价功能，从而能与其他共同观看直播的研修教师进行实时交互，如图 7-3 所示。不仅如此，平台还提供了点赞功能，为研修教师之间的情感表达提供了支持，大大提升了研修教师的参与感与热情度。

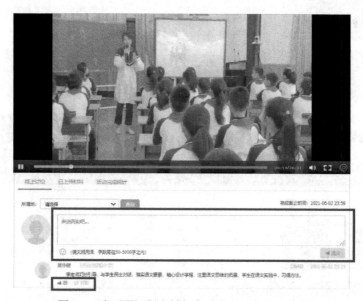

图 7-3 公开课视频直播与实时交互评价界面截图

2. 提供同步答疑

"泰州教育生活云"平台为研修教师提供了现场指导和答疑环节，指导专家或"坊主"就研修教师在研修过程中产生的认知冲突，以及遇到的理论和实践问题等进行解答，如图 7-4 所示。这不仅能够帮助研修教师及时生成教研问题，从而重新建构知识体系，提升教研成效，同时还能够将线上和线下的场景相融合，弱化场景之间的空间距离，增强共同研修的氛围感。

（二）促进互动成效

互动是高质量实践升级的"承重墙"，学习者之间创建交互联结，在互动中分享知识、交换观点，从而进行重新的知识建构。如何能够促进学习者之间产生更多、更高质量的互动呢？我们通过为大规模学习者划分不同的群体，赋予学习者不同的角色和任务，以及建立系统的激励机制，促进学习者持续地与同伴建立交互联结，深化协作学习。

图 7-4　指导专家就公开课例进行点评以及进行现场答疑

1. 建立分工协调

传统的工作坊常常按照不同专业方向划分不同的工作坊。根据学习目标和发展需求，将大规模学习者分到不同的社交空间中，因此不同的社交空间会架构起相互关联的网络结构。事实上在大规模学习者中也需要建立起不同层次和范围的社交空间，即建设社会、群体和个人空间。有学者认为小群体（社会网络话语体系中的小群体即子网）在 MOOC 中发挥了重要作用。[①]MOOC 的学习者人数众多，在成长背景、价值认知和个人目标方面千差万别，通过分化社交空间，能够基于人员的特性对相应的人员进行整合，为小规模活动创造机会。这不仅能够提升大规模在线学习的丰富性和韧性[②]，而且能够促进学习者在多重空间内共同成长，从而建立更加有层次与紧密的社会性知识网络。通过建立分化社交空间，学习者的知识建构速度将加快，其知识建构广度将扩大，学习者的问题能够得到更及时、快速的回应，进而产生更多的知识。不仅如此，通过个人、群体和社会空间的结合，学习者能够在不同空间内与其他学习者产生联结，从而建立起更广泛的知识网络。

（1）划分群体

"泰州教育生活云"联合泰州市兴化市小学学段的学校和教师，将区域中的

①　Gurstein M. The neighborhood in the internet: Design research projects in community informatics. Contemporary Sociology, 2015, 44（4）：493-494.

②　Zheng S, Rosson M B, Shih P C, et al. Designing MOOCs as interactive places for collaborative learning// Proceedings of the Second（2015）ACM Conference on Learning@ Scale. 2015：343-346.

优秀骨干教师集合起来，形成"种子"优势，将这种优势覆盖到每所学校的每位教师，以提高整体研修的成效。同时，兴化市景范学校、兴化市楚水小学、兴化市实验小学等作为联盟的中心校，有雄厚的师资力量、教育资源和教研资源，能够带动联盟中的其他学校进行共生共长，共同建设高质量教师队伍。兴化市教师研修项目研修学校分布词云图如图 7-5 所示。

图 7-5　兴化市教师研修项目研修学校分布词云图

"泰州教育生活云"将大规模学习者划分成不同群体、不同规模的工作坊，为保证工作坊的顺利工作，应建立有序的研修和管理工作。研修目标是设计与开展研修工作的决定要素。根据研修目标划分工作坊又称项目坊，它是将有共同研修需求和职业发展需求的教师组合在一起的新群体。项目坊分别设置学科联盟导向、区域联盟导向、名师中心导向和特色主题导向四种，具体分类见表7-1。①学科联盟导向项目坊：学科联盟导向项目坊是以学科发展为中心开展的项目工作坊，围绕具体某一学科（如语文、数学、英语）集合研修教师进行集体研修。②特色主题导向项目坊：特色主题导向项目坊是以特色学习主题（如领导干部、德育主题）为主题开展的项目坊，需要制定特色的研修计划进行集体研修。③区域联盟导向项目坊：区域联盟导向项目坊是集合某个区域的研修教师开展集体研修，来自不同学校的教师共商共讨，结成对子，共同成长。④名师中心导向项目坊：名师中心导向项目坊是以优秀名师为引导，集合来自不同地区的教师，以名师为中心，形成师徒结对、同侪互助的研修形式。

表 7-1　"泰州教育生活云"项目坊分类（部分）

分类	序号	项目坊名称	坊数量	研修人数
学科联盟导向	1	兴化市小学语文教师研修项目	18	1391
	2	高港区学前教师研修项目	4	493
	3	泰州市中小学思政教师研修项目	18	1590
区域联盟导向	1	泰州市乡村骨干教师培育项目	18	546
	2	泰州市中小学卓越教师培养项目	4	68
	3	昭苏高中教师研修项目	9	76
特色主题导向	1	泰州市中小学校长卓越领导力高级研修班	4	60
	2	泰州市"四有"好教师团队研修班	35	950
名师中心导向	1	泰州市名师工作室	39	424
	2	靖江市名师工作室	22	286
	3	泰州市名家教育馆	2	49

　　"泰州教育生活云"根据区域、学科和学段建立单元坊，根据研修教师所处的地域和学科进行划分，以满足区域协作教研的需求。随着社会的发展，不同学校、不同学科之间出现发展不均衡的问题，划分单元坊的方式有利于形成"强校带弱校、名师带弱师"的积极效应。网络研修为区域教研合作提供了巨大的优势，有助于促进区域研修质量的提升，以及教育资源的优化配置，最终实现教育公平。学习者在具体单元坊进行日常管理和学习。下面以兴化市小学语文教师研修项目、泰州市乡村骨干教师培育项目、泰州市"四有"好教师团队研修班、泰州市名师工作室四个具有代表性的研修项目的单元坊进行示例展示（表 7-2—表7-5）。

表 7-2　学科联盟导向项目坊中单元坊分类表
（以兴化市小学语文教师研修项目为例）（部分）

序号	单元坊名称	研修人数
1	第二实验小学联盟低年级语文坊	83
2	景范联盟低年级语文坊	120
3	实验小学联盟中年级语文坊	72
4	楚水联盟低年级语文坊	55

表 7-3　区域联盟导向项目坊中单元坊分类表
（以泰州市乡村骨干教师培育项目为例）（部分）

序号	单元坊名称	研修人数
1	高港区乡村初中物理骨干教师培育站	33
2	海陵区乡村小学语文骨干教师培育站	32

续表

序号	单元坊名称	研修人数
3	姜堰区乡村初中化学骨干教师培育站	33
4	靖江市乡村小学英语骨干教师培育站	32

表 7-4　特色主题导向项目坊中单元坊分类表
（以泰州市"四有"好教师团队研修班为例）（部分）

序号	单元坊名称	研修人数
1	江苏省口岸中学："友善·责任"好教师团队	29
2	江苏省泰兴中等专业学校："知行合一"好教师团队	15
3	泰州市城东中心小学："润己泽人"好教师团队	22
4	泰州市第二中学："时敏"好教师团队	41

表 7-5　名师中心导向项目坊中单元坊分类表
（以泰州市名师工作室为例）（部分）

序号	单元坊名称	研修人数
1	卞珍凤高中政治名师工作室	11
2	陈野高中物理名师工作室	11
3	仇娴中职财会名师工作室	8
4	丁磊高中语文名师工作室	11

"泰州教育生活云"为每位学习者提供的个人学习空间，能够支持学习者对自己的学习进度、学习现状和不足等进行自我监控、调节等，提升自主学习能力。学习者个人中心设立"我的坊""教师培训""我的求助""通知""我的积分"五大板块。通过"我的坊"板块，不仅可以直接进入到本坊活动中，还可以通过关注其他坊，直接参与到其他工作坊的活动中，扩展交互联结，建立更加广阔的知识网络。通过"教师培训"模块，能够直接获得往期培训的学习资源。通过"我的求助"模块，能够直接向学习同伴进行提问，获得学习求助。通过"通知"板块，能够及时获得学习资讯、活动安排等。通过"我的积分"板块，能够及时掌握个人的学习进度等。

项目坊是所有学习者共同学习的社会空间，单元坊是基于项目坊进行细化的具体单元，即群体空间，而个人空间是以学习者为中心的学习空间。通过项目坊—单元坊—个体空间的层级架构，能够将大规模学习空间进行分化，学习者在三重空间内都具有自己的学习身份。这种层级架构有助于学习者开展研修学习，建立不同范围和质量的社会知识网络，提升教师工作坊的组织效益和知识流动水平。

（2）角色分工

教师工作坊本质上是同侪教师基于一个话题进行对话沟通、协作互助的学习共同体，每个学习者都应该有其在在线学习环境中特定的地位及身份特征。[①]教师工作坊中的学习人员具有明确、典型的角色分工，宋宁宁提出，教师工作坊成员角色分为主持人、促进者、参与者。其中主持人（即坊主）存在"三人行模式"，包括高校学科专家、优秀教研员和一线优秀教师。这三种角色在引领教师研修过程中各有专长：高校学科专家负责对教师培训主题进行讲授，以提升研修教师的教学研究能力；优秀教研员负责提升一线教师说课、评课等诊断和反思能力；一线优秀教师重在引领教师课堂实践教学水平和能力的提升，帮助解决教育教学过程中的实践问题。[②]陆彩霞等提出，教师工作坊中存在坊主、核心成员、观察成员和执行成员四种角色。坊主和成员共同商议并制订研修计划，然后坊主将任务分解给核心成员，核心成员再将任务进一步分解给每个执行成员，而观察成员是执行成员的帮助者、促进者和观察者，这种划分发挥着每个成员的自主积极性，促进成员间相互引领彼此发展。[③]张思等基于教师同侪互助理论提出教师工作坊中存在坊主、辅导教师、观察教师和被观察教师四种角色。坊主为全体坊员提供指导；辅导教师一方面与坊主进行协作，另一方面辅导被观察教师开展系列活动；观察教师与其他成员是交流协作的关系，主要是帮助被观察教师完善教学设计、流程等，同时自身也能够获得教学知识、技能与反思等，得到提升；坊主和被观察教师之间是指导与被指导的关系，与辅导教师之间是辅导与被辅导的关系，与观察教师之间进行交流协作，从而一起获得提升。[④]Joyce 和 Showers 在1980 年提出了教师学习中"同侪互助"的概念，指两个或多个专业相同的教师在一起围绕教学实践进行反思教学，通过互教互学的方式提炼知识，学习新的技能，执行课堂教学研究，是解决实际教学工作问题的一种活动。[⑤]

事实上，在教师工作坊中，按照互助类型可将互助划分为专家和坊员之间形成的指导型互助和坊员之间形成的同伴型互助。教师工作坊中应该存在指导专家、工作坊主、优秀坊员和普通坊员四类人员，他们相互协作，并行不悖，守望相助，四类人员的交互示意图如图 7-6 所示。指导专家与坊主进行沟通协调，形

---

① 彭景阳. 网络条件下成人学习者的社会角色意义、角色冲突及解决. 现代远距离教育，2008（1）：26-30.

② 宋宁宁. 基于"三人行"模式的中小学教师工作坊研修平台研究. 中小学教师培训，2015（8）：14-17.

③ 陆彩霞，姜媛，方平，等. 典型教师工作坊研修活动的特色分析与未来研究展望——基于北京市典型教师工作坊的实践研究. 教育科学研究，2019（2）：87-92.

④ 张思，刘清堂，熊久明. 认知学徒制视域下教师工作坊研修模式研究. 中国电化教育，2015（2）：84-89.

⑤ Slater C L，Simmons D L. The design and implementation of a peer coaching program. American Secondary Education，2001：67-76.

成协作关系，共同确定工作坊的研修目标和研修计划，同时为工作坊的成员提供学术和理论指导。坊主是工作坊的主持人，对工作坊内的活动进行组织和引导，为坊员开展学习提供各种支持和指导。优秀坊员是工作坊中的促进者，与普通坊员之间建立协作关系，能够积极地发挥示范引领作用，带动普通坊员完成各项研修工作。在不同角色分工运作过程中，学习者能够认同学习角色，增强在线学习体验。同时，不同的角色分工能够帮助学习者树立良好的学习目标，在在线学习的合作、对话和反思的过程中开展大规模的协作学习，从而生成良好的学习体验，以积极的态度、强烈的认同持续投入共同成长之中。

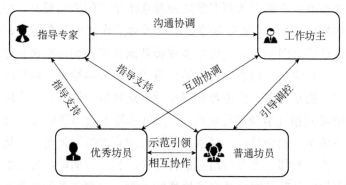

图 7-6　教师工作坊成员交互示意图

指导专家相当于传统工作坊中的形式导师，能够结合自己的理论修养、实践经验对研修教师进行教研指导。①成员组成：根据《"国培计划"——教师工作坊研修实施指南》，要建立"三人行"主持人团队，需要集合高校专家、教研员和一线教育名家的力量，共同组成指导专家团队。"泰州教育生活云"项目集合了江苏省教育科学研究院的杨九俊、成尚荣、叶小红等，江苏省教育规划办研究院的彭钢，华东师范大学教授袁振国、李政涛等，江苏师范大学教授魏本亚、段作章、王帆、吴晓红等，扬州大学教授吴星，南通大学教授时金芳，盐城师范学院李箭，江苏省特级教师陈铁梅、蔡林森、焦卉等专家，他们共同组成指导专家团队，如图 7-7 所示。其中包括高校专家、教研员和一线教育名家三类人员。②任务设计：指导专家团队负责制定研修目标（定调子）、设计研修计划（设步子）、提供研修指导（扶梯子）三个任务，具体如下：制定研修目标指能够结合研修教师群体的需求制定研修期间内的研修目标。设计研修计划指针对研修教师发展设计研修主题、研修内容、研修环节、研修方式等，主要以理论指导为主，通过主题讲座、教学点评等方式提供指导支持，进行统筹安排，整体推进。提供研修指导指结合自己的教研理论和经验为研修教师提供指导，包括能够帮助研修教师解决日常产生的教学实践问题。

图 7-7　泰州教育生活云指导专家团队介绍（部分）

　　工作坊主相当于传统工作坊的作坊大师，能够直接在工作坊中进行主持、组织、引导、协调等工作，结合具体的研修计划与要求实施运行计划，相当于"教学培训师"的角色。因此，坊主在工作坊中起到核心作用，直接影响工作坊研修的成败和质量。①事实上，现在教师工作坊的研修水平和质量参差不齐，而坊主是否能发挥组织、设计、实施、评价等职能对教师工作坊的质量提升和持续发展具有重要指导价值，因此，需要在理论和实践层面对坊主的遴选、培训、培养和考核等进行优化设计和组织。①成员组成：工作坊坊主由来自一线的教学经验丰富的教师组成，他们能够贡献自己的教学实践经验和教育研究智慧带领工作坊内的其他研修教师积极地参与到研修学习中。以泰州市中小学思政教师研修项目为例，该项目共有 54 名坊主。通过对坊主发放的调查问卷进行统计，发现 73.34% 的坊主具有高级以上的职称，71.11% 的坊主的教龄在 20 年以上，80% 的坊主平均每年参加线下的培训超过 7 次。因此，坊主大多具有较为丰富的教研和教学实践经验，以及相当的责任心和进取心，能够支持组织开展工作坊的一系列活动。②任务设计：Berge 和 Collins 提出的四维度能力模型认为，网络教学教师需要具备教学维度、社会维度、管理维度、技术维度的能力②，这是针对以计算机为媒介的交流环境（computer mediated communication，CMC）中辅导教师的能力，后续也成为英国开放大学开展辅导教师培训的理论基础。事实上这与加里森等提出的在线临场感的内在含义不谋而合，在线教师的职责就是促进学习者建立在线临场感。因此，基于教学、社会、管理、技术四个维度对工作坊主的任务分工进行设计，包括制订研修计划、开发和整合资源、提供技术支持、组织和管理研修活动及集体氛围和文化建设五项任务。

　　制订研修计划是指根据工作坊内部成员学习现状和研修需求以及指导专家设

①　武丽志，白月飞. 教师工作坊主持能力评价指标体系构建. 中国电化教育，2019（12）：123-128.

②　Berge Z L, Collins M P. Computer Mediated Communication and the Online Classroom. Cresskill, NJ: Hampton Press, 1995.

定的研修目标，对工作坊进行合理规划，组织实施活动。开发和整合资源是指能够建设生成、甄别挑选、整理加工工作坊内部的研修资源。提供技术支持是指能够熟练运用研修平台和工具，帮助坊员解决技术问题。组织和管理研修活动是指能够对研修活动进行组织和监管，能够实施具体的研修计划，组织和引导坊员开展活动讨论、互相点评、完成研修任务、总结研修成果等。集体氛围和文化建设是指通过沟通交流等方式组织工作坊内成员建立友好人际关系，维系坊内团结，营造出一个友好、和谐、具有情感温度的学习氛围。

优秀坊员是遴选出来的研修"促进者"，能够发挥个人积极性、主动性和创造性参与到工作坊研修中，从而提高研修活动的参与度和学习效果。①成员组成：优秀坊员是根据坊内教师的地域分布，从中挑选出的年轻、积极、活跃的研修教师。②任务设计：针对优秀坊员，在研修开始前就下发研修任务进行驱动，一方面是协助和支持坊主开展各项活动；另一方面是发挥他们的引领作用，与普通坊员之间进行交互联结，积极分享自己的教学实践经验，推进集体研修的发展。

普通坊员是教师工作坊的主体，通过参加坊内的研修活动进行集中网络研修，与其他坊员之间进行线上知识交互以及线下学习实践，积极开展交互分享，以解决日常教学实践中的问题，同时与坊内其他成员共同协作成长。

2. 实行系统激励

（1）学习积分

教师工作坊实行研修积分制，建立日常量化的考核标准，通过学习积分制（即对教师在研修过程中的行为进行赋分，形成积分排行）促进对教师学习的实际奖励，从而激发研修教师的学习动机。学习积分制能够对研修教师的专业发展产生驱动作用，主要体现在三点：一是学分兑换，将研修积分与学分相联结，两者之间能够转换成实际的培训学时，有利于提高教师对工作坊研修工作的接纳度和投入度；二是荣誉奖励，教师通过研修积分制能够获得职业发展上的奖励，也能够强化自我提升的学习动机；三是采用虚拟等级的方式，在研修积分制的基础上实行等级晋升制度，研修积分高的教师，说明其研修积极性较高，有机会被推荐到更高级别的培训活动中。

为建立"泰州教育生活云"平台研修评价机制，根据工作坊主和坊员在网络研修过程中的活跃度和任务完成情况，制定研修评价计分办法，具体如表7-6、表7-7所示。

表 7-6　工作坊坊主积分办法

分类	评分内容	积分
登录	每日登录	积 1 分
参加活动 （每日上限积 15 分）	每次组织的研修活动，工作坊成员的任务完成率达到 60%—69%	积 5 分
	每次组织的研修活动，工作坊成员的任务完成率达到 70%—79%	积 7 分
	每次组织的研修活动，工作坊成员的任务完成率达到 80%—89%	积 9 分
	每次组织的研修活动，工作坊成员的任务完成率达到 90%及以上	积 15 分
发布活动 （每月上限积 10 分）	每次发布并开展的研修活动，工作坊成员的任务完成率达到 60%—69%	积 2 分
	每次发布并开展的研修活动，工作坊成员的任务完成率达到 70%—79%	积 3 分
	每次发布并开展的研修活动，工作坊成员的任务完成率达到 80%—89%	积 4 分
	每次发布并开展的研修活动，工作坊成员的任务完成率达到 90%及以上	积 6 分
上传简报 （每日上限积 3 分）	每次研修活动完成后上传活动简报	积 3 分

表 7-7　工作坊坊员积分办法

分类	评分内容	积分
登录	每日登录	积 1 分
参加活动（每日上限积 15 分）	每次参加市、县（区）工作坊，并完成一次研修活动内容	积 10 分
	每次参加并完成工作坊的一次研修活动任务	积 5 分
阅读文章（阅读时长不少于 3 分钟，阅读同一个资源不叠加积分，每日上限积 5 分）	每有效阅读一篇文档研修资源	积 1 分
观看视频（观看时长不少于 5 分钟，每日上限积 6 分）	每有效观看一个视频资源	积 2 分
上传资源（上传及推荐每日上限积 6 分）	每上传一个文档资源	积 1 分
	每上传一个视频资源（时长超过 5 分钟）	积 3 分
	每上传资源被坊主推荐共享	积 3 分
发布问题求助（发布及推荐每日上限积 4 分）	每发布一条问题求助	积 1 分
	每发布的问题求助被坊主推荐共享	积 3 分
回答问题求助（回答及采纳每日上限积 4 分）	每回答一条问题求助	积 1 分
	每回答一条问题求助被别人采纳	积 2 分
参与讨论（每日上限积 3 分）	每参与线上研修活动讨论发表一次意见	积 1 分

积分认定能够转换成实际的研修学时和优秀表彰，这将线上研修积分与线下研修成果结合起来，能够对教师参与网络研修产生持续的动力，从而有效提升研修教师学习的积极性和动力。一方面，在网络研修中取得的研修积分可以兑换为相应的市级培训学时，平台研修积分每 100 分可认定 10 个市级培训学时；另一方面，"泰州教育生活云"研修项目制定了"优秀工作坊""优秀工作坊坊主""优秀工作坊坊员""优秀组织单位"荣誉称号评选活动，评选标准如表 7-8 所示。

表 7-8 "泰州教育生活云"荣誉称号评选标准

评选对象	荣誉称号	评选标准
工作坊	优秀工作坊	全体研修成员（坊主、坊员）研修积分总和排名前 30
坊主	优秀工作坊坊主	个人研修积分排名前 30
研修教师	优秀工作坊坊员	个人研修积分排名前 10
研修学校	优秀组织单位	全体研修成员（坊主、坊员）研修积分加和排名前 30

（2）责任联席

学习者的自主学习生成一方面来源于外部动机，另一方面来源于自己的内部动机，内部动机是基于研修教师对个人职业发展的追求产生的。通过责任联席制度，每一位坊员都能够在研修期间代理坊主的职责。一方面能够激发研修教师的自信心、责任心以及学习热情，以更积极的学习态度加入到研修活动中；另一方面能够增强研修教师的责任意识，在担任联席坊主的过程中激发自己的潜能，不断提升自己的能力。在传统工作坊中，仅有表现优异的学员才能够继任坊主，而在教师工作坊中，学员得到锻炼的机会更多、整体的学习氛围更加开放，从而促进研修教师产生更强烈的学习动机并投入到研修学习中。在教师工作坊中开展责任联席制，组织坊员担任实习坊主，负责完成坊内的监督、管理、答疑、推荐等任务。在担任坊主的过程中，可以激发研修教师的责任与价值，促进能力提升。

（三）提升生长质量

生长是高质量实践升级的"路向标"。"泰州教育生活云"不仅要实现个体的生长，还要实现群体的生长；不仅要实现即时的生长，还要实现持续长久的生长。通过采用学徒互助的方式促进大规模学习者开展多维、深度的互帮互助，同时通过将学习者在学习过程中产生的学习资源集合起来，对其整合、重塑、创造，并反馈给学习者，以提升大规模在线学习的质量。

1. 设立成员互助

传统工作坊的活动设计注重理论与实践相结合，专家指导、同侪互助和个体学习相结合，贯彻分层教学等原则，这为我们开展大规模在线学习活动提供了组织思路。将在线活动和在场活动进行融合的最根本要求是将研修学习与实践应用有机结合起来，从主题、活动、情境和资源等方面对研修活动进行精心设计，确保在场实践能和在线学习能产生实际的关联与回应。应用认知学徒制理论开展教师工作坊活动建设能够促进个体认知发展。有学者从 1997 年起开展的纳菲尔德小学历史项目围绕认知学徒制理论框架进行教师专业发展。[1]1998—2003 年，5

---

① Nichol J，Turner-Bisset R. Cognitive apprenticeship and teachers' professional development. Journal of In-service Education，2006，32（2）：149-169.

个地方教育部门的 400 名教师参加了该项目，对接受其中一门课程培训的 15 名教师的分析结果表明，他们能够有效吸收和适应新的教学策略，实现一种从学习情境到真实情境中的迁移，能够在自己的课堂上进行有效教学。工作坊的本质就是开展学徒式教学，认知学徒制是在传统学徒制的基础上演化而来的，它强调学习中的认知过程和认知技能解决实践中的问题，同时不再局限于某一种情境，而是适用于更多的教学情境。其一，认知学徒制强调学习的知识要应用于解决现实生活的具体问题，教师工作坊的教学活动是基于真实的教学环境开展的。其二，认知学徒制的学习目标强调学习情境迁移，即学习者能够将所学知识应用于不同的真实情景中，教师工作坊的教学活动也是要求学习者将学到的知识从一种课堂情境迁移和应用到另一种课堂情境中。其三，认知学徒制强调学生和导师依照一定的、清晰的活动步骤和流程开展研修学习，教师工作坊也需要确定开展具体教学活动的流程。认知学徒制能够指导教师工作坊的活动建设，包括活动内容、教学方法、活动序列和社会环境（四个构件）。学习内容指学科领域知识、启发策略、解决问题策略和学习策略等。教学方法包括示范、指导、支架的搭建和拆除、清晰表达、反思和探究等。活动序列的原则包括全局先于局部、复杂性和多样性的递增等。社会环境指学习情境、实践共同体、合作等方式。因此，我们结合这四个构件，以集体空间、群体空间和个体空间为基础，采用线上线下相结合的组织形式，设计出教师工作坊的活动运行框架，具体如图 7-8 所示。

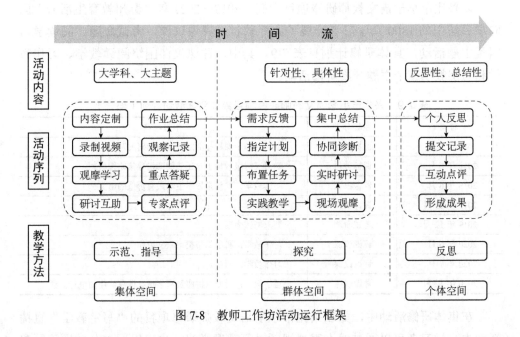

图 7-8 教师工作坊活动运行框架

在线上学习阶段，学习者通过课程主题学习、参与研修活动、开展研修讨论，形成自己的学习成果。在线下阶段，学习者一方面能够结合具体实践巩固学习成果；另一方面能够将线下实践中产生的需求反馈到线上学习中进行共商解决。在这个过程中，学习者超越自我，将自我和群体、社会背景联系在一起，在不同的空间中得到三重生长，不断地深化认知。

我们根据"泰州教育生活云"项目的运行框架进行实施，具体实施情况如下。

1）集体空间活动：活动对象是集体学员。活动内容是针对大学科、大主题（如针对语文学科开展议论文、古诗、写作教学专题）等制定的学习内容，指导专家、坊主、优秀坊员和普通坊员围绕理论讲授、课例观摩发挥各自的作用。指导专家结合坊员之间的学习需求进行活动设计，如利用调查问卷等方式了解坊员学习需求，设计教学课例、主题讲座等，通常以录制视频或现场直播等方式组织集体学习，为全体学习成员提供学习支持。在学习过程中，工作坊的成员围绕学习内容进行协商讨论，一方面，指导专家通过答疑提供学习指导；另一方面，坊主和优秀坊员积极发挥引导、示范、监督的作用，激发全体坊员的研修热情，促使全体坊员积极加入学习中。在活动结束后，通过布置任务或作业组织学习者对学习内容进行总结、吸收与反思。

以兴化市小学语文教师研修项目为例，2019—2021年"泰州教育生活云"面向项目坊中的1300余学习者开展了课标教材、评课议课、考试命题、阅读学习四类主题活动，具体研修计划见表7-9。其中，评课议课围绕阅读教学、习作教学和写字教学三个主题开展研修活动。

表7-9　兴化市小学语文教师研修项目集体研修活动计划（部分）

时间	主题分类	学习内容
2019年6月	课标教材	学习《基于课程标准的教学设计研究》
2019年6月	课标教材	学习《特级教师于永正的朗读指导策略探析》
2019年6月	评课议课	阅读教学：如何指导学生学最有价值的语文
2019年11月	评课议课	写字教学
2019年12月	考试命题	期末考试命题
2020年6月	评课议课	习作教学：科学幻想类记叙文习作
2020年7月	评课议课	习作教学：写信
2020年12月	评课议课	写字教学：对专家讲座及写字指导课获奖作品进行点评

在集体研修活动中，如在兴化市小学语文教师研修项目的"写字教学"直播活动中，学习者可以通过线上直播视频进行观摩学习，也可以通过公共评论区参

加研讨、交流观点、反思创生（图 7-9、图 7-10）。

图 7-9　"泰州教育生活云"期末考试命题线上研讨网络直播活动

图 7-10　线下学习者集中观看直播

学习者一方面可以在线上于全坊成员进行互动，另一方面也可以与自己学校的教师进行直接沟通。"写字教学"直播活动共产生 1433 条讨论回复交流帖，从活动初始，学习者就在公共评论区进行讨论、思考、点评、探究，同侪之间展开深入讨论。活动结束之后，学习者围绕相关学习内容进行"课后总结反思"，并提交个人作业，同时同伴之间围绕各自上传的作业相互点评，交流学习成果。

2）群体空间活动：从集体学习走向群体学习是完成更加细致、深入的研修目标的过程。活动对象是教师工作坊内的成员。活动内容是以研修主题为中心的针对性学习内容（如整个项目坊开展古诗教学的研修，具体的工作坊则针对古诗教学中出现的具体问题进行针对性研修，譬如讲解古诗中的修辞手法），以及针对主题问题或学习案例开展线上和线下活动。群体空间活动不仅能够将集体性活动进行整理与重构，还能够解决、提炼与反思本坊内学员产生的问题。群体空间活动是以坊主牵头开展的线上和线下活动。坊主根据坊员的学习需求制订学习计划，并开展线上讨论和线下实践活动。在线下实践活动中，坊内成员围绕课例教学进行公开示范，成员之间通过现场观摩，开展教研讨论，分享自己的教研资源和教研收获，从而互相学习，共同进步。

例如，兴化市小学语文教师研修项目中，针对"阅读教学：构建'学习共同体'最有价值的语文内容"这一主题，兴化市小学语文高年级坊以五年级《理想的风筝》开展群体研修，重点围绕阅读教学中的教材解读和教学目标设计线上和线下相结合的混合式活动。其一，组织在线提交教材解读报告、教学目标设计和对他人解读报告的评价三项活动任务。具体任务则包括：思考文章的核心内容是什么？最有价值的教学点是什么？文本的中心句对课文中心的概括是不是全面？任务要求体现了文本特质，具体明确，突出重点，具有可操作性（即能依据目标检测教学效果）。其次，在线下集合兴化市小学高年级研修教师，由李静名师工作室和冷玉斌名师工作室牵头在兴化市实验小学开展执教示范（图7-11—图7-13），由特级教师杨金林进行点评，学习者通过教学观摩，进行分组讨论和总结提升。

图 7-11　兴化市小学语文高年级坊根据线上评论开展线上+线下同步研讨

图 7-12　兴化市小学语文高年级坊线下研课活动

图 7-13　兴化市小学语文高年级坊开展线下课例教研（《乡下人家》）

3）个体空间活动：从群体学习走向个体学习是完成自我研修目标的过程。活动对象是工作坊中的研修个体，活动内容是研修教师通过对自我实践的反思，采用回顾、诊断、自我监控等方式，对自己的表现及其行为的依据进行批判性考察，思索与修正开展的线上活动，不断提高自身的学习效能。[①]在这种以坊员为中心开展的活动中，坊员能够结合自己在研修过程中产生的收获、问题与不足，形成个人的教研反思，并和同侪开展交流互动，形成专业学习成果，有利于坊员不断对个人的知识、能力以及经验进行有效反思与整合，最终达到发展自我、提升素养和促进专业发展的目的。

例如，兴化市小学语文教师研修项目中的学习者需要针对群体研修成果进行个人反思，其中高年级研修坊要求学习者结合前期设计与教学观摩，重新围绕核心教学目标和学习结果进行教学设计，并开展试教实践，实践后写一篇 500 字的教学反思总结，并对其他学习者的反思报告进行阅读和点评。一方面，学习者可以在交流过程中获取来自一线的实践经验，促进自己的认知发展；另一方面，学习者可以延长学习体验，将个人体悟与群体研讨有效结合，迸发新的思维火花，达到强化反思交流的目的。

2. 实施众筹众创

学习资源指与学习内容相关的信息，并表现为不同的媒体形式，如文字、音频、视频和图像等。研修资源是教师在研修过程中生成、组织和汇聚的各种案例、工具和教研成果等，能够支持教师工作坊持续地开展研修活动。教师工作坊的所有成员都能够共享共建资源，形成"资源池"，"资源池"会持续地为每位研修教师服务，支持研修教师开展自我研修，产生更多的学习观点、学习问题与学

[①]　魏会廷. 教师学习共同体：促进教师专业发展的新途径. 武汉：武汉大学出版社，2014：33.

习资源，最终使"资源池"能够持续蓄能。资源共建分为三个环节，即资源汇集、资源整理和资源推送，下面分别对其进行介绍。

（1）资源汇集

在工作坊中，专家、坊主、坊员共同提供资源，汇聚成资源池。专家集合研修教师的共性需求制定方案和主题，并制作定制性资源，形成直播课、录播课、教学设计、教研工具等资源，以满足教师主题研修的需求，并针对教育教学重难点问题，有效整合典型案例。这种定制性资源一般可以参照 MOOC 的方式进行建设，以主题视频、问题测评、作业互评监控等形式，向研修教师提供。坊主和坊员作为工作坊的中坚力量，能够自主开发生成性资源，这些资源不仅汇聚了个人教研的经验，同时汇聚了他们所在学校的教研智慧。这些资源不仅包括围绕研修主题生成的作业资源，还包括教学设计、教学反思、微课资源等，统称为活动资源。他们将其所在学校、区域范围内的优质教研成果放到网络上，供其他坊员共同学习，实现了资源优质共享。

"泰州教育生活云"中的研修资源主要来自两部分。一是自上而下的主题定制性资源，由专家提供，内容是围绕计划定制研修课例、名师讲座，主要以课例视频、教学设计、微课、教学工具等为主。二是自下而上的由坊主和坊员提供的生成性资源，不仅包括在活动过程中产生的作业资源，如教学设计、教学反思等，还包括在研修过程中研修教师自主上传的优质学习资源，具体见图 7-14。

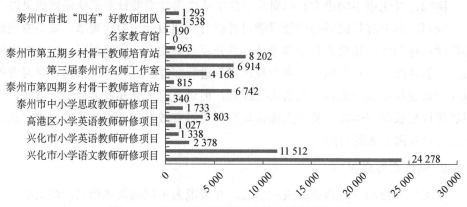

图 7-14　"泰州教育生活云"活动资源项目分布

通过对全坊的共享资源进行分类分析，发现泰州市乡村骨干教师培育站、名师工作室、中小学思政教师研修项目等工作坊的坊员较为活跃，分享资源的总数达上千份，每位坊员分享资源达 10 份以上。

通过对共享资源进行分类统计，发现资源共享主要集中在教学设计、课件、教学反思、其他、试题试卷等类型上，如图 7-15 所示。众多学习者围绕上传资源进行互动评价，相互学习。

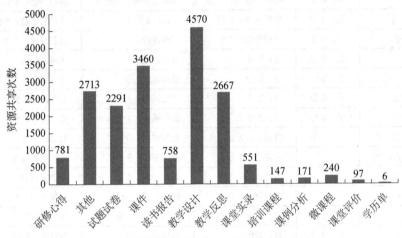

图 7-15　"泰州教育生活云"共享资源类型分布

（2）资源整理

教师工作坊中形成的资源池里包含繁杂的资源，需要全坊人员共同进行整理，剔除低质资源，优选高质量资源进行整合，集成出一个高质量资源库。这需要专家、坊主和坊员之间形成合力共同完成，其中坊员负责分享自己的资源，坊主负责根据资源分类推荐本坊的资源，专家负责根据评选标准（包括主题、逻辑、观点等方面）对每个坊推荐的资源进行分类，最终形成整个项目的优质资源库。

"泰州教育生活云"项目形成了分级、分段的资源整理机制，主要是由坊主和专家合作进行分类、筛选和推荐。坊主负责一级筛选，依据资源分类对优质资源进行举荐，具体的举荐标准（以教学设计为例）如表 7-10 所示。

表 7-10　坊主对资源进行优质举荐的标准——以教学设计为例

维度	标准与赋分			
教材分析	无：0 分	有：2 分	指出教材地位：3 分	指出教材意图：5 分
学情分析	无：0 分	有：2 分	指出知识基础：3 分	指出学习难点：5 分
教学目标	无：0 分	抄写的：2 分	三维目标：3 分	学习目标：5 分
教学重点难点	无：0 分	有：2 分	有且有分析：3 分	分析清晰：5 分
识字教学	无：0 分	灌输式教学：2 分	有字理教学：3 分	情境识字：5 分
读课文	无：0 分	只强调读：2 分	有指导的读：3 分	教给方法的读：5 分
情境创设	无：0 分	有：2 分	有导入：3 分	情境与任务一致：5 分

续表

维度	标准与赋分			
任务设计	无：0分	有教师任务：2分	有学生任务：3分	解决问题：5分
学习活动	无：0分	机械读写：2分	对话：3分	活动有层次：5分
学习评价	无：0分	仅做作业：2分	过程评价：3分	过程终结：5分
学法设计	无：0分	有：2分	具体：3分	多种：5分
拓展学习	无：0分	有：2分	做练习：3分	读写：5分
教师活动	无：0分	有：2分	教授活动：3分	导学活动：5分
学生活动	无：0分	有：2分	读写活动：3分	交流分享：5分
教师教学方法		讲授法：2分	启发式：3分	对话：5分
学生学习方式		听讲法：2分	被动主动：3分	自主合作探究：5分
教学语言		教师立场：2分	儿童立场：3分	有助儿童学习：5分
教学结构		不完整：2分	板块清楚：3分	结构合理：5分
教学资源	无：0分	有：2分	只写不用：3分	支架：5分
学科育人	无：0分	有：2分	无意识：3分	有目的：5分

指导专家首先要根据学段进行分类统计，其次要根据举荐标准进行二级筛选，最终经过坊主和指导专家层级举荐形成优质资源库。从图7-16中可以看出，教学设计、教学反思、研修心得、教学课件、读书报告共享的优质资源较多。

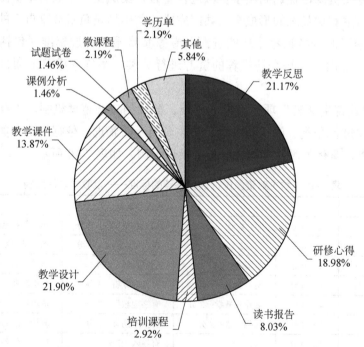

图7-16 "泰州教育生活云"优质资源类型分布

（3）资源推送

在传统学习环境中，资源往往和平台系统相绑定，由教师自由选择。但是在智能技术支持的学习环境中，资源分布在云端、平台中，能够在网络中流动与再生。学习者不仅能够根据自己的需求和喜好自主选择，而且智能化的学习平台能够挖掘与分析学习者的学习偏好、学习需求、优势与不足，从而精准地向学习者推送相关学习资源，进而提高学习者的学习效率与学习热情。

平台中流通着大量的学习资源，这是极其宝贵的。"泰州教育生活云"的研修资源是开放共享的，每位研修教师都能够发表自己的见解，与他人共享研修心得，从而彼此之间产生深入的互动，营造"奇文共欣赏，疑义相与析"的研讨氛围。平台一方面将优质资源库共享给全体学习者，为其研修学习提供源源不断的动力；另一方面，根据学习者的基本特征、学习偏好与状态水平为其提供适切的资源。学习者不仅能够根据推荐的学习资源解决研修中存在的问题，而且通过对学习资源进行评价、交流互动，产生新的启迪与思考，形成个人观点，开始新一阶段的探究。

三、高质量"实践升级"的成效分析

目前，"泰州教育生活云"已经走过 3 个年头，通过分享、互动与生长，已经形成常态化发展，教师专业成长共同体也已形成。下面分别从分享、互动、生长三个层面对学习成效进行分析。

（一）主动发声，人人共享，体现高质量分享

1. 共享程度

通过对"泰州教育生活云"小学语文教师工作坊的活动情况进行数据分析，发现有较多教师在 3 个月内参加活动达到 90 余次，平均每 3 天至少参加一次活动，说明学习者整体学习活跃度较高。其中景范联盟高年级语文坊、实验小学联盟低年级语文坊等工作坊成为较突出的活跃群体。通过对这些工作坊学习者学习活动的深入分析，发现学习者平均每人提交材料达到 8 份，不仅如此，学习者在 3 个月内评论他人材料的次数集中在 20—30 次，整体较为活跃。较多学习者能够主动根据其他学习者提出的问题进行主动回复，其中景范联盟高年级语文坊较为活跃，说明该坊的学习者能够围绕坊中成员提出的问题进行群体互动。

2. 满意程度

《2019 中国教师培训白皮书》将教师培训满意度分为培训设计满意度和培训

支持满意度。培训设计满意度包含培训目标、培训内容、培训学习资源、教学设计、课堂互动、信息技术应用、同伴合作、学习任务和培训模式 9 个部分，培训支持满意度包含辅导教师、学习支持服务和学习环境 3 个部分。[①]我们将"泰州教育生活云"教师研修满意度调查问卷的一级指标确定为研修设计满意度和研修支持满意度，二级指标确定为研修目标、研修学习资源、研修学习任务、研修坊主和专家、研修活动和研修学习平台。问卷采用利克特五点量表，1—5 分别代表非常不同意、不同意、不确定、同意、非常同意。从图 7-17 可知，6 个二级指标的平均分都超过 3.5 分，研修坊主和专家这一指标的平均分超过 4 分，说明研修教师对此次研修项目各项指标都达到基本满意的程度，对研修坊主和专家的满意程度更高。

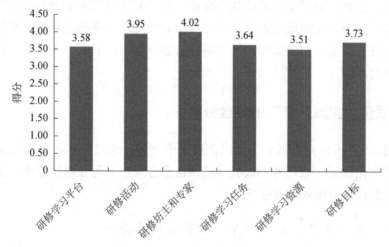

图 7-17　"泰州教育生活云"教师研修整体满意度统计

将各二级指标中满意度最高的题号选出来，结果如图 7-18 所示，从中可以发现，教师们非常认同题号 4，即"我认为本次研修使我在'教学实践'方面得到提升"，在研修活动中达到了不断提升教学实践的研修目标；非常认同题号 8 中提到的"学习资源极大地满足了我的学习需求；研修学习任务（题号 11）可以帮助教师明确研修目标，理解研修内容；研修坊主和专家中最让教师满意的是专家的线下指导、评价和讲座（题号 15）；"线下观摩课+线上评论"（题号 17）的活动方式得到教师的广泛认可；研修学习平台具备网页端和 App 端，为教师提供了自由灵活的研修方式（题号 22）。

---

①　2019 中国教师培训白皮书. https://wk.askci.com/details/b6d1961ec4ab4d4db2b193d59c00eac2/. [2022-01-04].

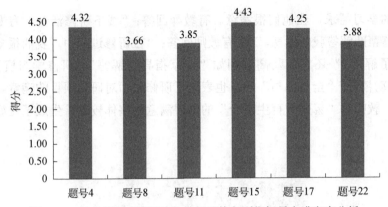

图 7-18　"泰州教育生活云"教师研修各项指标最高满意度分析

　　将各二级指标中满意度最低的题号选出来，结果如图 7-19 所示。在研修目标方面，教师对教育理论的提升不够满意（题号 2）；在研修学习资源方面，教师认为内容设置上不够科学合理（题号 6）；在研修学习任务上，教师不能准确理解各项研修活动的任务，因此表示不太满意（题号 9）；在研修坊主和专家方面，"坊主能对提出的问题给出及时的反馈与解答"没有得到教师的高度认可（题号 14）；在研修活动方面，教师对阅读《基于课程标准的教学设计研究》的活动方式满意度较低（题号 19）；在研修学习平台方面，教师不能及时得到平台的帮助与支持，因此大部分教师表示不满意（题号 23）。这些结果可作为后续改进研修工作的重要参考依据。

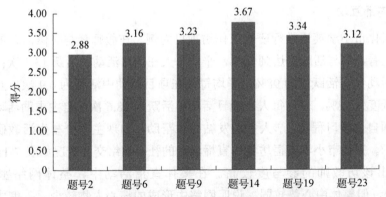

图 7-19　"泰州教育生活云"教师研修各项指标最低满意度分析

　　对教师对"你觉得在整个研修过程中，有哪些地方让你感到满意以及原因？"的回答进行收集和分析，结果如图 7-20 所示。其中教学实践、学习需求、线下活动、解决问题是高频词。研修教师普遍认同研修过程中，教学实践能够满足他们的学习需求，让他们很满意。有教师回答："线下研修活动，有专家的参与，能够帮助解答我的困惑。"也有教师回答："在研修过程中，我的很多教学问题得到了解决。"还有一些高频词如"专家指导与解答""研修学习资源丰富""直播活动精彩""全员参与"等，也表达了研修教师对研修项目的满意。综合可以看出，教师对"泰州教育生活云"的学习满意度整体较高，生成了良好的学习体验。

图 7-20　"泰州教育生活云"研修教师满意度调查执行分析词云图

（二）共通联动，百花齐放，产生高质量互动

1. 内部互动

以兴化市小学英语教师研修工作坊项目为例，在教师参与研修活动的次数的平均值上看，参与活跃度达到 98%，平均每人在项目活动中活跃 13.3 次；自主提交材料活动参与活跃度为 98%，平均每人在项目活动中活跃为 6.9 次；互评活动参与活跃度为 98%，平均每人在项目活动中活跃为 18.6 次；自主求助活动都可以体现教师自主学习程度，7 人主动发帖寻求帮助，出现主动分享生活教研难题的"发问者"。兴化市小学英语坊集体直播活动的社会网络交互情况如表 7-11 所示，可以看出该坊教师的参与度较高。在集体直播活动中，整体网络密度较大（1.1859），但整体中心势较弱，说明网络中形成的核心人物较少。入度中心势明显高于出度中心势，说明网络中多数学习者处于被动接受知识的状态。整体网络中形成了大量的凝聚子群，小群体现象较为明显，这说明在项目坊中，整体交互联结较为紧密，学习氛围良好。

表 7-11　兴化市小学英语坊集体直播活动的社会网络交互情况

属性	指标
密度	1.1859
入度中心势	0.454
出度中心势	0.221
聚类系数	0.046
派系数量（$n>7$）	91%

从单元坊来看，我们将兴化市小学英语教师研修项目坊中的楚水联盟高年级语文工作坊、景范联盟高年级语文工作坊、第二实验小学联盟高年级语文工作坊、实验小学联盟高年级语文工作坊 4 个单元坊作为分析样本，以每个坊中的"阅读《基于标准的教学设计：理论、实践与案例》"、"第一次线下研讨活动"（线上互动一）和"第二次线下研讨活动"（线上互动二）活动数据为基础，从中筛选出交互数据，形成交互矩阵，进行可视化呈现，得到图 7-21—图 7-24。

从图 7-21—图 7-24 及 3 项研修活动的数据来看，整体上，研修教师的交互行为较少，且大多数为被动交互，呈"轮式"交互格局，出现少量的边缘人物。以上 4 个工作坊的社群图均以坊主为核心节点形成的交互关系图，从社群图中的箭头方向看，主要是坊主对研修教师进行的单向评论，坊主与研修教师的双向互动很少。景范联盟和实验小学联盟出现了游离于社群网络之外的个体，但他们的交互同样仅限于单向交互。从图中可以看出，坊主的桥梁作用已经发挥，但研修教师的交互热情仍较低，如何促使研修教师更加积极主动地与其他教师进行交互，是未来需要改进的地方。

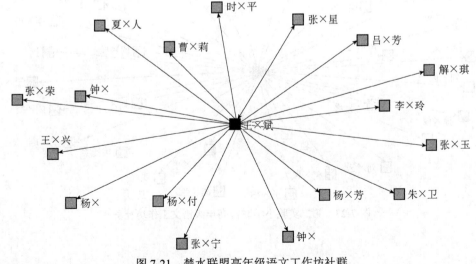

图 7-21　楚水联盟高年级语文工作坊社群

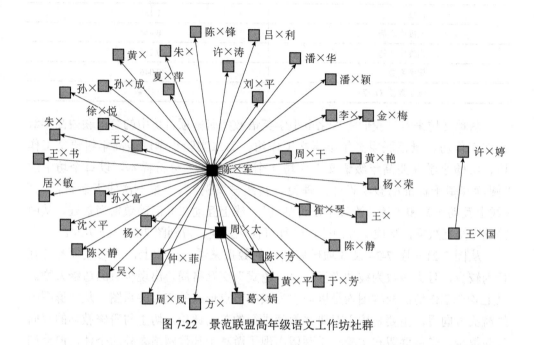

图 7-22　景范联盟高年级语文工作坊社群

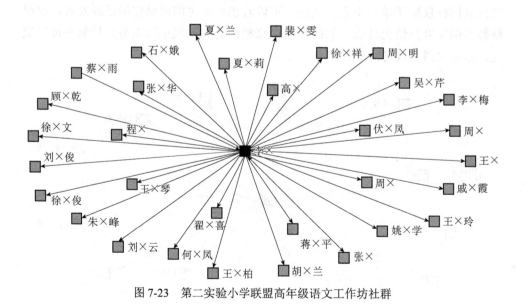

图 7-23　第二实验小学联盟高年级语文工作坊社群

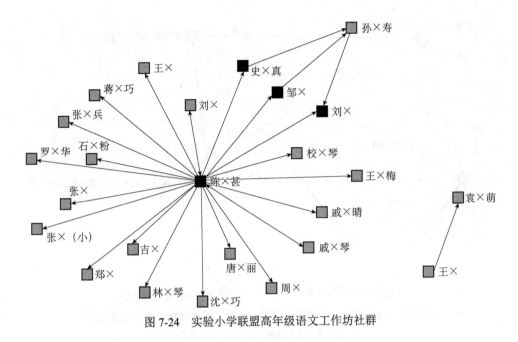

图 7-24 实验小学联盟高年级语文工作坊社群

2. 整体互动

对"习作课堂研讨"主题活动的坊员评论进行数据分析，结果如图 7-25 所示，从中可以发现，6 个工作坊中的小学语文教师围绕主题活动进行了群体交流。从图 7-25 可以看出，昭苏县小学低年级语文坊的老师主动回帖较多，如昭苏县第一小学、昭苏县团结小学的老师回帖活跃度较高，此类坊属于"积极回帖坊"；景范联盟低年级语文坊、实验小学联盟低年级语文坊和楚水联盟低年级语文坊的老师发的帖子互动率较高，说明其帖子的质量较高，能够引发坊员之间的交流，此类坊属于"高质发帖坊"。

综上可以看出，主题学习活动能够促进各坊坊员进行跨坊交流，且不同工作坊的作用不尽相同，将老师以工作坊为单位进行群体分析，有助于提升主题学习活动中教师交流互动的质量，以发挥更大的群体作用。

（三）认知深化，持续增势，形成高质量生长

1. 群体规模

"泰州教育生活云"经过 3 年的发展，从最初仅有 25 个项目到现在拥有 254 个工作坊，从最开始的兴化市试点项目到现在覆盖泰州市全区域以及对口援疆的昭苏县，从最开始参与人员仅 1000 多人到现在参与人员达 9000 多人，从最开始指导专家不足 10 人到现在负责教研指导和实践指导的专家达 30 余人，从原来仅

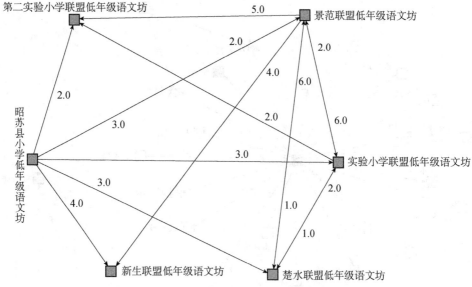

图 7-25　跨坊教研社会网络结构图——以"习作课堂研讨"主题为例

注：数字表明各教研坊之间的回帖数量

泰州市的教育局和地方中小学联动开展实施到现在泰州市、徐州市、盐城市、新疆昭苏县等地形成联动合力，囊括了地方教育局、高校、优秀名师、中小学名师工作室和一线教师等多方力量共同开展区域研修。三年来，群体规模不断增大，覆盖区域不断扩大，整体研修成效得到有效提升。

2. 认知深化

我们运用认知网络分析法根据 TPACK 框架对教师工作坊中的互动发帖进行了分析，以了解教师知识类型的组成以及类型之间的关系，探索教师的认知网络结构特征。在兴化市小学语文研修项目中的"科学幻想类记叙文习作教学研讨"与"小学语文低年级段教学设计案例"直播研修活动中，选取研修教师积极参与的 1100 条互动帖作为数据源，分别从 TPACK 的 7 个维度（TK、PK、CK、TPK、TCK、PCK、TPACK）进行分析，结果如表 7-12 所示。TPACK 框架中的 7 个维度大部分出现在教师的网络语篇中，但占比不同。其中，学科教学法知识的占比最高，其次是一般教学法知识，再次是学科内容知识，而技术知识和整合技术的学科内容知识的占比很低。

表 7-12　教师认知维度与频次分布

项目	TK	PK	CK	TPK	TCK	PCK	TPACK
数量	6	450	295	4	2	554	0
占比/%	0.54	40.54	26.58	0.36	0.18	49.91	

不同主题下研修教师认知特征如图 7-26、图 7-27 所示，两节点间线条的粗细表示两种知识类别的共现程度，线条越粗，说明两者之间存在较多的联系，这些配对知识域在教师网络学习话语中更为常见。教师在"科学幻想类记叙文习作教学"主题与"小学语文低年级段教学设计"主题的认知特征较为相似，仅在研讨主题数量上有所差异，故导致线条粗细也有所差异。参与互动发帖的教师在 CK、PCK、PK 三类维度表现最为明显，且 PCK-CK、PCK-PK 相互之间存在较多的联系。在"科学幻想类记叙文习作教学研讨"主题研修中，教师在反思教学内容和学科教学法知识时，也在关注一般教学法知识，从而将作文教学相关策略迁移到其他内容的教学中。在 TK、TPK、TCK 等维度方面，参与"科学幻想类记叙文习作教学研讨"主题的教师表现良好，此类教师不仅关注教学法，还关注技术在教育教学中的应用。

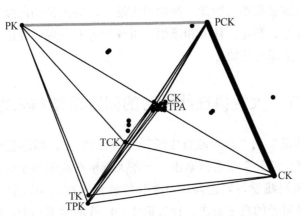

图 7-26 "科学幻想类记叙文习作教学"主题研修教师认知特征

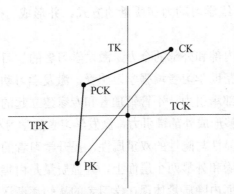

图 7-27 "小学语文低年级段教学设计"主题研修教师认知特征

通过对兴化市小学语文研修项目中"课标教材"主题研修学习者围绕直播讨论产生的学习观点进行集中分析，发现学习者谈论的话题涵盖了当前的热点话题、前沿理论和实践难题，其中与他们日常教学工作相关的实践类问题占74.83%，这表明学习者能够从线上培训和集体探讨中收获到实实在在的内容，而不仅是为了完成考核任务。论坛中所有的讨论内容都是集体智慧的呈现，而学习者自我总结和自我反思的内容则是集体智慧内化于个人的结果，对学习者个人而言具有重要价值。因此在集体智慧创生的过程中，可以实现个人和群体的共同成长与提高。深度学习是在教师引领下系统学习基本知识和技能的基础上，指向学习者深度核心素养（尤其是提升学习能力和思维品质）的学习。面向未来高质量的学习是生成、创新、触动心灵的学习，学习者不能仅停留在对知识的表面理解和记忆上，要在自己已有知识的基础上，将所学知识与原有知识建立联系，从而对知识产生深度理解，建立起自己的思维框架，能够将知识有效地迁移到其他问题情境中，实现融会贯通。因此，在学习方法上，高质量的深度学习要注重引导学习者观察、思考、辩论、体验和领悟，引导学习者发现、提出、思考问题，从而促进学习者产生深度认知。

第三节　大规模在线学习的回顾总结与未来展望

从"泰州师说"到"泰州教育生活云"，八载时光，筚路蓝缕，以启山林，依托"泰州教育生活云"平台探索出了一条大规模在线学习走向高质量发展的革新之路。大规模在线学习要走向以自主和持续投入在线学习的常态为特征的样态，就要激发学习者的自主意志，使其形成持续性的学习动力，将学习变成他们的学习生活，最终走向常态化发展。通过对"泰州师说"八年历程的分析，我们探究出提升大规模在线学习动力和质量的方式，并形成一套理论和实践层面的经验。

第一，注重形成内部和外部的合力，激发学习者的学习动力。作为学习者的内部动力，学习体验帮助学习者增强学习感受，激发学习动机和意愿。知识流动能够对学习者产生外部牵引力，不管管理者和专家建立起的知识，还是学习者自发生成的知识，都能够形成外部牵引力，激发学习者的学习动力。

第二，充分利用显性与隐性的双重属性，提升学习者的学习质量。大规模在线学习质量体现在内隐和外显两个层面上，外显质量是由集体汇聚形成的，体现为集体智慧的生成，而内隐质量体现在学习者的认知逐渐深化上。我们注重发挥个体和群体在学习过程中这两种质量的作用，量化学习者的学习行为和结果，以提升学习者的学习质量。

大规模在线学习要实现转型，首先，学习要走向生活化，和日常生活融为一体。针对学习者在在线学习中产生的孤独感、倦怠感、难以持续学习的问题，"泰州教育生活云"一方面为学习者创造和谐的人文交互环境，创设讨论主题或激励策略吸引学习者主动参与；另一方面更多地关注学习者的情绪感受及其学习和心理诉求，以有温度的教学观念和双向互动的方式满足学习者的情感需求，助力可持续行为的发生。这实际上是要求将学习和学习者的日常生活与真实需求连接起来，以机制的规范性和稳定性、文化的养成性和价值性、内容的实践性和生成性、主体的自主性和协作性挖掘学习者的内在持续动力，促进机制运行由"有形"走向"无形"，让学习者养成自主学习的习惯，以生活化研修润泽常态化生长，实现大规模在线学习的高质量发展，这也是"泰州教育生活云"的意义所在。

第三，学习要走向系统化。传统大规模在线学习注重挖掘学习者的个体需求，自下而上地收集建议进行顶层设计再反馈给学习者。但从以往的经验来看，顶层设计通常不变，贯穿学习始终。然而，高质量大规模在线学习注重学习的动态发展，关注学习者的意志、需求、目标的变化，因此要利用动态思维采用自下而上和自上而下相结合的组织方式，将学习者生长的知识、资源、问题等集合起来，发现内在机理，总结规律，再在学习过程中反馈给每一个学习者，以促进学习者的持续学习。在由学习者产生的大量碎片化知识组成的大规模社会性知识网络中，知识走向智慧需要不断的共创、迭代、循环，这必然是学习者共同对知识进行加工、整理、分类、关联、创生的过程，找到其中的关键点，并经过理解、吸收、内化，才能生成集体智慧。高质量大规模在线学习需要形成自我消化、自我更新的内部机制，促进将碎片化知识整合为高质量的集体智慧，同时集体智慧又能够激发新的个体知识，将学习者个体的内在需求、学习意愿持续地"翻滚"出来，促进大规模在线学习动力和质量的提升。

高质量大规模在线学习是一种学习境界，是学习者默默付出后水到渠成的一种结果。大规模在线学习要注重转变理念，注重学习的方式方法，使学习生活化、系统化，挖掘个体潜力，促进学习者养成持续学习的习惯，从而走向高质量发展。

　　本书是国家社会科学基金教育学一般课题"社会性知识网络的动力模型与质量评估研究"（BCA170085）的最终成果。这是我获得国家社会科学基金（教育学）资助的第二个课题，积累了些许的研究经验，成熟了许多，也从容了不少。这几年，我与我的学生一起摸爬滚打，从小型的教学实验场走向大规模在线学习场域，探求社会性知识网络的动力与质量，扎根"泰州师说"4.3万人在线共同学习的实验场，观察社会性知识网络的发生、发展过程，探求背后的规律，进行了多次实验，有成功也有教训，从各种数据建模与问题处理中得到了很多通过主观经验无法得到的知识，在平台的功能优化和运行机制的运作下，本课题的研究充满了挑战和乐趣。面对难题，每每峰回路转，都让我欢欣鼓舞。理论的逻辑演绎转化成了真实实践，促使晦涩的理论显得那么充盈与立体，富有魅力。本书中的实践陪伴着泰州区域4.3万教师的专业成长，大家拨开迷雾，共同探寻社会性知识网络的魅力。通过静静地观察、耐心地处理数据，合理解释每一幅可视化数据图背后的逻辑，然后串联所有的想法，本书的图景缓缓地展现在眼前。

　　感谢五年来和我一起奋斗的研究生，李昊鹏、张迪为第一章的撰写提供了资料，张迪为第二章的撰写提供了资料并做了数据分析，钱文君为第三章的撰写提供了资料并做了数据分析，祁晨诗为第四章的撰写提供了资料并做了数据分析，刘慧为第五章的撰写提供了资料并做了数据分析，郝祥军、王珣为第六章的撰写提供了资料并做了数据分析，缪晶晶为第七章的撰写提供了资料并做了数据分析，这几位同学跟随我经历了八次"泰州师说"大规模在线课程运行实验，其中三位同学考取了"双一流"大学的博士。王玉珊、朱亦霖、邢瑶、张诗敏、宋舒朗五位同学参与了此书格式与语法的修正。经过这么一群人的努力，本书才得以诞生。

本书获得了江苏高校优势学科建设工程资助项目"江苏师范大学教育学省优势学科建设"的支持。

科学出版社对本书的出版给予了大力支持，编辑为本书的出版花费了大量精力，他们促成了本书的早日问世，也向他们表示深深的谢意。

我深知本书中的一些论题应进行更深入的讨论，但由于我水平有限，不妥之处在所难免，真诚地希望读者能提供宝贵的意见，欢迎与我沟通交流（通讯地址：江苏师范大学研究生院，邮政编码：221000）

王　帆

2022 年 4 月 8 日于家中抗疫